经济管理学术文库·金融类

金融体系促进经济增长作用研究

Research on the role of financial system in promoting economic growth

周 正／著

经济管理出版社
ECONOMY & MANAGEMENT PUBLISHING HOUSE

图书在版编目（CIP）数据

金融体系促进经济增长作用研究/周正著.—北京：经济管理出版社，2017.8
ISBN 978-7-5096-5308-1

Ⅰ.①金… Ⅱ.①周… Ⅲ.①金融结构—关系—经济增长—研究—中国 Ⅳ.①F832
②F124

中国版本图书馆 CIP 数据核字（2017）第 203567 号

组稿编辑：谭　伟
责任编辑：谭　伟
责任印制：黄章平
责任校对：王纪慧

出版发行：经济管理出版社
　　　　　（北京市海淀区北蜂窝 8 号中雅大厦 A 座 11 层　100038）
网　　址：www.E-mp.com.cn
电　　话：（010）51915602
印　　刷：北京玺诚印务有限公司
经　　销：新华书店
开　　本：720mm×1000mm/16
印　　张：16
字　　数：216 千字
版　　次：2017 年 8 月第 1 版　2017 年 8 月第 1 次印刷
书　　号：ISBN 978-7-5096-5308-1
定　　价：68.00 元

·版权所有　翻印必究·

凡购本社图书，如有印装错误，由本社读者服务部负责调换。
联系地址：北京阜外月坛北小街 2 号
电　话：（010）68022974　邮编：100836

前　言

　　无论是学术领域的理论和经验研究，还是各国经济发展实践，从横向和纵向的观察与理论结果都表明，在高度开放的社会经济环境中，能够促进经济增长和发展、对一国自主创新和经济体系演化起支撑作用的是强大、稳健、高效的金融体系。与此同时，金融体系的发展、结构变化和金融机构的创新也会受到各种宏微观经济社会因素的影响。本书从金融体系发展与演化的角度考虑采用金融制度、机构、规模和结构相结合的分析框架来研究金融体系的发展和演化，从理论研究、实证检验和现实比较三个角度出发，试图分析和解释当前中国金融体系演化、金融机构创新和金融体系发展的影响因素和作用效果，并且为金融体系的创新和发展提供经验支持与政策建议。本书在进行相关文献的梳理后，主要以理论联系实际的研究方法，从三个方面探索金融机构创新、金融体系演化和金融体系发展的路径与效应。

　　大致来说，从经济学和金融学领域分析金融体系的发展主要包括三个方面：在量的方面，是指和产出水平有关系的金融发展——经济增长联系研究；在质的方面，是指金融机构功能的创新与金融资源配置效率的优化；在结构上，是指金融体系内部金融中介和金融市场的关系和比例，以及它们各自的作用与影响。

　　金融体系的演化和发展对于宏观经济总量指标变动实际影响的研

究已经较为丰富,主要包括金融体系发展和金融深化对经济稳定、经济增长和收入水平的影响等方面。从我国金融体系的实际运行情况来看,金融体系发展对经济增长的作用效果存在明显的地区差异。由于地区经济发展水平、人均收入水平和市场化发展程度等因素的差异,各地区金融发展和经济增长之间的关系也存在着很强的异质性,影响金融发展和金融体系结构比例变化的重要因素包括人均经济增长水平、人均收入和人均消费水平等宏微观经济因素,并且这种影响幅度在不同地区存在着显著的区别。

金融体系创新主要反映在金融机构的创新上,采用演化博弈的分析方法,在有限理性的基础上,对金融机构和金融体系的短期和长期演化进行了研究,较为系统地分析了从部分金融机构开始创新到整个金融体系接受创新乃至金融体系演化发展的全部过程,并从中寻找影响金融机构创新和金融体系演化发展的因素。从研究中发现,金融机构的策略和金融体系的发展主要受到创新收益和制度因素的影响。短期来看,整个博弈不存在纳什均衡,到底哪一个策略集合会更加稳定将取决于收益的具体情况,静态的短期博弈不能完全和准确地刻画金融机构的创新博弈,更不能显示出整个金融体系的演化路径。长期中,金融体系的演化则分别和金融机构的创新收益、人口因素、经济增长、技术水平、制度变化、员工教育程度和社会文化等影响因素有关。在理论分析的基础上,本书还对中国和印度两个国家的金融体系发展进行了历史回顾与比较研究。

本书的实证研究部分分别利用银行信贷规模、股票市场规模等金融体系的结构指标、金融发展指标和衡量金融发展的企业外部融资等指标来考察金融发展的影响因素,以及其与经济增长、企业技术创新等宏微观变量之间的关系与影响效应。此外,由于制度和历史方面的原因,我国目前仍然处于以银行等金融中介机构为主的金融体系发展阶段,而且各地区市场化程度发展也存在着明显的差异,这些都为本书的经验研究提供了一个特殊的背景,因此在三篇实证计量研究中,本书也引入了制度环境等控制变量。具体的研究结论表明:基本上支持了金融发展和经济增长的正相关关系,但是二者之间的互动和因果性则存在着明显的地区差异,这也表明金融体系的发展和金融深化与经济增长之间存在着非线性的关系,而且经济发展、收入水平、制度环境都对金融发展有显著的影响;以银行为代表的金融中介机构发展和以股票市场为代表的金融市场发展对于经济增长和产业升级的影响方向和显著水平存在不同,而且各自有其作用的对象;金融发展对于微观企业的技术创新存在显著影响,金融体系发展会缓解企业的融资约束,从而会在微观层面上影响企业的 R&D 投入。

我国正面临金融走向全面开放的转折点,创建稳定的、富有效率的金融体系,丰富金融生态系统,深化金融发展对于中国经济的可持续发展和金融体系的稳定来说都具有非常重要的意义。作为一个总体,金融体系的基本职能是将储蓄转化为投资,保障社会再生产顺利运行,促进实体经济的发展。当金融体系运行效率低下时,国内储蓄不能有效地转化为投资,金融创新、金融体系内部变化和金融深化发展可以促进企业投资和自主创新活动的开展。综合来看,中国金融体系的发展仍处于一个有待深化的阶段,并且银行体系和证券市场都发挥着各自的功效,要想进一步提高金融体系的效率则应该对金融中介和金融市场共同推进,尤其是在金融制度改革、金融抑制放松和减少政府干预等方面取得实质性进展。

目 录

第一章 绪论 ··· 1
  一、研究背景及意义 ·· 1
  二、研究的目标和内容 ·· 3
  三、研究的方法和思路 ·· 7

第二章 相关理论回顾及评析 ··· 8
  一、金融创新 ··· 8
  二、制度演进与金融创新动力 ·· 21
  三、金融体系的界定和分类 ··· 29
  四、评述与研究方向 ··· 37

第三章 中国金融体系的演化变革与趋势 ································· 38
  一、金融体系与法律体系 ··· 39
  二、金融体系与开放经济 ··· 43
  三、金融制度与经济发展水平 ··· 50
  四、金融体系与政府态度 ··· 66
  五、金融体系与意识形态 ··· 69

六、金融体系与制度惯性 …………………………………………… 72

七、金融体系与金融功能 …………………………………………… 75

八、金融创新的"光明"与"黑暗" ………………………………… 79

第四章 金融发展、金融深化与金融创新
——基于金融体系演化变迁视角的分析 ……………………… 93

一、金融发展理论 …………………………………………………… 93

二、金融深化理论 …………………………………………………… 102

三、金融创新的内涵以及动因 ……………………………………… 110

四、金融创新演化博弈分析的有限理性基础 ……………………… 123

五、金融创新的演化博弈分析 ……………………………………… 136

六、结论与启示 ……………………………………………………… 159

第五章 金融体系变迁路径的国别比较 ……………………………… 161

一、我国金融体系变迁路径 ………………………………………… 161

二、印度金融体系的演化 …………………………………………… 171

第六章 金融发展、居民收入与经济增长:
基于 PVAR 模型的升级层面数据的经验研究 ……………… 174

一、文献回顾 ………………………………………………………… 176

二、模型、变量和数据 ……………………………………………… 179

三、实证检验和分析 ………………………………………………… 183

四、研究结论和政策含义 …………………………………………… 196

第七章 股票市场发展、银行信贷规模与产业结构升级:
来自中国省级层面面板数据的证据 ………………………… 199

一、计量模型与估计方法 …………………………………………… 203

二、数据和变量 ·· 205
　　三、实证分析 ·· 208
　　四、研究结论及政策含义 ·· 213

第八章　外部融资、企业规模与技术创新：经济转型
　　　　过程中微观公司层面的实证分析 ·························· 215
　　一、文献综述与理论假设 ·· 218
　　二、研究设计 ·· 221
　　三、实证结果及分析 ·· 225
　　四、政策含义与启示 ·· 230

第九章　结论 ·· 232

参考文献 ·· 236

第一章 绪论

本章对金融体系创新背景与演化、发展情况等基本问题进行简要回顾,并分析本课题研究的理论意义与现实意义。在确定本书研究内容的前提下,概述本书的研究方法、框架结构等内容。

一、研究背景及意义

从历史和现实的经验来看,随着一国经济的发展、社会制度的变迁,金融体系也相应地发生着变化与发展,尤其是在经济全球化和金融全球化发展的背景下,一国金融体系的演化和发展对于经济体的宏微观变量都有着重要的影响。金融体系的基本功能在于引导资本从效率低下、发展前景悲观的部门和产业中退出,同时将资本配置到最有效率的产业和部门中去。一方面,有效配置资本需要收集、处理大量有关的信息,单个的储蓄者由于时间、精力和能力有限,无法为此承担高昂的信息成本,这一任务,理所当然地由专业化的金融中介及其所组成的金融体系来承担。正是由于有效地降低了信息成本,金融体系得以对各种信息做出反应,并在此基础上配置资本(Allen and

M. Santomero，1998)。例如，金融体系可以根据所获得和处理的信息对令人眼花缭乱的新技术进行鉴别，可以挑选出具有眼光的企业和企业家等，从而加速产品的更新和技术的进步。一个具有一定规模，流动性较好的金融市场也具有刺激有关机构去收集、处理市场信息的作用（Kyle，1984；Holmstrom and Tirole，1993）。另一方面，一个有效的金融体系并不仅是信息的被动接受者，同时也通过价格形成机制向市场提供信息。例如，股票市场通过股价向公众提供、发布有关企业的信息，从而引导资本的有效配置。

我国金融体系以信贷融资为主，相对于发达国家而言，我国银行在金融体系中扮演着更为重要的角色，同时，由于建立时间不久缺乏经验以及经济转轨等原因，存在着各种风险，也使得我国金融体系呈现出一些脆化的现象。在过去很长一段时期里，银行局限于财政融资的观念、方法和框架，没有建立起市场化的融资观念，忽视风险控制。这种把市场化的金融资源当作财政资源加以分配、管理的做法，势必造成大量不良资产、治理结构缺损、经济金融发展脱节等问题。虽然近年来，经济增长方式不断转变，金融环境得到了明显改善，金融体系配置资源的功能也得到了相应的加强，但存在的问题仍不能忽视。经济的快速增长并不意味着金融体系会自然而然地向好的方向演化，这些问题的实质是市场建设和融资体制建设落后、信用和制度薄弱等深层次问题在宏观经济上的表现。因此，要着眼于形成强健高效的金融体系，支持经济社会发展；关键是要着力打造健全发达的微观制度和金融基础设施，真正树立起市场化经济条件下融资的观念、方法和体制，以此推动经济金融的良性循环和发展。

我国正面临金融走向全面开放的转折点，创建稳定的、富有效率的金融体系对于我国来说具有非常重要的意义，世界经济格局的变迁必然引起世界金融体系格局的变化，这也是我国发展自己金融体系的一个机会。

本书具有重大的理论和现实意义及应用价值。一方面，本书尝试在经济学、制度经济学和法经济学等相关交叉学科的基础上，构建金融体系创新的演化博弈模型和相关均衡结果，为促进相关领域理论和实证的深入研究提供新思路和新方法；另一方面，当前我国面临经济转型和经济增长的双重压力，虽然近几年我国经济高速增长，但也要认识到经济的快速增长并不意味着金融体系配置资源的效率就必然提高，这些问题的实质是市场建设和融资体制建设落后、政府干预、市场化程度较低、信用和制度薄弱等深层次问题在宏观经济上的表现。因此，要着眼于形成强健高效的金融体系，支持经济社会发展；关键是要着力打造健全发达的微观制度和金融基础设施，真正树立起市场化经济条件下融资的观念、方法和体制，以此推动经济金融的良性循环和发展。本书拟为相关政府实务部门提供具有较高可信度的定量化决策依据和大量基础性素材。

二、研究的目标和内容

（一）研究目标

本书的总体目标是从理论和实证两个方面以演化博弈与历史比较分析相结合的分析方法为主，对金融体系创新和发展的演化博弈进行分析，在前人的研究基础上，利用演化博弈的分析工具和制度经济学、法经济学的研究方法，考虑采用金融机构创新竞争的分析框架来研究金融体系的演进和发展，从理论研究和实证研究两个角度出发，分析影响我国金融机构竞争均衡、金融体系发展、金融深化的因素，并对金融体系发展和经济增长、企业创新之间的关系进行经验研究，以期为我国金融制度改革和经济可持续增长提供理论与经验支持。运用计量经济学实证分析方法，探讨法律制度、经济增长情况和经济开放水平等因素与金融体系创新和金融发展的相互影响，识别各相关因素对我国金融体系创新发展影响的显著性、敏感性及数量关系等基本事实。

（二）研究内容

本书分为以下五个子课题开展研究：

1. 探讨演化博弈的有限理性分析基础

Barberis 和 Thaler 将行为金融学的研究内容分为两大部分，即心理学研究和套利限制（Limits of Arbitrage），而 Shefrin 则从研究主题的角度将行为金融学分为启发式偏误（Heuristic – Driven Bias）、框架依赖和非有效市场（Inefficient Market）三部分。总体来看，行为金融学都是从具体投资者的角度，分别针对投资者的有限理性行为做出的分析，事实上，是一种对于有效市场理论中假设条件的弱化处理。然而虽然投资者处于有限理性的状态，实际上金融机构或者说金融组织也是处于有限理性的状态，这种有限理性会对金融市场的有效性以及金融体系的健全性带来直接的影响。从已有文献来看，发现这方面的研究较少。事实上，金融体系的演变最早是从金融工具创新开始的，但是金融工具创新过于频繁，导致其作用和结果难以估计和控制。相对来说，金融机构的创新则较少且趋于平稳，其对于金融体系变迁的影响也更容易观察。因此，从金融机构的创新开始研究金融体系的变迁就成为一个不二的选择。因此，本部分具体探讨金融体系演化博弈的有限理性基础。

2. 以金融机构创新竞争策略为基础的演化博弈模型

通过对已有文献的梳理我们发现，无论如何定义金融创新，都离不开两个基本的内容：一是金融创新是超越时空限制的概念，金融创新始终是一个动态的、不断发展的概念，传统的静态均衡分析不能刻画金融创新的动态性质；二是金融创新的实施主体是金融机构，金融机构在金融创新中的策略选择会影响乃至决定金融体系的组成结构与变化趋势。同时，具有有限理性的金融创新主体，在均衡的演进中是具有主动性的。必须承认演化博弈分析范式对于理解制度的形成和演进确有其巨大的价值，因为它既然可以理解无意识演化中的秩序形成和演进，那么作为有意识的制度创立和变迁也就不难理解。由此，本部分将对金融机构创新的分析采用有限理性基础的演化博弈方法，对于主动变异的金融机构创新策略进行演化博弈分析，研究什么样的金融机构创新会得到市场化，金融机构创新会对整个体系均衡产生何种影响。

3. 金融体系演化发展的国际比较

实际上金融机构创新之后，由于其所处经济环境及其变化而存在多种初始条件和中间参量，这些都使得博弈结构可能存在多个均衡的破解路径。即使两国随后面临同样的环境和市场，他们的金融体系的演进依然很可能相差很远，其结果取决于各自金融体系发展的历史轨迹。因此，运用历史比较分析的方法来对博弈分析进行补充是不可缺少的。由于各国的历史条件、价值观念、法律政策等存在着诸多的差异，一国金融市场中在完成储蓄向投资转化的主要方法和过程存在着一定的差别，从而形成了不同的金融制度。对于不同国家金融制度的比较，有利于我们了解金融体系变迁过程中创新所起的作用，乃至扩散过程中与其他社会体系的相互关系。本部分将对不同金融体系进行比较分析，同时具体给出具有典型意义的不同国家的金融体系演化。

4. 经济增长、法律制度和经济开放水平与我国金融体系发展关系的计量检验

尽管大多数经济学家对金融体系的重要性基本上已经达成共识，但迄今为止，正统的金融发展理论并没有就金融体系发展和经济增长之间的因果关系给出一个明确的回答，金融发展到底是内生变量还是

外生变量并无定论，尤其对金融结构在经济发展中所起的作用也不存在统一的意见（Becker and Levine，2000；Cecchetti，1999）。理论上的怀疑直接导致了对金融体系在经济发展中具体作用的分歧。此外，究竟是否存在影响着金融体系结构的形成和演变的因素？换言之，是否应该将金融体系的结构视为一个内生变量？由于这一问题涉及不同金融中介和金融市场之间的动态分工，因此相对于金融发展的内生性问题而言，金融结构的内生性问题显得更为复杂。本书将对这些内容展开初步的计量检验，考察经济增长、法律制度、收入水平等因素和金融发展之间的关系。

5. 外部融资和微观层面的企业技术创新

本部分将在已有文献的基础上，分析企业的外部融资对于其技术创新的影响，以期得到微观层面上二者之间的经验联系。根据金融发展和经济增长方面文献的结论，不同国家或地区的金融发展，尤其是银行信贷市场的发展对于经济增长和生产率提高具有重要影响（Banerjee，Duflo and Levine，2005）。世界银行2001年的研究报告也表明，金融对经济长期增长的贡献主要是通过基本意义上的技术进步实现的。有关金融发展和经济增长之间关系的研究产生了很多的成果，尤其是金融发展对技术进步影响的宏观层面分析已经取得了基本一致的结论，即金融市场尤其是信贷市场的发展能够为技术创新分散风险、提供资金，从而促进国家或地区的技术创新能力并进而实现产业升级和经济发展。根据OECD国家的经验，融资约束会在微观层面上影响企业的R&D投入（Hall and Lerner，2009）。但是，有关金融市场和技术进步的微观层面的分析却少有涉及，尤其是针对新兴市场经济国家融资约束和技术创新关系的研究就更是缺乏。在本部分中，我们将从微观角度入手，试图将更多的注意力集中在找出影响企业技术创新的原因，以及这些因素会如何作用于企业的技术创新活动，以更好地理解到底是什么原因阻碍了企业的技术创新等能够提升企业生产率的活动。

三、研究的方法和思路

（1）明确指标体系，通过二手数据搜集、问卷调查及专业数据购买等形式来形成专业数据库。通过数据搜集和实地调研获取我国金融创新和相关影响因素的第一手资料。指标体系主要包括：微观、行业及地区层面的经济增长、经济开放度、法律制度等数据；数据获取方式为，一方面，广泛搜集《中国统计年鉴》、《地区统计年鉴》、《中国金融统计年鉴》等官方数据；另一方面，基于我国有些方面的数据不够系统和完善，拟通过问卷实地调查、向相关政府机构和公司购买专业数据等方法来形成数据库。

（2）计量分析方法。在本书的综合理论框架下，对各种影响金融创新和金融深化发展的相关指标和金融创新发展指标进行一系列的回归分析，以在时间序列上测度各种影响因素和因变量之间的静态和动态的关系。本书在实证研究中，可以利用面板数据计量方法对各种相关因素与金融创新、金融发展的长期关系进行回归分析，避免短期干扰所带来的不利影响。

（3）采用演化博弈的分析方法，系统地描述从金融机构创新开始到金融体系演变的全过程，从不同时间区段来考察金融机构创新策略的博弈，以及金融机构创新的均衡状态及其对金融体系演化发展的影响，希望能够对金融体系均衡发展提供一个比较正确和清晰的认识。

（4）利用历史和比较分析方法，客观评价金融体系演化创新发展的路径，对不同国家金融体系发展的历史进行梳理和比较。

第二章 相关理论回顾及评析

一、金融创新

金融创新成为当代学者的研究重点,尤其是伴随着不断出现的金融危机,从亚洲金融危机到次贷危机再到欧债危机,对于金融创新的研究进入了一个新的阶段。这方面的研究之所以引起重视源于这已不仅仅是学术界或金融企业抑或是个别国家关注的问题,而是成为影响全球经济发展和每个人、每个国家切身利益的问题。

金融创新的内在机理演化博弈分析(2009,张青)根据芬纳提(Finnerty,1988)金融创新矩阵的观点,我们可以从更宏观的角度来理解成为两大力量的博弈,即政府规制部门和获取比较利益的主体之间的博弈。一般来说,由于政府对一个新市场的出现最初都持有谨慎态度,并对其可能造成的制度及社会稳定等方面的冲击考虑过多,因此在一项新的创新面前,政府通常扮演阻力的角色。而那些获取比较利益的主体者最初为获得更小的风险或更少的成本等比较优势而进行创新活动,他们更加理性地运用市场机制,使得社会资源配置尽量达到最优,从而减少社会资源浪费,提高社会福利,因此在一项新的创新面前,获取比较利益的主体通常扮演动力的角色。我们认为,金融创新是一个长期的制度演变过程,主要取决于扮演动力角色的比较利益群体与扮演阻力角色的政府两者之间长期博弈的结果。只有二者在不断地博弈和斗争中,才能最终促使金融创新的成功。整个市场的演进,就是这种经济力量和政治力量之间持续争斗的结果。

新的历史条件不断呼唤着我们在金融全球化进程中进行金融创新,以促进经济金融的可持续发展。在技术进步和产品创新的不断推动下,金融机构业务经营模式发生了根本性转变,金融创新的日新月异使金融业发生了巨大变化,并对经济与金融发展产生了深远影响。就金融技术层面而言,金融创新已成为推动金融全球化进程的三大因素之一(李扬,2000)。从中国金融创新的时代特征来看,在后 WTO 时代主要呈现出业务综合化、活动国际化、交易电子化、衍生产品复杂化和服务个性化等特点(唐双宁,2006)。而从近期美国次贷危机的教训来思考,金融创新又是把"双刃剑",金融市场创新成为次级按揭贷款不断发展的深层次推动力,尽管国际组织和主要国家监管当局呼吁加强市场透明度,但机制和框架尚需进一步完善(程景东、陈思,2007)。所谓金融创新,主要是指金融领域内部通过各种要素的重新组合和创造性变革,使金融系统更有效地发挥其功能。由于金融创新不同于一般意义上的创新,其研发成本通常较低,周期较短,并且大多数金融创新不受专利保护,使其容易模仿。因此,可按原创与复制进行划分,将产生于原创地的金融创新称为"原始创新",而将其复制到一个新市场的创新称为"复制创新"。从信息技术角度而言,由于金融创新者会保留无法被模仿的私人信息,进而保持创新优势(Herrera and Schroth, 2000)。Hannan 和 McDowell (1984) 就曾指出新技术的出现及其在金融方面的应用,是促成金融创新的主要成因,而计算机和信息技术在金融业的应用,是金融创新的重大因素。近年来,国内学者也纷纷对金融创新的效应以及重要性加以论证。姚铮、朱强（2002）从技术共同体的分析框架对金融创新进程进行考察，发现只有保持技术共同体中三大要素（资源禀赋、专有功能、制度安排）同步协调发展，才能使金融创新健康有序进行。施建淮（2004）运用功能分析法就金融创新对长期经济增长的影响进行了分析，指出金融创新增强了金融系统的基本功能，对金融系统的动态效率性做出了贡献。

学者的研究角度各不相同，总结起来可以从以下几个方面入手：市场完备程度与金融创新；金融创新的种类；金融创新与金融监管；金融创新的主体与环境；农村金融创新。

（一）市场完备程度对金融创新的影响

一般而言，金融创新包含两种含义，一种是交易系统的革新，另一种是将新的资产引进市场。Hart（1975）对该问题的讨论指出，"如果一个经济体中包含超过一种产品，或持续超过两个阶段，那么其均衡通常不是帕累托最优的，一般的连续性和凸性假设下的均衡可能不存在。不存在的原因是，当市场不完备（Incomplete）时，消费者预算函数通常不是连续的（Upper Semi-continuous）（更进一步，该不连续导致消费者需求函数的不连续）。"他研究得到的结论是，"如果我们从市场不完备开始，开放新市场可能使情况恶化而不是好转。只有当所有的不完美（Imperfection）消除后（即所有的市场均开放），我们才能确信可获得任何整体效用的提升。"

Elul（1995）在其文献述评中指出，当市场不完备时，分析金融创新遇到的困难在于，"引进新资产通常对经济产生一个不连续的，而不是平滑（Smooth）和可微（Infinitesimal）的变化。这是因为，不可能仅加入少量该资产，一旦引进某资产，经济主体即可任意买入或卖空该资产"。他提出一个可行方法以解决该问题，通过该方法，我们仅需要考察这么一些资产，当它们被引入均衡的经济体时，没有经济主体愿意买入或卖出该资产。

Cassand Citanna（1998）提出分析不完备市场中金融创新的社会福利效应的另一种方法，所得到的结论是，新资产的引进可以使个体的福利增加或减少，而且给出了在一般均衡模型中，对金融结构的某些创新可以提高福利水平的条件。

上述研究的结论似乎有悖于经济常理。因为不完备市场均衡通常是次优的（Suboptimal），而金融创新使金融资产的跨度空间（Spanning）扩大了，使经济主体（Agent）可获得更多的工具应用于风险管理，理应能够提高经济体中每个人的效用。该观点为一些证券监管部门所接受，如美国证券交易委员会（S.E.C.）允许任何公司发行股票，但前提是必须完全公开其财务状况。相反的，美国商品交易管理委员会（CFTC）则会考虑更多问题，除了信息披露的透明度外，还要考虑引进新的期货合约对现货价格的影响等。该问题的复杂性就在于，过去用于金融创新建模的单商品世界（One-Commodity World）模型无法捕捉新资产与旧资产及其他商品间存在的间接效应。而且金融资产市场的精确均衡分析是学界没有完全解决的问题，只有在少数情况下，我们才能求解出资产的均衡价格和交易量，这增加了该问题研究的难度。

（二）金融创新的种类

金融创新包括金融工具创新、金融制度创新、金融机构创新、金融市场创新及管理与技术的创新。现代的金融创新通常界定为在基本金融产品没有发生变化的情况下，通过组合（Bundling）和拆分（Unbundling）创造出新的金融产品的过程（Dufey and Giddy，1981；尼汉斯，1983；Desai and Low，1987）。Philip Molyneux 和 Nidal Shamroukh（1999）也认为在金融领域，金融创新是一个发展、采纳和扩散的过程，当金融产品被创造以后，采纳和扩散就成为了创新过程中的轴线。

金融创新的一个重要原因就是避免金融风险。与传统金融工具相比较，金融创新的发展趋势是转移与分散资产的金融风险和提高资产的流动性，主要包括如下几种创新：

（1）转移价格风险的创新。随着汇率和利率的波动，资产的价格也会随之发生变动，因此资产的价格变动是资产拥有者所面临的重大问题。大部分金融创新也是针对资产价格的变动而设计的，旨在保证资产的保值与增值。期权、金融期货、互换等金融创新工具都是属于转移价格风险的创新。

（2）转移信用风险的创新。转移信用风险的最显著的例子是利率互换。利率互换是基于不同信用等级的筹款者在固定利率市场上的利差要大于浮动利率市场上的利差这一市场特征而设计，通过信用风险的转移，使互换双方的筹款成本降低。

（3）增强流动性的创新。资产的流动性是受投资者欢迎的特征之一，因此增强了资产的流动性，它就会吸引更多的投资者。利率浮动优先股就是属于流动性增强的创新之一。

（4）信用提高的创新。当一项创新能使总的信贷需求或某一项信贷需求增长，我们可称之为信用提高。证券化贷款便具有信用提高的特征。证券化贷款调动了不活跃的资产来支持新的借款，增加了信用量。

像金融期货期权等金融工具都有转移风险的功用，而债权的股权转换则有增加流动性的功用。金融创新有利于提高金融服务水平，分散金融风险和扩大金融市场的融资规模，缓冲通货膨胀，并使市场机制更为灵敏、作用更为广泛、作用力更大。

早期的金融创新研究集中在对创新状态的描述，试图强调导致特定金融创新产生的内生因素（M. H. Sellber, 1975, 1983; Kane, 1977, 1980, 1984; Mile, 1986）。新近的文献则逐渐转向运用证券设计和一般均衡模型来解释金融创新（Allen and Gale, 1984, 1989,

1990，1991；Duffie and Jackson，1989；Cuny，1993；Rahi，1993，1995；Memange and Laroque，1995）。金融创新被创造出来后，内部因素和外部因素两个方面的因素促使金融企业采纳创新产品。从内部因素看，亚伯拉罕森和罗森科普夫的攀比效应假说（Abrahamson and Rosenkopf，1993）从制度性因素和竞争性因素的双重视角构建金融扩散模型。而理性—效率假设从定量的角度提出了需求型金融创新扩散模型，认为采纳一种创新的企业数量增加时，采纳成本会降低（Reinganum，1981；Quirmbach，1986）或者其收益会增加（Katzand Shapiro，1985；Farrel and Saloner，1985），这会导致更多的企业采纳该创新。

  金融创新体系的基本框架，用来衡量和评价金融企业的创新水平和能力。该体系主要包括6个要素（成善栋，2010）：创新环境、创新主体、创新人才、创新资源、创新成果和创新辐射。但是"创新"总是一个相对的概念，因而也就难以有一个统一的认识。金融创新是始于20世纪60年代，80年代以来发展较快，由于西方经济形势的变化、通货膨胀的加剧、汇率与利率的频繁波动，以及科学技术革命的迅速发展，导致工业发达国家的金融业和金融市场普遍进行了一场影响深远的结构性变革，这种变革一般称为"金融创新"。从该角度出发，金融创新又是技术（尤其是通信技术）改进、银行避免烦琐管制，以及金融机构想方设法满足跨国公司和多国公司的需求等多种因素综合作用的结果。金融创新又分为金融市场创新和金融工具创新两个方面的内容。

  技术因素是金融创新得以实现和发展的主要动因。从某种意义上讲，现代通信技术和计算机技术在金融业中的广泛应用堪称一场"技术革命"。科学技术对金融创新的支撑作用主要体现在以下三个方面：①新技术的应用，使交易成本大幅度的下降。②新技术的应用，使银行提高了扩张区域性业务的功能。③新技术的应用，使创新工具更为丰实。因此，西方金融创新的主流表现为技术性金融垄断的创新。当前，计算机和通信技术的改善，是导致供给条件发生变化的最重要的源泉，它有力地刺激了金融创新。当能够大大降低金融交易成本的新计算机技术可以运用时，金融机构便可据以设想出可能对公众有吸引力的新金融产品和新金融工具，银行卡即是其中之一。计算机和通信技术的改善进步也提高了市场获得证券信息的能力，这种由交易和信息技术的改善而引发的金融创新最重要的例证是证券化。此外，政府管理制度的变化也能够导致供给条件变化，由政府管理变化而发生的金融创新的例子是贴现经纪人和股票指数期货的出现。

金融创新主要是指金融工具的创新，可被分为三类，即债权工具的创新、股权工具的创新和金融衍生工具的创新。20世纪50年代，3个月期的美元国库券利率在1%~3.5%之间波动。到了70年代，它的波幅达到4%~11.5%，80年代这一波幅已扩大至5%~15%。利率的剧烈波动造成了巨额的资本利得或资本损失，并使投资回报率具有较大的不确定性。经济环境的这一变化，刺激了对满足该需求的创新的探求，激励人们创造一些能够降低利率风险的新的金融工具。在该需求的推动下，70年代产生了三种新的金融创新：可变利率抵押贷款、金融期货交易和金融工具的期权交易。

传统的金融工具一般是指第二次世界大战以前就已经存在的金融工具。这些金融工具包括股票、债券、可转换债券、优先股、商业票据、认股权证、银行存款和承兑，交易所的商品期货、政府部门的长期债券、中期债券和短期债券。以上为在"二战"以前机构所使用的有代表性的金融工具及其特征，这些金融工具已经为大家所熟知。"二战"以后，各国经济迅速地复苏并飞速地发展，金融创新也随着经济的发展而活跃起来。在这一时期，不仅金融创新工具的数量快速地增长，其交易量也迅速上升。这些金融工具主要包括：企业的浮动利率债券、浮动利率优先股、零息券、合成证券和"毒丸"证券；银行的互换（货币互换和利率互换）；交易所的金融期货、期权；政府的证券化贷款、指数化证券。

外部性因素的影响使得金融创新得以扩散，安德森和哈利斯（Anderson and Harris，1986）发展了一个应用在金融行业中模仿或复制的创新模型，它能更精确地描述金融市场结构和金融机构独特特征。随后，杰格蒂安妮等（Jagtiani et al.，1993，1995）运用一个拥有86个美国商业银行的样本，分析了OBSAs的扩散模型后表明"银行采纳不同的表外业务产品的决策是与纯技术和学习因素相关联"。

（三）金融创新与金融监管的关系

金融创新的另一个重要影响是使金融系统的稳定性下降，特别是衍生金融工具的创新和使用，降低了中央银行的货币政策效能和金融监管当局的监管有效性。金融创新使国际金融市场一体化和证券化趋势增强，国际资本流动加快。据国际货币基金组织（IMF）统计，目前活跃在国际金融市场上的游资约有12万亿美元之巨。2008年3月社科院在《当前热钱流入中国的规模与渠道》报告中显示：2005~2007年的三年时间里，热钱流入中国的累计规模达8211亿美元。国际游资投机性强、流动性快，有较强的隐蔽性。为此，我们必须谨防高投机性游资对我国金融市场的冲击。再者，金融创新工具的初衷是用来降低价格风险的，但实际效果却反而放大了价格波动，再加上金融电子化的程度不断提高，市场动荡的传播速度相应加快，使风险瞬息之间就可变成严酷的现实。因此，金融创新也推动了中央银行和监管当局在放松金融管制的同时，不断适应金融创新的形式变化，加强以促进金融谨慎经营为目的的风险管理。所以，金融创新与金融监管实际上是在不断相互作用的过程中相互推动。

凯恩（E. J. Kanae，1984）认为，金融创新主要是金融机构为了获得利润而回避政府的管制所引起的。管制，性质上等于隐含的税收，阻碍了金融机构从事已有的盈利性活动和利用管制以外的机会。金融机构会通过创新来逃避政府管制。而当金融创新可能危及金融稳定与货币政策时，金融当局又会加强管制，新的管制又会导致新的创新，两者不断相互推动。

因为金融创新的成因主要来自两个方面：一是由于利润的诱导，即金融企业为追求潜在利润而进行的金融创新，这是一种拉力，是金融主体的内在需求；二是由于经济环境的压力，即金融企业为逃避金融监管、规避风险而进行的金融创新，这是一种推力，是金融客体的外在供给。美国经济学教授威廉·斯尔伯于1983年在《金融创新的发展》一文中提出"约束诱发的创新假设"，认为金融创新是金融机构要摆脱或减轻加于其上的约束而做出的反应。他认为即使在市场经济发达的国家，金融业所受到的政府的监管也是最严厉的。部分法规增加了金融机构的经营成本，从而限制了金融业的盈利能力，所以这些金融企业便去回避它们，当金融法规的约束大到回避它们便可以增加经营利润时，金融创新就产生了。总之，对市场份额和资源的争夺与占有以及利润的诱惑是金融创新的真正动机。所以，发达国家的每一项金融创新都经过系统的策划和研究，充分考虑了其成本和收益、技术条件、市场需求度等诸多因素后才产生的。

从博弈论观点来看，创新与管制实际上是金融机构与监管当局之间进行的动态博弈过程，管制、创新、（危机）、再管制、再创新，创新与监管正是在这博弈过程中相互作用，金融机构决定是否采用金融创新以规避监管，金融监管者决定是否对金融创新进行再监管，通过双方根据预期采取不同行为方式描述博弈双方相互作用的过程。

过去美国银行业在法定准备金与存款利率两个方面受到限制。自20世纪60年代末期开始，由于通货膨胀率引起的较高的利率水平同存款利率上限和存款准备金合在一起减少了银行的利润，促使商业银行产生了欧洲美元、银行商业票据、可转让提款通知书账户（NOW）、自动转换储蓄账户（ATS）和隔日回购协定、货币市场互助基金（MMMF）等形式的金融创新。20世纪90年代的各种创新大规模出现，客观上放大了风险，进入90年代以后，世界经济发展的区域化、集团化和国际金融市场的全球一体化、证券化趋势增强，国际债券市场和衍生品市场发展迅猛，新技术广泛使用，金融市场结构发生了很大变化。但是其产生的重要背景是金融监管的变化，20世纪60年代各国对金融实行严格管制。70年代，电子计算机技术进步并在金融行业迅速推广，金融当局开始放松管制。在进入中后期以后，西方国家普遍出现"滞胀"及随之而来的高利率。同时，"石油危机"造成全球能源价格大幅上涨，形成金融"脱媒"现象，风险加剧。80年代后，各国普遍放松管制，金融自由化增强，出现了利率自由化、金融机构自由化、金融市场自由化、外汇交易自由化。这也印证了金融创新与金融监管的动态博弈过程。由于金融风险的加大，也使对金融的管制有所加强，并且使这种金融管制走向国际化。比如著名的《巴塞尔协议》，就是加强国际银行业监管的结果。《巴塞尔协议》规定了资本充足比率，即增大资本与资产的比率。这就迫使银行通过扩大表外业务活动来增加收益，从而增加资本基础。这主要是推动了表外业务的金融创新的发展。

（四）金融创新主体与环境的研究

西方国家金融创新的背景是在20世纪80年代以来金融全球化浪潮的冲击下出现的。金融全球化是指世界各国放松金融管制、开放金融市场、放开资本项目管理，使资本在全球各地区、各国的金融市场自由流动，最终形成全球统一的金融市场、统一的货币体系的趋势。它包括金融自由化、国际化和一体化三个方面。金融自由化是一国国内金融管制的解除；金融国际化包括银行互设机构、发展境外金融中心和资本项目的开放等；金融一体化是指国内外金融市场互相贯通，并以国际金融中心为依托,通过信息网络和金融网络形成全球统一的、不受时空限制的、无国界的全球金融市场。

以上三个方面有机结合,无疑为金融创新创造了背景和前提。可以说,没有金融的全球化,就不可能出现金融创新。因此,西方的金融创新是在金融全球化的背景下产生的,并表现为广义的金融创新。

西方国家金融创新的主体是自主经营、自负盈亏的商业银行,所以它具有很强的金融创新的内在驱动力,这是金融创新坚实的微观基础。金融创新至少具备两方面的金融环境:一是公平竞争的市场。创新是竞争的天敌,即有竞争的市场才会迫使企业进行创新。二是金融管制的放松,放松金融管制才能为金融创新提供广阔的空间。

金融创新源于经济形势和金融环境,即通货膨胀率、利率、汇率等。在金融创新的过程中,技术方面的因素也是促进金融创新的不可缺少的原因。电讯、信息处理和计算机等方面的进步与发展使传统的金融业务出现相对萎缩,刺激金融机构开拓建立在现代技术上的创新业务。技术的发展至少在两个方面促进了金融创新:①电讯的飞速发展,使金融交易的成本大大下降,使金融交易的范围日益扩大,有利于创造全球性的金融市场,从而也使金融交易的广度和深度增加不少。这刺激了金融机构为创新创造市场的积极性。②计算机技术和信息处理技术的大发展,为日益复杂的新金融工具提供了连续不断的信息数据和报价服务,比如现在的期货和期权交易,就必须及时了解国际金融市场行情的动向,并据此及时做出选择。

戈德·史密斯(1969)把金融相关率(FIR)作为衡量一国金融深化的主要指标之一,认为其与一国金融市场自由化程度相关。他通过对35个国家的数据进行跨国研究之后发现,经济快速增长时期一般都伴随着金融发展的超高水平。但 Demirbuc Kunt 和 Levin(1999)从跨国的角度、Demirbuc Kunt 和 Maksimovic(2000)从公司外部融资、Beck 和 Levin(2001)从产业成长的角度进行计量检验,得出与之相反的结论。实证检验证明我国金融结构与经济增长是正相关的（谢平，1992；易纲，1996；张杰，1997；志君，2000；史永东等，2003）。李春燕、余乔（2006）对具有相同文化背景，但存在差异性金融体系的中国大陆和中国台湾，对银行卡市场金融创新产品的扩散进行了实证分析，认为决定市场最终份额的是综合增长与竞争力的趋势加速度，而拥有较好创新工具的机构在竞争中占有优势。

田国强（2008）提供一个审视自身方案内在逻辑合理性的经济学理论分析框架，认为美国次贷危机的深层原因是过分强调市场自由和金融创新，忽视金融市场失灵，政府监管严重不足，而中国的问题正好恰恰相反，政府干预太多，市场自由不足。因此，一个基本结论就是美国金融危机和中国当前所面临的问题，都可以归因于没有合理界定好政府与市场的边界以及正确处理好二者之间的关系（田国强，2008）。

（五）农村（城镇化）与金融创新的关系

农村金融问题关系亿万农民切身利益，关系"三农"的长远发展。加快推动农村金融产品和服务创新，是新形势下缓解"三农"贷款难、促进城乡公共金融服务均等化和支持新农村建设的有效手段。

我国贫困标准相对较低，减贫速度越来越慢，相对贫困与返贫问题突出，贫困现象依然严重。农村贫困问题既有自然经济社会的原因，又有科技人文政治等方面的因素，但农村金融市场资金外流、商业银行支农力度弱化、农村金融供求矛盾加剧、农村金融生态欠佳等问题造成贫困农村资本短缺和贫困农民贷款难是导致农村贫困的一个非常重要的因素。美国著名的经济学家纳克斯在《不发达国家的资本形成》一书中提出了"贫困恶性循环"理论，认为发展中国家长期陷入持续贫困封闭圈中的原因在于资本缺乏、金融支持不够。

国家产业政策、金融制度、金融政策等原因，使农村金融资源配置不合理，在资金供给上产生抑制，形成了供给型金融抑制。农村的主要问题包括：

（1）基础设施建设的融资渠道单一，民间和外来资金以及商业银行都无法满足这种要求，我国政策性金融机构中涉及城镇基础设施建设业务的只有国家开发银行，但其宗旨和定位是支持国家基础产业和支柱产业，并不是针对具体城镇化建设。所以，政策性金融支持在城镇基础设施建设中的作用也有限。

（2）中小企业融资困难。我国60%以上的中小企业认为，制约企业发展的首要因素是资金的缺乏，世界银行对于我国中小企业的调查发现：中国的中小企业无论是在初创时期还是发展时期，都无法从银行得到充分的融资，也就无法促进经济城镇化进程。

（3）金融支持不足。农村金融政策缺乏明确的城镇化导向，我国长期以来给农村地区的金融优惠仅限于部分专项资金的供给，而对支持"三农"和一些重要经济开发的全方位优惠政策则没有清晰、持续的导向，如国家开发银行、农业发展银行、农村信用社和农业银行从未明确地将农村城镇化基础设施建设作为信贷支持的重点，而民间金融筹建政策性中小企业贷款担保公司等均未能上升到政策高度；相应的农村保险和社会保障体系的构建整体缺乏统一的思路（何静、戎爱萍，2012）。

对于未来农村金融创新的重要领域的研究，学者认为应探索农地金融，农地金融即农户或拥有大量土地的经营业主以土地经营权作抵押从银行获得贷款用于发展生产。目前，我国农地金融的发展受到限制，农地金融发展的关键是增加农民生活来源，并且要明确金融支持农村城镇化的政策导向，以吸引金融资金流入农村城镇化地区和领域，并明确地将其列为信贷投放的重点，主要包括：基础设施建设和小城镇开发；农村工业化进程中的涉农企业融资；地方政府合理规划的工业园区与商业园区开发。

同时，推动农村要素市场化物权法林权制度改革，如果在坚持土地集体所有制产权制度不改变，对土地流转后的用途做出明确规定和严格限制做好农村养老和医疗配套改革的前提下，进一步推动农村生产要素市场化的进程，允许土地承包经营权可质押，鼓励土地合理流转和适度集中，则可以推进农业产业化规模化发展，支持农民获得进一步发展的生产资金土地承包经营权等要素的市场化，可以从根本上解决农村信贷市场上缺乏有效抵押担保品的问题，极大降低农村金融业务的风险。

用传统的信用资源来培育和发展民间金融主体，使金融产业逐步走向多元化和市场化，农村金融创新应着眼于"三农"问题的整体。诸如，供应链金融的发展，除农业产业之外，可拓展到其他产业：产业和金融结构的结合；产业和政策的结合；产业与税收的结合；组建新型的产业联盟。

在全球化时代，全球的产业模式发生了很大的转变，以前的模式是纵向一体化模式，但是在新的全球一体化时代，产业模式转为网链式的模式，经济体系的竞争由单个企业的竞争转向了供应链之间的竞争。著名学者克里斯托弗曾经深刻地说过，世界的竞争不是企业和企业之间的竞争，而是供应链和供应链之间的竞争。有人做过测算，优化过的供应链比自发的供应链的价格提升，可以达到六倍以上。在金融领域来说，金融服务由传统的金融服务也转向了供应链金融。所以，推进供应链金融也是发挥金融机构的作用，促进中小企业和"三农"融资的重要举措之一。

二、制度演进与金融创新动力

诺斯的制度变迁被新制度经济学描述为一个动态的博弈过程，在这个过程中，由于交易费用的存在而出现的经济绩效低下的制度会陷入一种"锁定"(Lock – in)状态,难以突破旧有的制度框架,阻碍经济绩效较高的制度安排的出现,使制度变迁和制度创新的过程中断。该理论并未给出完美的答案,但该理论的一个重要启示是制度变迁的历史连续性和历史关联性。进入20世纪90年代之后,随着博弈理论的进一步发展,尤其是演进博弈理论(Evolutionary Game Theory)所取得的一些新成果,给新制度经济学的理论研究带来了新的生机。

西方金融创新理论流派繁多,主要集中在分析金融创新的促成因素、探讨金融创新的动因等方面。具有代表性的有以下几种理论:其中"技术推进"理论认为,新技术革命的兴起,特别是电脑、电子通信技术和设备在金融业的广泛应用,是促成金融创新的主要原因。"财富增长"理论认为,经济的高速发展所带来的财富的迅速增长,是金融创新的主要原因。"约束诱导"理论认为,金融机构之所以发明各种新的金融工具、交易方式、服务种类和管理方法,其目的在于摆脱或规避其面临的各种内部和外部制约。"制度改革"理论认为,金融创新是一种与社会经济制度紧密相关、相互影响、互为因果的制度改革,金融体系的任何因制度改革而引起的变动都可以视为金融创新。"交易成本"理论认为金融创新的支配因素是降低交易成本,即交易成本的变化(主要是交易成本的降低)是金融创新的主要动因。

(一)制度环境对金融创新动力的影响

不可否认,市场内的各种经济行为都是在一定的制度框架内进行发展的。当然,对于金融创新同样如此,金融创新源于制度环境,并且在现有的制度环境下通过不断的博弈与突破而成长。对于金融创新来说,外在的制度环境是影响其长久发展的重要因素,如监管制度、产权制度、法律制度等。

金融创新的制度环境是指金融创新所依赖的所有金融体系运行规则体系的统一体。法律制度、监管制度和产权制度组成了金融创新最基本的制度环境，也构成了金融创新最为重要的外在影响力量。

1. 产权制度

第三代金融理论认为，产权制度作为最基本的制度环境，在一国或一个地区的经济增长、金融发展、金融创新等方面起着关键、决定性的作用，特别是对于从计划经济到市场经济过渡性国家来说，产权制度明晰与否关乎到金融体系的长久发展。原因在于，从某种意义上来讲，金融创新的本质是对交易主体财产权利和财产责任重新配置的行为，经济主体拥有独立的财产是金融创新活动的基本前提。如果市场不能明确某一经济财产的所属权，那么相应的市场主体针对这一财产就没有处分权利，也就没有资格将这一财产放置到金融市场同其他经济主体进行交易活动，从而便不能产生真正的金融创新行为。

例如，一个经济高度集权的国家，大部分或者全部经济财产属于国有，国民对货币的需求只有较少的部分是从金融市场中，或经由特定的金融格局获得，这使得金融创新动力十分匮乏。原因在于，在经济集中度非常高的国家，金融机构与政治挂钩，是政府的附属机构，在政府的金融改革中扮演着重要的角色。政府对金融机构的监管与控制建立在自身效用函数最大化的基础上，金融机构在金融市场中丧失了主体意识，难以成为市场主体参与到市场的交易活动中，这将使创新的内在因素不复存在。在国有金融产权的大环境下，微观金融机构丧失了原始的创造冲动，主要原因是国有金融产权的外部性太大，同时国有金融产权又无法为金融机构提供外部性内在化的激励。这使得国有产权制度及其外部性将金融机构的主体意识完全压制，金融机构对利润最大化缺乏理性追求的冲动，丧失了创新的内在动力。由此说明，在金融市场中，金融创新与产权制度之间存在紧密的因果联系，只有完善合理的金融产权制度才能产生与时俱进的金融创新。

要想使得金融市场内的每个围观金融机构都能成为金融创新的动力源，我们必须要为其创造一个环境。环境创造的关键是要改革激励机制，保证每个创新的人都会在市场上获得丰厚的收益。改变机制的前提是要改变体制，而改变体制的根本在于改变产权制度。产权制度的改革会使激励制度更快更好地落实。在现实的金融市场中，国有商行、金融中介机构、证券公司都必须实行股份制改革，实现产权制度的变革，只有微观金融机构拥有了产权，能够独立自主地处置相应资产，才能从根本上实现金融创新。

2. 法律制度

金融学理论认为，法律制度对金融创新的影响力度并不小于产权制度，作为外在环境制度之一的法律制度是一切金融活动的制度基础，包括公司会计审计规则、公司治理规则、信息披露规则等都是在法律制度允许的条件下形成的，法律制度不仅确定了创新活动的产权基础和权利主体，也划定了创新的边界，不同程度的法律制度对金融创新有着完全不同的影响效果。相对来说，较为保守的法律制度会限制金融创新的发展，开拓性、前瞻性的法律制度对金融创新则有更多的包容作用，促进金融创新的实现和发展。

具体来讲，法律制度对金融创新的影响既有积极的一面，又有消极的一面。法律制度对金融创新的积极影响主要表现在：

（1）金融监管方面的积极影响。法律制度在金融领域的应用多种多样，其中之一就是金融监管法律对金融体系的监督管理和保护。保护性的金融监管法律对金融创新具有很重要的积极作用，主要表现为四个方面：①降低交易风险。在金融市场中存在着信息不对称，金融商品的质量信息不可能对每个当事人都是公开透明的，在交易时就会出现一定的弊端。那么通过法律的强制性，确立监管框架，规定共同标准，保证最低可信度，可以相应地降低交易风险，确保交易的顺利进行。②减少损害市场发展的过度竞争。在股票、证券、基金市场常常会出现由于监管不当造成的过度竞争现象，例如美国早期出现了出售"蓝天"的投资现象，导致股市的崩溃，就是由于对证券发行和交易的监管不完善造成的。因此,只有在保证金融市场和谐稳定的大环境下,金融创新才能更快更好地进行。③监管本身对金融创新有刺激作用。④行业自律监管作用的发挥。在监管制度中,除了法律制度的强制性监管体制外,行业自律组织的监管作用也是不容忽视的,例如证券交易所、期货交易所等金融资产的市场组织,除了履行其基本的职能外,还发挥着行业自律监管的作用。另外,随着金融全球化进程的不可逆转,一些国家逐渐取消外汇和资本管制,为其国内银行等金融机构选择海外发展和拓展国际业务,提供了制度支撑。

(2) 其他法律制度的积极影响。有很多相关的法律制度对金融创新都有一定的积极影响,下面将列举典型的三个:①《税法》。经济主体为了实现个人收益最大化,会想出各种手段和各种方法减少成本,增加收益,那么《税法》对于经济主体来说,是一个限制其收益的存在,市场主体为了逃避相关税收,从而采取各种金融资产以及金融机构的创新行为。②《公司法》。《公司法》内的上市公司法律对金融创新有一定的积极影响,拓展金融创新的空间,具体表现为:经修改后的《证券法》与《公司法》,使得上司公司的门槛降低,程序简化,效率得以提高,而私募、金融衍生品、多层次市场等创新型金融业务在新法的出台后也成为有法可依的产品,这在增加金融创新动力的同时,也是大大地促进了金融创新的影响。③《物权法》。信用风险是银行业最常见的、传统的风险,尤其是在贷款业务中,信用风险的高低决定了资金受损程度的大小,而抵押贷款是降低信用风险较为常用的贷款方式,在《物权法》出台前,对于抵押品的确定,银行规定的范围有限、形式单一,十分不利于贷款业务的发展,在《物权法》出台以后,提出了一系列有利于防范动产担保业务的金融风险,提高资本市场效率与透明的相关规定,这些规定大大地推动了金融业务的创新。

(3) 法律制度对金融创新的消极影响主要表现在:法律制度的供

给与金融创新的需求不匹配。虽然人们对金融衍生品有一定的偏见，认为其风险高、稳定性较差，操作不当便会资金受损，收益难以保障。但是，金融衍生品的独特的功能和作用使其成为金融市场中不可或缺的部分。金融衍生品市场若是能保证安全、稳定的发展，必将成为促进一国经济增长的利器。而发展金融衍生品市场的前提与保障是法律制度的供给，只有这样，才能够满足市场发展的需求。若是法律制度的供给不能满足其需求，那么会大大地阻碍金融衍生品市场的发展，从而对金融创新产生消极的影响，抑制金融创新。

（4）现有法律制度妨碍金融创新。法历来有"良法"与"恶法"之分，也有"恶法非法"这样的命题。对于金融创新而言，"良法"指的是能够促进其创新、保护投资者利益、保障金融市场长久发展的法律，"良法"能够为金融创新提供法律保障、法律依据；"恶法"指的是阻碍金融创新、抑制金融创新活力与动力、对金融市场的发展有不利影响的法律。"恶法"往往会损害金融市场主体的利益，从而造成深层次结构性矛盾，使得规避性的金融产品或制度性创新出现。也就是说，法律限制经常被用来解释金融创新的原因，甚至是主要的原因。或者说，金融创新总是伴随着一次又一次的法律规避和一次又一次的立法修改。

3. 管制制度

管制制度主要包括货币管制体系和金融监管体系两个方面，前者主要以货币政策制定和执行为核心内容；后者主要以金融机构和金融市场的监管为核心内容。无论管制制度对金融创新的积极影响还是消极影响，在金融市场中都表现为直接影响，金融创新产品多以利率、汇率等价格变动为标的或参考，产品定价的自由程度以及价格因素是影响金融创新的关键因素。因此，货币政策工具通过利率、汇率的制定与执行对金融创新产生重要影响。对利率、汇率、资本项目等要素的管制将对金融创新产品的定价和交易带来障碍，只有在有序放松管制的条件下，才能真正推动金融创新的发展。

例如，自1983年成立中国人民银行到2003年成立了银监会，"一行三会"的分设使我国的金融管理体系逐渐趋于完善。人民银行将管制的重心主要集中在货币政策制定与执行中，利率市场化、差别货币政策、基准利率体系等政策都体现了人民银行对金融创新的促进作用，并且效果显著。人民银行制定的汇率形成机制对远期外汇买卖、进口保值等金融创新产品具有重要的意义，利率市场化对于货币市场、债券市场、外汇市场等领域产品定价机制的完善有重大影响，引入OTC交易制度，增加非银行金融企业等交易主体以及推出远期交易等品种行为，对于培育衍生品市场推动银行间外汇市场发展具有重要意义。银监会制定的《商业银行金融创新指引》是专门为金融创新出台的监管制度，该指引中的一系列规范为金融创新的实现提供夯实的管制基础。保监会将监管格局由传统产品事前备案，新型产品事前审批向传统产品事后备案，新型产品事前审批转变，这对于保险公司产品和服务的创新是一个极大的鼓励。证监会也出台了一系列针对证券行业产品和服务创新的政策和制度，推动了金融创新。

(二) 金融创新的制度机理

金融创新与制度创新紧密相连。以North、Davis、Scylla等为代表支持制度改革理论，认为创新是一种与经济制度相互影响、互为因果的制度改革，金融领域内发生的任何因制度变革引起的金融市场的变动都可以视为金融创新。米勒（Miller）在对金融创新的研究中发现监管和税收是金融创新的主要推动力。戴维斯、诺斯认为，金融创新是一种以经济制度相互影响、互为因果的制度改革。政府为稳定金融体系和防止收入不均所采取的一些措施，如存款保险，也是金融创新。制度学派强调政府行为是金融创新的成因，实际上已把金融创新的概念扩大到金融业务创新与制度创新。该理论认为，监管制度的演进不仅有利于金融创新，而且有利于改进收入差异过大的现象，金融系统的金融创新在管制—创新—管制—创新的互动中得以发展。

究竟是制度创新引发了金融创新，还是金融创新导致了制度创新，对于二者的先后关系，由于金融体制的不同，不同国家有不同的观点。根据政府在金融创新中发挥作用不同，可以将金融创新分为市场推动型金融创新和政府主导型金融创新。其中，市场推动型金融创新是微观金融主体为遵循市场规律而进行主动创新，其起点和归宿都是市场微观市场主体，推动金融创新的目的比较单一，就是为了最大程度满足客户需求，实现利润最大化。因此，市场主体往往为了达到目的对现有的制度采取一系列的规避措施，突破现有的规章制度，那么成功的金融创新就是对现有制度的一种挑战，在突破现有制度后，创新主体为了避免其他经济主体的某些经济行为减少其超额利润的形成，会主动向法律寻求帮助，阻止新进入者进入金融市场。而政府的监管部门也为了金融创新的稳定与安全，从而制定或修订相关的法律法规。从这个过程看，金融创新先是突破了原有的制度，又对新的制度产生了需求，从而推动了制度的创新。因此，在市场推动型金融创新中，金融创新导致了制度创新。而在政府主导型金融创新中，政府是金融创新的中坚主导力量，它决定了金融创新的内容、方向、步骤和进度，引导着金融创新的总进程。政府在金融创新中主要有两个作用：其一是设立金融创新的专业监管部门，其二是为金融创新提供法律保障。微观经济主体在金融市场中并不占据主导地位，其创新需求受到约束，对与金融创新相关的法律制度的出台影响不大。因此，在政府主导型金融创新中，法律制度创新先于金融创新存在。

如果想拥有灵活自由的金融创新环境，激励制度是必不可少的，要尽可能地使微观金融主体利益最大化。这样的制度虽然使金融创新得以发展，但同时也会出现一系列的问题和弊端。首先会引发金融风险问题；其次会使市场主体以利为首，金钱至上的经营原则会对国家、社会、投资者和存款人造成很大的伤害，不利于社会和谐。因此，金融创新必须在制度的框架下形成和发展，制度创新应该与金融创新同步进行。只有从制度方面诠释的金融创新才有真正的效力，制度上的创新已成为最重要的一环。

三、金融体系的界定和分类

金融体系最根本的功能是引导储蓄向投资的转化，由此得到的观察金融体系的方法之一就是比较不同国家的储蓄和金融资产结构。很多研究者认为，至少在理论上，存在着不同的金融体系，即所谓的以德国为代表的银行主导的体系（Bank–based System）与以美国为代表的市场主导的体系（Market–based System）。两者主要的区别在于融资结构的不同，银行主导型金融体系以间接融资为主，而市场主导型金融体系以直接融资为主。但是，早在20世纪80年代末，C. Mayer（1988）在两篇很有影响的论文中提出了一个重要的问题：各国的企业是如何融资的，并得出了一个不同于常识的结论。在主要发达国家的企业资金来源结构中，企业内部资金是最重要的，在外部资金来源中，银行贷款是最重要的，而股权融资的比重通常较小。J. Corbett 和 T. Jenkinson（1997）基本沿用了 Mayer 的资金流量分析方法，将统计期间扩展为 1970~1994 年，从企业实际融资的角度否定了金融体系的区别。上述两种观点存在着较大的反差，或者称为"Mayer 之谜"。

我国学者近年来也对金融创新和金融体系演进等方面做了一定的研究。杨星（2000）指出金融创新可以在拓展金融机构的业务经营范围、加强利率的经济杠杆作用以及推动金融自由化等方面起积极作用，持续的金融创新会对一国的货币政策、金融业的经营风险以及整个金融体系的稳定性带来危害。杨屹等（2002）认为金融创新引起了货币定义与供求关系的全面变化，导致货币政策的执行效果与预期目标发生了偏离。康灿华（2002）研究金融创新的微观效应。吴清（2003）研究了自20世纪90年代以来的金融创新与过去不同的特征。倪云虎和丘在沫（2003）从金融创新与金融职能的角度分析了金融创新的原因。从制度角度对金融创新问题进行分析研究的文献也日益增多，江春（1997，1999）首次运用产权理论对金融市场的发展问题进行了研究和分析，认为独立的财产权和产权的分散化是金融市场发展的关键，当然也是金融创新的前提。张杰（1998，2001）对中国金融制度的结构与变迁进行了研究。朱新蓉（2000，2003）就我国金融监管制度创新进行了系列研究。范恒森（2000）运用制度变迁理论对金融制度创新的动态过程进行了研究。

（一）金融体系的界定

虽然在理论上存在不同的金融体系，但是从一般性意义上看，金融体系是一个经济体中资金流动的基本框架，它是资金流动的工具（金融资产）、市场参与者（中介机构）和交易方式（市场）等各金融要素构成的综合体。同时，由于金融活动具有很强的外部性，在一定程度上可以视为准公共产品。因此，政府的管制框架也是金融体系中一个密不可分的组成部分。

一个金融体系包括几个相互关联的组成部分：第一，金融部门（Financial Sector），各种金融机构、市场，它们为经济中的非金融部门提供金融服务；第二，融资模式与公司治理（Financing Patten and Corporate Governance），居民、企业、政府的融资行为以及基本融资工具；协调公司参与者各方利益的组织框架；第三，监管体制（Regulation System）。金融体系不是这些部分的简单相加，而是相互适应与协调。因此，不同金融体系之间的区别，不仅是其构成部分之间的差别，而且是它们相互协调关系的不同。

（二）金融体系的内容

金融体系包括金融调控体系、金融企业体系（组织体系）、金融监管体系、金融市场体系、金融环境体系五个方面。

（1）金融调控体系。金融调控体系既是国家宏观调控体系的组成部分（包括货币政策与财政政策的配合、保持币值稳定和总量平衡、健全传导机制、做好统计监测工作、提高调控水平等），也是金融宏观调控机制（包括利率市场化、利率形成机制、汇率形成机制、资本项目可兑换、支付清算系统、金融市场（货币、资本、保险）的有机结合等）。

（2）金融企业体系。金融企业体系既包括商业银行、证券公司、保险公司、信托投资公司等现代金融企业，也包括中央银行、国有商业银行上市、政策性银行、金融资产管理公司、中小金融机构的重组改革、发展各种所有制金融企业、农村信用社等。

（3）金融监管体系。金融监管体系包括健全金融风险监控、预警和处置机制，实行市场退出制度，增强监管信息透明度，接受社会监督，处理好监管与支持金融创新的关系，建立监管协调机制（银行、证券、保险及与央行、财政部门）等。

（4）金融市场体系。金融市场体系包括扩大直接融资，建立多层次资本市场体系，完善资本市场结构，丰富资本市场产品，推进风险投资和创业板市场建设，拓展债券市场、扩大公司债券发行规模，发展机构投资者，完善交易、登记和结算体系，稳步发展期货市场。

（5）金融环境体系。金融环境体系包括建立健全现代产权制度、完善公司法人治理结构、建设全国统一市场、建立健全社会信用体系、转变政府经济管理职能、深化投资体制改革。

(三) 金融体系的分类

由于现实中不同国家的金融制度差异较大，因此不同国家根据不同标准有不同的分类方法。主要有以下四种分类标准：

1. 以完成金融体系的融资功能方式不同为标准

哲肯克伦将金融体系划分为三种类型：英国的融资多用短期银行借款的形式；德国则采用长期融资与管理协助相结合的"综合银行"模式；俄罗斯由于工业化较晚，所以还需要政府的直接融资。凯林顿和爱德沃兹从考察不同国家长期融资用于实际投资的数量入手，把主要发达国家的金融体系分为两类：一类以美、英为代表，以资本市场为基础的金融体系；另一类金融体系以法、德、日为代表，银行与工业高度融合，银行贷款是融资的主要渠道，因此称之为以银行为基础的金融体系。

2. 以完成金融体系配置资源功能的方式不同为标准

泽曼用三个指标来区分金融体系：存款转化为投资的方式；贷款和证券市场上的价格是如何形成的；政府在金融体系中的地位。以此为标准，他把金融体系分为三类：以资本市场为基础的体系、信用基础体系和以德国为代表的靠操纵市场来达到目标的金融体系。梅尔从金融体系与投资间的关系入手，把经济分为银行经济和市场经济两种。他认为，这两类经济之间最主要的区别在于公司所有制模式与金融体系结构之间的关系的不同。

3. 以完成金融体系解决不确定性风险功能的方式不同为标准

莱布泽斯基把金融体系分为两种基本形式：银行导向体系和市场导向体系。他研究不同金融体系对工业发展的作用，把金融体系看作是对承受和分配风险的安排。

4. 以完成金融体系解决激励机制功能的方式不同为标准

珀林用"退场/发言"来形容两种体系。在退场体系中，证券持有者靠出售他们的有价证券来施加影响；在发言控制体系中，银行与企业联系紧密，银行提供大量长期贷款，金融资产缺乏高度发展的二级市场。

从上面的分析中可以看出，尽管分类标准有所不同，同一分类标准下得出的结论也有差异，但从总体大方向看，理论界达成了一种共识，金融体系可以分为以德、日为代表的银行导向型体系和以英、美为代表的市场导向型体系。两种金融体系最大的不同之处是银行和证券市场在完成金融体系职能的过程中所起到的作用不同。在银行导向型金融体系中，银行起决定性作用；在市场导向型金融体系中，证券市场的作用更为突出。表2-1为两种金融体系的具体比较。

表2-1 美国与德国的金融体系比较

银行体系	美国	德国
商业银行	提供短期工商企业贷款、住宅贷款、农业贷款，以及对同业贷款。格拉斯—斯第格尔法禁止商业银行从事投资银行业务，但是自1999年11月后开始放松	主要包括三大全能银行：德意志银行、德累斯顿银行、商业银行，从事存贷款、生命保险、有价证券承销和投资多种业务
储贷机构	传统上提供抵押和其他消费信贷。很多是互助性质的，即存户同时是股东	兼顾公共利益，不以盈利最大为目标；共有三级：地方、州和中央储蓄银行
保险	生命保险公司提供税收比较优惠的储蓄手段；财产保险公司主要目的是提供保险，投资工具只是副产品；很多公司是互助性质的	全能银行与保险公司均能提供保险。但是与银行不同，保险公司受到严格监管
养老保险（公共、私营）	涵盖所有员工；保费与平均收入相联系；替代率较低。主要包括根据最终收入决定的固定受益人；通常不采用指数化；固定认缴计划日趋重要	涵盖所有员工；保费与工作期间平均收入项联系；替代率较高
金融市场、股票市场、债券市场	三大主要交易所为NYSE、AMEX、NASDAQ，它们是经由初次发行（IPO）筹集资金的主要渠道。各级政府以及企业重要的资金来源	以法兰克福为中心的7个区域性交易所；上市公司数量较少。各级政府与银行重要的资金来源。对非金融企业不重要
衍生市场	商品期货市场始于19世纪晚期。金融期权与期货市场始于20世纪70年代早期；互换和其他衍生工具柜台交易量很大	金融期权与期货市场始于1990年，交易量很小

(四) 金融体系的功能

金融功能是指金融对经济的功能。金融功能的发挥取决于金融系统及外部环境需求，是在金融系统和外部环境相互作用的背景下体现出来的性质、能力及功效。金融功能是搭建金融与经济二者之间相互关系的桥梁与中介，是研究金融体系构建的核心与关键因素，也是将金融作用于经济的直观结构与观测器。美国哈佛大学著名金融学教授罗伯特·默顿认为，金融体系具有以下六大基本功能：

1. 清算和支付功能

清算和支付功能即金融体系提供了便利商品、劳务和资产交易的清算支付手段；在经济货币化程度日益加深的环境下，安全有效的清算与支付系统是经济发展的基本前提，原因在于经济的产生与发展是通过交易实现的，在交易中货币的支付与清算伴随交易的始末。如若没有安全稳定、适应性强的系统支撑货币的支付与清算，那么便会产生高昂的交易费用和低效率的经济活动。因此，一个有效的支付系统对于社会交易是一种必要的条件。安全的交换系统可以减少交易的风险从而降低交易成本，也可以促进社会专业化的发展，还可以提高生产效率和技术进步。所以，金融体系的清算与支付功能会一直伴随经济发展存在。

2. 融通资金和股权细化功能

融通资金和股权细化功能即金融体系通过提供各种机制汇聚资金并导向大规模的无法分割的投资项目；金融体系的融通资金功能主要体现为动员储蓄和提供流动性两个方面。金融市场中的金融机构具有集中金融资金并改善金融资金配置的作用，这对经济的发展是极大的促进，因为资金的配置不当会导致初始投入不能迅速地转化为生产力，不利于社会再生产，不能实现资金的增值与积累，也就不能实现经济的发展。那么，金融机构通过资金的集聚与重新配置，可以在更有效利用投资机会的同时为全社会的储蓄者提供高回报。金融机构动员储蓄的优势有两个：其一为集中资金，分散个别投资项目的风险；其二是集中社会资源，发挥资源的规模效应，通过规模效应形成的高收益可以为广大投资者提供较高的回报。金融系统提供的流动性服务有效地解决了长期投资的资本来源问题，为长期项目投资和企业股权融资提供了可能，同时为技术进步和风险投资创造出资金供给的渠道。

金融体系的股权细化功能是指将无法分割的大型投资项目划分为小额股份，以便中小投资者能够参与这些大型项目进行的投资。股权在细化以后，金融体系就可以形成对经理的监视和对公司的控制。在现实中，市场经济的高度发展使得公司的经营和组织形式发生巨大的变化，股权由传统的高度集中制向分散化转变，公司经营向职业化转移。这种组织形式虽然可以适应市场经济的快速变化，但是内外部信息的不对称给投资者增加一定的风险，投资者很难监督所投入资本的使用情况，而金融体系的功能在于提供一种新的机制，通过外部放款人的作用对公司进行严格监督，从而保护内部投资人的根本利益。

3. 为在时空上实现经济资源转移提供渠道

即金融体系提供了促使经济资源跨时间、地域和产业转移的方法和机制；投资效率是投资者在进行投资活动时主要考察的一项指标，投资效率受到多种影响因素的制约，例如对经营者实际能力的不可知、项目回报的信息不完全、生产存在的风险等。这些问题亟待解决，就产生了对金融中介结构的需求，在市场经济的大环境下，单个投资者没有足够的力量对公司、公司经营者、市场宏观环境进行评估。金融系统可以为这些单打独斗的投资者提供中介服务，并且提供一种与投资者共担风险的机制，帮助投资者分担风险，进行流动性风险管理和项目评估等，从而提高投资者的投资效率。

4. 风险管理功能

风险管理功能即金融体系提供了应付不测和控制风险的手段及途

径；金融体系的风险管理功能要求金融体系为中长期资本投资风险进行交易和定价，形成风险共担的机制。由于存在信息不对称和交易成本，金融系统的功能之一就是将投资风险进行交易、分散和转移。若不能找到一种针对投资风险的交易、转移和分散机制，那么社会经济也就不可能顺利地运行。

5. 信息提供功能

信息提供功能即金融体系通过提供价格信号，帮助协调不同经济部门的非集中化决策；在金融市场上，金融体系的信息提供功能对投资者和筹资者都有很大的作用。对于投资者来说，金融体系可以为投资者获取各种投资品种的价格信息以及影响价格因素的具体信息；对于筹资者来说，金融体系可以为筹资者获得不同融资方式的成本信息。管理部门可以获得金融交易是否正常、交易规则是否被遵守的信息，从而使金融体系的不同参与者都能根据所获取的信息做出相应的决策。

6. 解决激励问题功能

解决激励问题功能即金融体系解决了在金融交易双方拥有不对称信息及委托代理行为中的激励问题。激励问题的存在源于金融市场内的各微观经济主体不能控制所获取利益的全部影响因素，例如互相交易的经济主体之间交易目的不一致，对交易产品的信息获取程度不同，现代企业中所有权与经营权的分离等。激励问题的解决方法众多，不同的经济环境和体制会产生不同的解决办法。而金融体系所表现出的解决激励问题的功能在于股票和股票期权的发行。在委托代理业务上很容易产生激励问题，那么金融体系通过发行股票或股票期权，让企业的管理者和员工拥有部分股权，使经营者与所有者的目的趋于一致，即企业的利益影响管理者和员工的利益，在这种情况下管理者和员工都会尽力提高企业的绩效，从而增加自身的利益。这样就解决了因所有权与经营权分离导致的激励问题。

四、评述与研究方向

在高度开放的社会经济环境中,起支撑作用的是强大、稳健、高效的金融体系。从可获得的现有西方文献来看,基本上都是运用新古典经济学的基本原理,利用标准的供求分析框架,来讨论单个银行或其他金融机构发展新产品或采用新技术、新制度的动机即金融创新的原因,偏重对现有金融创新的原因与结果影响的研究。一般简单地把金融创新的原因归结为监管、竞争和新技术的出现及宏观经济环境的变化等,已有的研究大多只研究了金融创新的某一个方面。我国学者对金融创新问题的研究是从20世纪80年代中期开始的。主要是对西方的金融创新理论、金融工具、金融市场及金融组织的创新进行介绍和评述。目前,我国学者对金融创新的研究日趋增多,但现有的研究介绍金融创新实务的多,对金融创新的历史进行深刻理论概括的少;对金融创新发展原因研究的多,对金融创新过程、扩散机制和金融体系演化研究的少。总体来看,金融创新和金融体系演进研究还缺乏系统性和整体性。基于此,本书利用制度的演化理论来分析金融体系创新的演化博弈过程,并构建实证的计量分析模型来探讨影响金融体系创新和金融体系演化发展的相关重要因素,同时尝试提出我国的金融体系创新和演化的现状与发展路径。

第三章 中国金融体系的
演化变革与趋势

　　大量的实证研究表明，各国金融体系如资本市场的广度和深度、新证券的发行频率、公司治理结构及股利政策、资本分配的效率等方面的差异，都可以用各国法律体系对外部投资者的保护加以解释。

　　投资者保护之所以如此重要，是因为在很多国家，控股的大股东和管理者（这里统称其为企业的内部人）对小股东和债权人的掠夺十分严重。这种掠夺可以有多种形式，内部人可以直接将企业的利润据为己有；内部人也可以将企业的资产以低于市场价的价格转让给其控制的其他公司。这种转移定价尽管有时是合法的，但其在本质上和直接的偷盗并没有任何区别。有时内部人也采取转移企业的投资机会、安排不称职的亲属到公司任职、向管理层支付不合理的高薪酬等较为隐蔽的方式掠夺投资者。

　　如果掠夺行为十分严重，其必然影响到金融体系的发展，那么如何对内部人的掠夺行为加以限制？关键在于通过法律体系对投资者的权益加以保护。从这个角度看，法律及其执行的效率是解释不同国家金融市场发展水平及企业资本结构的关键变量。

　　从法律的角度研究金融体系的发展是近 40 年来企业融资理论发展的自然延续。Modigliani 和 Miller（1958）将企业看成是投资项目及其带来的收益的集合，由此其自然将债权和股权视为对企业收益的权利，但其没有解释企业为什么要将收益返还给投资者。Jensen 和 Meckling（1976）指出不能将投资者从企业分得收益视为当然，因为企业内部人完全可以利用企业的资源使自己获益。他们将各种融资手段视为一种合约，这一合约规定了投资者对企业收益所具有的权利。在他们的模型中，通过赋予企业内部人剩余收益权来限制其掠夺行为。Grossman 和 Hart（1988）进一步将研究的重点集中于企业投资者和内部人之间权力的对比，并区分了投资者所拥有的合约规定的控制权和实际的剩余控制权。这一理论指出，投资者之所以能取得收益是因为其拥有的权力。因此，不同于 Modigliani 和 Miller 的模型，改变企业的融资结构相应会改变权力在投资者和内部人之间的分配，因而也就会改变企业的投资决策。

一、金融体系与法律体系

世界上大多数国家的法律起源于英国的普通法、法国民法、德国民法、斯堪的纳维亚民法。一般来说，这些法律传统可以归为两类：一类是普通法，起源于英国；另一类是民法，起源于罗马法。由于在产业革命的初期，这些工业先发国经济得到了很大发展，并通过战争得到了很多殖民地，所以两种法律传统就直接通过殖民或者移植在世界范围内广泛传播。法国民法对西班牙、葡萄牙的法律体系有很大的影响，继而影响到南美国家；德国民法主要影响了奥地利，东亚的日本、中国等国家；普通法主要被移植到北美大陆、澳大利亚、新西兰等国或地区。

不同的法律体系对公司治理和绩效的影响显然是不同的。La Porta

（1998）首先按照法律起源将49个国家的法律体系划分为普通法、法国大陆法、德国大陆法和斯堪的纳维亚法四大法系，然后基于投资者权利保护的法律法规来源来考察投资者法律保护与公司治理之间的关系。他们设定了股东权利保护指数、债权人权利保护指数、抗董事权指数（Anti-director Index）和执法效率指数等指标体系来反映投资者权利的法律保护程度差异，并运用比较统计分析的方法验证了49个国家的法律对投资者的保护程度差异以及一系列公司治理机制之间的联系。La Porta 的研究表明，在法律渊源与股权集中度的关系方面，普通法系国家的股权集中度较低，而法国大陆法系国家的股权集中度高。此外，他们还指出，高的股权集中度是由法律对投资者权利保护不足所导致的，并演变成为相应的替代机制。在法律渊源与不同国家债权人权利保护的关系方面，他们的实证结论认为，普通法系国家提供了最好的债权人法律保护，法国大陆法系国家提供了最差的债权人法律保护，而德国大陆法系国家和斯堪的纳维亚法系国家则居中。在法律渊源与法律实施质量的关系方面，La Porta 在控制了人均收入之后的分析结果表明，各个法系对解释不同国家法律实施质量和会计标准的差异显著，法律实施质量从高到低的排序是斯堪的纳维亚法系、德国大陆法系、普通法系和法国大陆法系，并且一国的富裕程度影响其法律实施质量，即越富裕国家的法律实施质量越高。最近的研究表明普通法和民法国家在很多政治和经济条件方面也表现出明显的差异。在金融体系发展方面，普通法国家拥有比民法国家更发达的金融市场，而相对来说民法国家的银行体系则更为发达，这似乎预示着金融体系的形成和法律体系存在一定的关联。在经济增长方面，Paul G. Mahoney 研究表明：在1960~1992年，普通法国家比民法国家每年多经历了大约人均真实 GDP 0.5% 的增长，得出这一结果是在控制初始的人均 GDP、基础教育注册率、人口增长、投资和其他因素。

根据 LLSV 的研究及 Levine 的后续研究认为，一个优秀的投资者法律保护机制能够保证市场的透明度和公正性，从而使得外部股东可以借助明确的信托责任制约公司内部人员，从而在一定程度上解决了委托—代理关系，使得投资者愿意以优惠的条件投资于企业，也使企业拥有较好的外部融资条件。另外，作为银行部门发展的外生构造因素（Exogenous Component），法律如果强调债权人权利并拥有较高的执法效率，会使得希望获得外部长期融资的企业拥有更高的对外信用，并且银行作为长期贷款的债权人可以根据债务契约有效地约束债务人的机会主义行为，这样的法律环境有助于企业从银行获得长期贷款融资，且银行的债权受到法律的有力保护，从而形成发达的银行业。他们同时认为，目前各国资本市场和银行业的发展现状都可以追溯到其法律渊源的差异。他们认为，法律、法规对投资者保护的成效在法律渊源之间呈现规律性变化，普通法系国家给予外部投资者最强的保护，法国法系国家对外部投资者的保护最弱，而德国法系国家和斯堪的纳维亚国家则介于两者之间。由此他们认为，普通法国家更容易发展出发达的证券市场，相对来说，民法国家对于投资者保护较弱，由此导致资本市场趋于软弱。

沿着 La Porta 等的研究思路和实证结论，一些学者细致探讨了投资者法律保护与股权集中度之间的关系。Himmelberg（2002）、Shleifer 和 Wolfenzon（2002）分别建立了数理模型，试图给出能够说明投资者法律保护和股权集中度之间存在替代关系的理论解释。然而，随着变量选择的增加和计量方法的改进，许多实证研究表明，投资者法律保护和股权集中度之间不是简单的替代关系，在不同的约束条件下两者也会呈现互补关系。Burkart 和 Panunzi（2006）的研究表明，如果投资者法律保护所产生的监督效应非常强，那么为了激励管理层努力工作，促使公司价值最大化，较低的投资者法律保护水平和较低的股权集中度就可以互补共存。而如果投资者法律保护所产生的监督效应较弱的话，投资者法律保护水平和股权集中度之间则存在正如 La Porta

等学者所认为的替代效应。但事实上，投资者法律保护和股权集中度之间可能既不存在替代关系，也不存在互补关系。Stepanov（2004）通过考察大股东和管理层合谋共同侵占中小股东利益的情况发现，投资者法律保护和股权集中度呈 U 形关系。

在上述研究基础上，Maury 和 Pajuste（2005）进一步分析了投资者法律保护、股权集中度和上市公司绩效的关系。他们利用芬兰上市公司的数据检验了大股东特征对公司绩效的重要影响。结果表明，大股东之间股权分布越均衡，中小股东权益保护力度越强，公司绩效越好。Bennedsen 和 Nielsen（2006）则以西欧国家的上市公司为样本，分析了投资者法律保护、股权结构和公司绩效的关系。他们在控制了股权结构的内生性之后发现：适度均衡的股权结构有助于提升上市公司绩效或其市场价值。相对而言，在投资者法律保护较好的国家，股权结构较为均衡，而且公司绩效也较好。

当投资者得到很好的法律保护，可以免受企业内部人的掠夺时，投资者会更愿意购买企业发行的证券，这也会吸引企业发行更多的证券。La Porta、Lopez – de – Silanes、Shleifer 和 Vishny（1997）对 49 个国家所进行的实证研究，及 Gorton 和 Schmid（2000）对德国，Claessens、Djankov、Fan 和 Lang（2002）对东亚国家进行的实证研究都证明了这一点。Johnson、Boone、Breach 和 Friedman（2000）开创性地将法律对投资者保护与金融危机联系起来。他们指出即使在对投资者保护很差的国家中，如果企业经营的前景很好，内部人也不会严重掠夺投资者，因为其还希望能继续进行外部融资。而如果企业经营的预期恶化，内部人为谋求短期利益会加重对投资者的掠夺，而这种掠夺行为又会导致企业证券价格的加速下跌。其对 1997~1998 年亚洲金融危机中 25 个国家证券市场进行的实证研究也表明，对投资者的法律保护不力的国家的金融市场在金融危机中的表现明显差于其他国家。

二、金融体系与开放经济

在上一小节的结尾已经提到,世界一体化进程的加快对于金融体系的演进也有着深远的影响。但是,关于金融发展与开放经济之间的关系,早期的理论研究缺少足够的关注和重视。经济学家们仅限于就金融与贸易对经济增长的作用进行研究,而且大都是相对独立进行的,并未将开放经济与金融衔接起来,忽视了二者之间可能存在的客观联系。然而,研究金融发展和开放经济之间的关系却具有重要意义。

有学者运用比较优势理论对贸易发展与金融发展的关系进行了研究,他们认为金融部门是一个重要而特殊的部门,金融系统具有降低风险、有效配置资源、动员储蓄、便利交易和加强监督管理等功能,国际贸易的发展引导着金融体系的演化和升级。一国资金获取的便捷性即金融发展比较优势越来越成为决定该国能否更好参与国际竞争的关键因素之一。影响一国比较优势的很重要的因素便是规模经济带来的成本优势,金融发展通过影响一国的资金供给规模和成本,会对一国的比较优势带来影响。考虑到规模经济的作用后,为了促使某行业规模经济及比较优势的发挥,来对该国的国际贸易模式产生影响,必然将在该行业集中保证资金供给,这就形成了政策性银行的出现和发展原因,将对金融体系的演进产生很大影响。当规模经济发展起来后,该国的比较优势也就显现了。同时,比较利益也是动态的,资本积累和技术进步是比较优势动态化的基本因素。资本积累不仅可以改变一国资本和劳动的组合比率,还可以给新的生产方式和新技术的采用提供便利条件,从而给一国比较优势的结构性变动和贸易商品结构优化创造物资基础。技术进步作为促进经济增长的重要因素之一,可以在一国要素总量及结构不变的情况下，通过提高生产要素的边际生产率来影响该国的生产函数，从而引致该国比较优势的结构性变动和出口商品结构的优化。而无论是资本积累还是技术进步都进一步推动着金融体系的演化升级。

世界银行 Beck 博士对 65 个国家 1966~1995 年近 30 年的数据所做的跨部门数据估计和组截面数据估计显示，在金融发展水平与制成品出口/GDP、制成品出口/总出口等反映贸易结构的比率之间呈现显著正相关。因此，一国发达的金融优势可以转化成制成品生产中的比较优势，从而金融发展水平较高的国家在制成品方面有比较优势。有效率的金融体系不仅能够推动制成品的生产，也能够促进制成品贸易比例的提高。另外，国际贸易的发展对金融发展具有积极的推动作用。金融部门必须服务于实体部门，实体部门的发展状况深深影响着金融自由化的成效。国际贸易发展为金融发展提供条件和基础。而且，国际贸易的发展加快了资金的全球化流动，对金融工具和金融机构提出了更高的要求，刺激了金融部门的发展和提高。所以，金融发展和国际贸易之间相互促进、相互依托。尤其是近年来，随着经济全球化趋势的进一步加强，资金的全球化流动和国际贸易一样，越来越突破国界的概念，把全球当成一个统一的大市场。并且，资本的流动和国际贸易两者相互渗透，往往融为一体，它们在各自运作和发展的同时，既受到对方的限制又能促进对方的发展。只有正确处理和协调好金融发展与国际贸易二者之间的关系，才能给经济发展带来最大的合力。

具体来看，开放经济对金融体系演进的影响从以下三个阶段来实现：

（一）通过国际贸易

这是开放经济对金融体系影响的最初阶段，体现在一国的经常账户的开放程度上，它和实际的对外贸易相关。Eaton 和 Grossman 认为，当金融市场不尽完善时,将引起贸易干涉,所以一国金融市场的完善程度会影响一国的商业政策。Svaleryd 和 Vlachos 对贸易开放与金融发展二者的因果关系做了有益的尝试。他们运用 80 个国家 1960~1994 年的数据,利用格兰杰因果检验对二者的关系进行了实证研究。Taylor 和 Wilson 则主要探讨了贸易流量与金融流量的关系,他们研究了 1870~1913 年的英国和两次世界大战之间的美国的贸易与金融流动情况,得出结论认为,即使在考虑了同步性的情况下,贸易与金融也是强相关的。

在 18 世纪和 19 世纪的两次产业革命后,世界经济格局出现了产业分工,工业国利用其工业优势和强权,在亚洲、非洲、拉丁美洲等地建立起了以众多农业国为基础的庞大殖民体系,源源不断地从其殖民地输入廉价原材料,并将加工产品倾销到殖民地,国际贸易因此得到极大发展,以贸易清算为背景的资本国际流动就此形成了一定规模。20 世纪初国际贸易进入了一个更快的发展时期,为顺应国际贸易和贸易清算的发展需要,英、法、德、荷等工业国的银行,纷纷在海外尤其是其殖民地建立分支机构,并形成了广泛的银行网络,不仅为资本国际流动创造了更好的便利条件,而且还带动了资本国际流动规模的迅速增长,同时为金融体系的迁移和国际化提供了历史条件,并衍生出诸多相关部门。据史料记载,20 世纪初,仅英国的 32 家海外银行即拥有 2104 个国外分支机构,法、德、荷银行亦在海外设有 242 家分支机构。德、英、法、美、日五国的对外资本输出 480 亿美元,其中仅英国的资本输出规模就达 40 亿美元,占当时英国国民财富总额的 25%。

这一时期金融体系演变的基本态势和特点主要是:第一,金融体系演变主要发生在宗主国与殖民地国家之间,殖民地宗主们向殖民地国家输出金融体系;第二,英、法、德、美等少数国家在金融体系输出中占绝对主导地位,其中英国尤为显著;第三,金融机构业务拓展主要以贸易清算为主，新机构的衍生也是主要为贸易清算服务；第四，金融机构资本来源主要由私人提供，官方资本流动极少发生。

（二）通过国际直接投资（FDI）

这是开放经济对金融体系影响的第二个阶段，主要体现特征是跨国公司的发展，以及金融机构为跨国公司服务而设立的新的部门。这个阶段体现在两个层面，第一个层面是跨国公司的发展吸引着金融机构为了追随国内已有的客户而进入国外市场，由此满足客户的金融服务需求是金融机构FDI，以及开展国际化经营的一个重要推动力。第二个层面在于金融机构的国际化经营，在国外设立分支机构开展国际金融业务也吸引了众多的金融机构所在国的企业（金融机构的客户）进入国外市场。姚战琪将金融机构的国际化动机划分为三个部分：第一个部分是外在因素，包括市场的认知与理解、不同国家之间提供金融服务的相对成本差异、经济结构的差异、管制因素、历史和文化因素、汇率因素；第二个部分是产业内在因素，包括"羊群"效应、市场力量和集中度；第三个部分是企业内在动机，包括规模经济和范围经济、资本成本、风险分散、股东收益要求。

从历史上看，1914年第一次世界大战后，正常贸易资本流动因受战争冲击而近乎停止，但对于筹措战争资金和维持汇率稳定而发生的资本国际流动却得到很大发展。例如，法、英、意、俄等国在"一战"中为筹集战争费用，一方面在国内通过征税、发行国债进行筹资；另一方面，又通过出售其部分国外资产或对外举债来筹资或支持本国货币汇率。"一战"后，由于战争赔款的偿付，资本国际流动中官方资本流动曾一度迅速增长，战争赔款成为当时资本国际流动的主要表现形式和潮流。其后，由于战事平息，资本国际流动的正常秩序才逐渐恢复，但是20世纪30年代的经济危机和第二次世界大战又再次打乱了这一秩序，使资本流动变得更加跌宕起伏。

这一时期，金融体系在国际上的变化也呈现出不同的特点：一是美国取代英国成为最大的资本和金融体系输出国；二是国际直接投资虽不是主要流动方式，但其规模却得到长足发展，因为在这一时期，显然国际贷款和证券投资仍占主导地位，但由于跨国公司的兴起和发展却使国际直接投资规模得以快速增长；三是官方资本流动发展迅速，其原因主要是战争中的军费开支和战后的战争赔款与经济援助造成政府间的借贷、偿付规模倍增，这也使得金融机构的部门衍生出新的变化。

"二战"后至20世纪70年代，在科技革命、国际货币制度以及一系列政治经济因素的推动下，各国经济均得到了不同程度的恢复与发展。金融体系的演进也呈现出一系列新变化、新特点。第一，资本流动规模急剧扩大，跨国金融机构也不断增多；第二，私人对外直接投资发展迅速；第三，资本投向由落后的发展中国家转向发达国家，这也使得这些国家的金融机构规模迅速扩大。而在这一阶段，发展中国家的金融体系则基本处于停滞状态。

（三）金融自由化浪潮以及带来的资本账户的全面开放阶段

这一阶段存在两个特点：金融自由化和金融机构的跨国并购。

在相关的文献中，金融开放（Financial Openness）一词比较少见，更多的学者喜欢用金融自由化（Financial Liberalization）来概括金融开放的范畴。然而金融自由化和金融开放的外延并不一致，传统上认为，金融自由化的特征包括开放资本账户、消除国内金融压抑政策和对外国所有制进入解除限制。Kaminsky 和 Schmuklex 总结了先前对金融发展中各单一方面的研究，概括出金融自由化的内涵，认为金融自由化应包括三方面内容，即资本账户自由化、国内金融部门自由化、股票市场自由化。可见，金融自由化包括对内和对外两个方面，而金融开放只讨论其对外的方面，其中资本账户开放和金融市场开放是金融开放的最核心要素。但是，陈雨露和罗煜指出，金融自由化是一个整体的概念，金融开放与国内金融自由化是息息相关的。资本账户开放，是指不对资本跨国交易进行限制或对其采取可能会影响其交易成本的相关措施。资本账户开放有两种度量方法：法定开放（Rule – based Measure，或 De jure）和事实开放（Quantitative Measure，或 De facto）。在工业化国家，这两种度量方法是基本类似的，得到的结论是：随着时间的推移这些国家的金融体系越来越开放。但是在发展中国家，情形就有了差异。一般而言，两种度量方法相对于发达国家而言，发展中国家拥有较低的金融开放度。法定开放度量指标显示，在20世纪70年代启动金融自由化之后，这个趋势在80年代出现逆转，在90年代早期又有起色，但是步伐相对缓慢，法定开放度量指标显示当前的平均水平还是和70年代后期的水平相差不多。事实开放指标则显示，在70年代早期资本流入有温和的下降，在80年代有一个适度的增长，在90年代早期有明显的增加。至今经济学家对于这两种方法仍未取得一致意见。金融市场的开放，理论上包括银行业、证券等金融服务业的开放。在国际研究中，由于股票市场的重要性和复杂性，金融市场开放研究的重心就集中在股票市场对外国投资者的开放程度上。Edison 和 Warnock 提供了一个度量对外国所有进入国内资本市场限制的方法，它们显示了在某一时点控制的强度以及随着时间变化控制强度的变化。相对于资本账户开放而言，对股票市场开放的度量没有出现太多的争议。

而金融机构的跨国并购能顺利进行，归功于各国监管环境发生了巨大转变，这也是随着各国开放程度的不断加深而转变的。为了促进本国经济的发展和提高自身的经济结构，自20世纪90年代以来，世界各国普遍放松了管制，投资制度和监管制度发生变化的国家数量逐年递增，而且这些制度的转变，基本都是有利于外国直接投资的进行，体现了各国对外资进入的积极态度。正是由于世界各国开放意识的提高和开放力度的增强，世界经济一体化和全球化的步伐才得以不断加快，金融一体化和银行的跨国经营才得以迅猛发展，最终形成新的发展格局。在现阶段金融机构的并购呈现出以下三个特点：第一，金融机构的并购在平稳中高速增长；第二，发达国家是跨国并购的主导者；第三，新兴经济体在跨国并购中的地位不断加强。由于这种跨国并购的迅速发展，使得各国的金融体系不断受到外来的冲击，并趋于一致。

20世纪70年代以来，全球金融一直以指数增长，国际资本流动规模的扩张速度远远超过同期全球国民生产总值和国际贸易的增长。据统计，在过去20年里，国际资本流动平均增长13.67%，而全球国民生产总值平均增长3.58%，全球贸易平均增长6.58%。20世纪80年代以来，随着金融自由化浪潮的发展和金融管制的放松，全球金融得以快速发展。从流量的角度来看，最显著的变化体现在外汇交易市场方面，外汇市场不断扩张，外汇交易量日益提高。1989年全球传统外汇市场日均交易量为5900亿美元，1992年全球传统外汇市场日均交易量为8200亿美元，1998年日均交易量增长到1.49万亿美元，2004年日均交易量增长到1.88万亿美元。应当说，20世纪70年代以来，特别是进入21世纪后，全球金融流量及网络的广度、强度、速度和影响都是空前的。从历史和当前的发展现实来看，金融发展势头很强劲，而且有更进一步深入发展的可能。

随着开放经济的不断发展，世界经济结构在分工的基础上，也逐渐出现趋同的现象，这种趋同现象也在金融体系上有所体现，比如金融市场融资方式的提高，银行业的混业经营，以及更广泛的跨国金融机构并购现象等。这些现象的出现都是开放经济的发展促成的，在不断提高开放程度的今天，这种趋势还将对金融体系的演进产生更深远的影响。

三、金融制度与经济发展水平

现代金融体系与经济发展之间关系的讨论由来已久。最早可以追溯到20世纪初期,熊彼特(1912)就在其著作《经济发展理论》中强调金融在经济发展过程中的重要作用,他认为创新是经济发展的根本动力,而创新的执行者是企业家,为了进行创新,企业家需要大量资金,银行家可以通过借贷为企业家提供创新中必要的资金,于是金融通过促进创新进而影响经济发展的核心环节[①]。Hicks(1969)则从经济史角度考察了金融体系发展对工业发展的作用。他认为,金融体系的发展是工业革命发生的先决条件,主要是因为18世纪前半期英国金融市场的产生使得长期投资的流动性风险减少,投资者更愿意通过持有股票、债券、存单金融资产,将流动性资本转化为固定资本,从而使得英国现代工业得到了必要的固定资本补充,进而迅速发展起来[②]。但Robinson(1952)则认为金融体系发展是对经济增长创造的金融服务需求的反应,因此企业需求是金融发展的先导,即企业发展领先于金融发展[③]。Lucas(1988)则提出,金融发展与经济增长之间存在两种可能的因果关系,即真实经济增长诱发金融体系扩张的"需求跟随"(Demand – Following)和金融体系扩张领先于真实经济发展的"供给先导"[④]。Patrick(1969)认为,二者之间的因果关系会随着经

---

① Schumpeter, J. A.. The Theory of Economic Development [M]. Cambridge: Harvard University Press, 1934.
② Hicks, J.. A Theory of Economic History [M]. Oxford: Clarendon Press, 1969.
③ Robinson, J.. The Accumulation of Capital [M]. London: Macmillan Company, 1956.
④ Lucas, R. E.. On the Mechanic of Economic Development [J]. Journal of Monetary Economics, 1988 (22): 3 – 41.

济发展阶段而变化,在经济发展的早期阶段,"供给先导"关系居于支配地位,但这种影响随着经济的持续发展而逐渐减弱,经济发展到一定水平后,"需求跟随"关系便会逐渐具有支配地位①。于是,关于金融体系与经济发展之间的关系,出现了几种不同的观点,激起了学术界的兴趣。20世纪60年代以来,围绕这个问题,出现了大量的实证研究和理论探讨。以下将以理论研究演进为脉络,根据其研究视角、研究范围和研究方法对相关文献予以梳理②。

Goldsmith 历经6年时间于1969年出版的《金融结构与发展》开创性地研究了金融体系与经济增长的实证关系③。在该书中 Goldsmith 收集整理了35个国家从1860~1963年的统计资料,对金融结构和金融发展做出了广泛的国际比较和历史比较研究,初步分析了金融结构及其变化与作为基础的实体经济之间的关系,力图发现各国金融结构变化的规律和决定因素。Goldsmith 的重要贡献在于以下两个方面:

第一,几个重要概念的提出。Goldsmith 认为,金融结构就是"一国金融工具和金融机构的形式、性质以及相对规模"④,而"金融发展是金融结构的变化"⑤。其中,"金融工具是对其他经济单位的债权和股权"⑥,而金融结构则是"金融工具经常地而非偶然地构成其主要资产,其业务活动集中在持有并从事金融工具的交易,其收入也主要来源于此"⑦。戈德史密斯认为,研究一国的金融机构必须从数量关系上

---

① Patrick, H. T.. Financial Development and Economic Growth in Underdevelopment Countries [J]. Economic Development and Cultural Change, 1966 (14): 174 – 189.
② 在文献梳理中主要参考了林毅夫等(2006)文章中文献综述部分的梳理框架,同时参考了 Levine (2005) 在《增长经济学手册》中在"金融与增长:理论与实证"部分的内容以及 Dolar 和 Meh (2002) 在加拿大银行的一篇工作论文,"金融结构与经济增长:一个非技术性文献综述"。
③ Goldsmith, P. G.. Financial Structure and Development [M]. New Haven: Yale University Press, 1969.
④ 戈德史密斯. 金融结构与发展 [M]. 北京:中国社会科学出版社, 1993:20.
⑤ 同④,第29页。
⑥ 同④,第4–5页。
⑦ 戈德史密斯. 金融结构与发展 [M]. 北京:中国社会科学出版社, 1993:10–11.

加以描述,为此,他创造了8个衡量一国金融结构的指标。其中,应用最广、影响最大的就是金融相关率(FIR),金融相关率的构成和计算公式为:FIR = FT/WT。其中,FT 表示一定时期内金融活动总量;WT 指经济活动总量。

第二,两个重要结论。Goldsmith 通过对各个国家金融发展状况和经济发展关系的研究,发现了两个重要的结论:第一个结论是,实体经济与金融结构的规模之间存在大致平行的关系,经济快速发展的时期也是金融发展(包括金融结构的规模扩大和金融工具的大量衍生)速度较高的时期。第二个结论是,金融发展是规律可循的。无论是发达国家,还是发展中国家,其金融发展过程都会遵循一定的规律,发展中国家早晚要走发达国家已走过的道路。

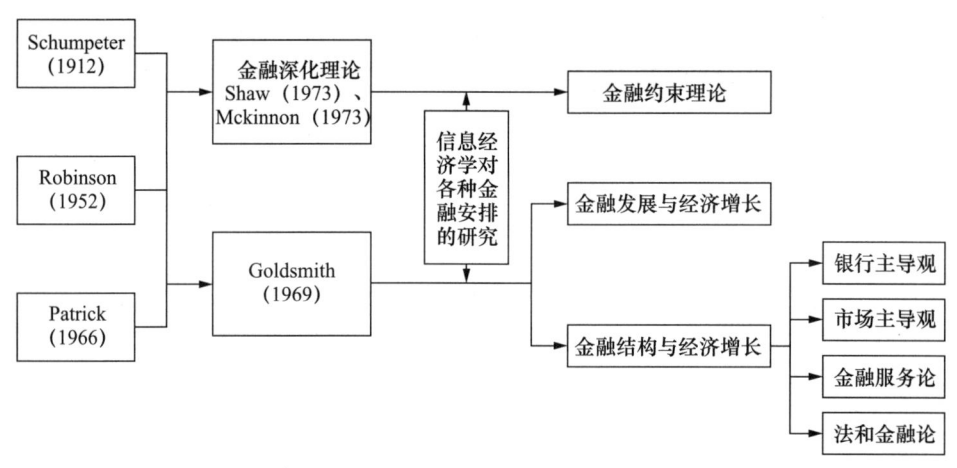

图3-1 金融与经济发展关系研究的演进

Goldsmith(1969)在金融结构研究方面无疑是奠基性的,但是在其研究中也有两个缺憾:第一,Goldsmith 虽然给出了金融结构与经济增长之间的关系,但是并没有给出两者间因果关系的判断,即到底是金融发展促进经济增长的,还是金融发展仅仅是经济增长的一种反应?

第二，Goldsmith 考察的样本国家较少，没有系统控制影响经济增长的其他因素，没有考察金融发展对生产效率和资本积累的影响。

McKinnon 于 1973 年发表的《经济发展中的货币和资本》① 以及 Shaw 于 1973 年发表的《经济发展中的金融深化问题》② 标志着"金融深化理论"的正式形成，同时也为金融发展理论的研究打下了坚实的基础。

McKinnon（1973）认为，健全的金融制度能有效动员储蓄和引导生产投资，促进经济的发展；经济发展又通过国民收入的提高和对金融服务需求的增长而刺激金融业的扩展，形成金融制度与经济发展相互刺激和相互影响的良性循环。但是，许多发展中国家恰恰相反，金融制度与经济发展呈现恶性循环的状态，根本原因是这些国家普遍存在着"金融抑制"，主要表现在以下几个方面：第一，对存贷款利率实行高限，通常低于市场平均利率；第二，对贷款额及贷款增长率进行限制；第三，政府对金融机构的设立以及经营活动严加管制；第四，限制股票、债券等金融工具的发展，对国际资本流动实行严格管制，限制本国居民购买外国金融资产，实行外汇管制。McKinnon（1973）认为，发展中国家摆脱困境的出路在于消除"金融抑制"，实现"金融深化"，其含义主要包括：放弃政府对金融体系的过分干预，使利率和汇率能充分反映资金和外汇的供求情况，并通过有效的抑制通货膨胀，使金融体系，特别是银行体系，能以适当的利率来吸引大量储蓄，同时也能在适当的贷款利率水平上满足经济各部门的资金需求。为此，必须进行彻底的金融改革，使行政的、计划的金融变为市场金融。

Shaw（1973）认为，金融体制与经济发展之间存在相互推动和相互制约的关系。一方面，健全的金融体制能够将储蓄资金有效地动员

---

① McKinnon, R. I.. Money and Capital in Economic Development [M]. Washington, D. C.：Brookings Institution, 1973.

② Shaw, A. S.. Financial Deepening in Economic Development [M]. New York：Oxford University Press, 1973.

起来并引导到生产性投资上,从而促进生产;另一方面,发展良好的经济同样也可通过国民收入的提高和经济活动主体对金融服务需求的增长来刺激金融业的发展,由此形成金融与经济发展相互促进的良性循环。Shaw(1973)指出,金融深化一般可以分为三个层次的动态发展:一是金融增长,即金融规模不断扩大,并给出了经典的衡量指标M2/GDP;二是金融工具、金融机构不断优化;三是金融市场机制或金融秩序的逐步健全,金融资源在市场机制的作用下得到优化配置。这三个层次的金融深化相互影响、互为因果关系。Shaw(1973)认为,金融深化能获得以下几个效应,而这些效应非常有助于一个国家的经济增长,具体为:第一,提高储蓄水平的储蓄效应;第二,投资效应;第三,就业效应;第四,收入分配效应。

McKinnon 和 Shaw(1973)发现了一个重要的现象——落后国家存在严重的"金融抑制",认为各种抑制政策和体制制约了这些国家的经济增长。因此,他们以发达国家的金融体系为蓝本,提出了金融自由化的政策主张。然而,他们没有深入探讨产生"金融抑制"现象的根源是什么。如果实行导致"金融抑制"的政策是政府由于其他因素而做出的一种内生选择,那么仅仅改变作为内生变量的金融政策而引起扭曲的根源仍然存在,单纯的金融自由化改革是不足以帮助落后国家摆脱落后面貌的。

在 20 世纪 80 年代以来,发展中国家金融自由化的结果曾一度令人失望,学术界对于金融体系的认识也日益加深,并对以往金融发展理论进行反思和检讨。Stiglitz 及其合作者在新凯恩斯主义学派分析的基础上概括了金融市场中市场失败的原因,他认为政府对金融市场监管应采取间接控制机制,并依据一定的原则确立监管的范围和监管标准,在此基础上提出了"金融约束"(Financial Restraint)理论分析框架（Hellmann，Murdock and Stiglitz，1996①），并于2001年给出了新的补充完善（Honohan and Stiglitz，2001②）。他们认为，政府对金融部门的有选择性的干预不仅不会带来金融抑制，反而有助于金融深化。金融发育程度较低的发展中国家应实行金融约束政策，即在宏观经济稳定、通货膨胀率较低且可预测以及实际利率大于零的前提下，通过控制存贷款利率、约束市场竞争和限制资产替代等措施，为金融部门创造租金。

金融约束是一种选择性政策干预政策，政府金融政策制定的目的是在金融部门和生产部门创造租金机会，刺激金融部门和生产部门的发展，并以此促进金融深化。金融约束是与金融抑制截然不同的政策。金融约束的前提条件是稳定的宏观经济环境、较低的通货膨胀率、正的实际利率。最关键的是金融抑制是政府从金融部门攫取租金，而金融约束的本质是政府通过一系列的金融政策——而非直接提供补贴的方式为私人部门创造租金。在这里，租金的创造并非只能依靠概率管制来进行，政府也可通过金融市场准入政策、定向信贷乃至直接干预等手段创造租金。只要政府不与民争、不参与租金的瓜分或分配，租金的产生会使银行和企业受益，从而产生正的激励作用，促进资本配置效率的提高。金融约束的主要政策手段有以下几个方面：第一，控制存贷款利率，为银行部门创造"特许权价值"；第二，对市场准入进行严格限制，为银行提供"专属保护"；第三，偿还贷款期限转换政策；第四，限制资产替代政策。

总之，金融约束理论提倡局部性的金融自由化，而不提倡完全的金融自由化，它是发展中国家从金融抑制走向金融深化过程中的一个

---

① Hellmann, T., Murdock, K., and J. Stiglitz. Financial Restraint: Toward a New Paradigm. in Masahiko Aoki, Hyung-Ki Kim, and Masahiko Okuno-Fujiwara (ed.), The Role of Government in East Asian Economic Development: Comparative Institutional Analysis, New York: Oxford University Press, 1996.

② Honohan, P. and J. E. Stiglitz. Robust Financial Restraint. In Financial Liberalization: How Far, How Fast? Edited by G. Caprio, P. Honohan, and J. E. Stiglitz, New York: Cambridge University Press, 2001.

过渡性政策，它针对发展中国家在经济转轨过程中存在信息不畅、金融监管不力的状态，发挥政府在市场失灵下的作用。可以看出，金融约束理论是金融发展理论研究的又一次丰富和发展。

在上述微观层面的研究基础上，大量的文献（包括理论研究和实证研究）将金融发展与经济增长联系起来。相关的理论研究一般集中在20世纪90年代，而更多的文献则集中在实证研究上。

Bencivenga 和 Smith（1991）构建了一个资产多元化的内生经济增长模型，模型说明金融中介能够减少流动性风险，增加流动性低的生产性资本在储蓄者资产结构中的比例，减少不必要的资产清算，从而有利于促进资本积累和经济增长。另外，金融中介还能减少社会上非必需资本的流动，同样能促进经济增长[1]。Bencivenga 和 Smith（1998）构建了嵌入流动性供给因素的实体经济部门和金融部门协同发展新古典增长模型，同时考虑了带有固定成本的银行部门，讨论了金融深入、带有固定成本的金融中介如何促进经济增长[2]。

20世纪90年代以来，Greenwood 及其合作者在金融发展与经济增长关系的研究中做出了许多精彩的研究。Greenwood 和 Jovanovic（1990）刻画了金融中介和经济增长的动态关系，认为金融中介发展和经济增长都是内生的，金融中介能够收集并分析投资项目的信息，从而使收益率最高的项目获得稀缺资本，以此来促进经济增长。而经济增长则会产生更多的经济主体，能够降低金融中介的各种成本，从而促进金融中介的发展[3]。Greenwood 和 Smith（1997）则讨论了金融市场与经济增长的关系，构建了两个嵌入市场因素的内生经济增长模

---

[1] Bencivenga, V. R. and B. D. Smith. Financial Intermediation and Endogenous Growth [J]. Review of Economic Studies, 1991 (58): 195 – 209.

[2] Bencivenga, V. R. and B. D. Smith. Economic Development and Financial Depth in a Model with Costly Financial Intermediation [J]. Research in Economics, 1998 (52): 363 – 386.

[3] Greenwood, J. and B. Jovanovic. Financial Development, Growth, and Distribution of Income [J]. Journal of Political Economy, 1990 (98): 1076 – 1107.

型，第一个模型讨论了金融市场向经济系统中资本利用率最高的主体配置资金，指明在弱市场条件下，金融中介更有效。第二个模型讨论了金融市场对经济增长中专项活动的资金支持①。Greenwood、Sanchez 和 Wang（2010）构建了嵌入昂贵的信息验证框架的新古典经济增长模型，探讨金融发展与经济增长的关系，强调金融部门的技术创新和资本累积更有利于经济增长②。金融发展与经济增长关系的实证研究主要是在 Goldsmith（1969）的基础进行改进的，由于文献数量巨大，本书仅选择具有代表性的文献进行说明。

King 和 Levine（1993）利用 77 个国家 1960~1989 年的数据检验了金融发展与经济增长的关系，作者设计了三个度量金融发展水平的指标，分别为度量金融机构规模、银行信贷规模、私人部门获得信贷规模，并控制了其他影响经济增长的因素，诸如收入水平，教育水平，财政支出、通货膨胀率和进出口水平等，采用最小二乘法进行计量估计。实证结果表明，金融中介发展水平与长期经济增长率有很强的正向相关关系，并且初始的金融发展水平是经济增长率的预测因子，但还是无法说明二者之间的因果关系③。

Levine 和 Zervos（1998）利用 47 个国家 1976~1993 年的数据，考察了股票市场和银行业对经济发展的促进作用，实证结果表明股票市场和银行发展对经济增长、资本积累和全要素生产率增长具有正向促进作用，且股票市场和银行业对促进经济发展发挥了互补作用④。

Rousseau 和 Watchel（1998）利用向量误差修正模型的因果关系检

---

① Greenwood, J. and B. D. Smith. Financial Markets in Development, and the Development of Financial Markets [J]. Journal of Economic Dynamics and Control, 1997 (21): 145 – 181.
② Greenwood, J., J. Sanchez and C. Wang. Financing Development: The Role of Information Costs [J]. American Economic Review, 2010 (100): 1975 – 1891.
③ King, R. G. and R. Levine. Finance and Growth: Schumpeter Might Be Right [J]. Quarterly Journal of Economics, 1993 (108): 717 – 738.
④ Levine, R. and S. Zervos. Stock Markets, Banks, and Economics Growth [J]. American Economic Review, 1998 (88): 537 – 558.

验和向量自回归的因果关系检验方法验证了美国、英国、加拿大、瑞典和挪威五国 1820~1929 年金融发展与经济增长的关系，实证结果表明金融发展对经济增长具有显著的正向促进作用，而经济增长对金融发展的反馈作用并不强①。

Beck、Levine 和 Loayza（2000）运用面板数据和 GMM 方法，控制了可能存在的联立性偏差和难以观察的固定效应造成的偏差，利用 77 个国家 1960~1995 年数据估计了金融发展与经济增长的关系，同样得到了金融发展对经济增长具有显著的正向促进作用②。Levine、Loayza 和 Beck（2000）也运用同样的方法和数据检验了金融中介与经济增长的关系，结果同样证明金融中介对经济增长具有较强的促进作用③。

Beck 和 Levine（2003）改进了 Levine 和 Zervos（1998）的研究，用面板数据和三种不同的面板数据计量方法检验了股票市场、银行发展与经济增长的关系，结果表明金融发展是经济增长的重要因素④。

Christopoulos 和 Tsionas（2004）利用面板单位根和面板协整等计量方法验证了 10 个发展中国家 1970~2000 年金融发展与经济增长的关系。研究结果表明，金融发展与经济增长具有长期的正向效应，但并不具有短期效应，所以他们建议关于金融政策的制定更应具有长期性⑤。

在过去的 100 多年间，金融经济学家们除了关注金融发展与经济增长的关系，还一直在争论以银行（中介）为主导的金融体系和以金

---

① Rousseau, P. L. and P. Wachtel. Financial Intermediation and Economic Performance: Historical Evidence from Five Industrialized Countries [J]. Journal of Money, Credit, and Banking, 1998 (30): 657-679.

② Beck, T., R. Levine and N. Loayza. Finance and the Sources of Growth [J]. Journal of Financial Economics, 2000 (58): 261-300.

③ Levine, R., N. Loayza and T. R. Beck. Financial Intermediation and Growth: Causality and Causes [J]. Journal of Monetary Economics, 2000 (46): 31-77.

④ Beck, T. and R. Levine. Stock Markets, Banks and Growth: Panel Evidence [J]. Journal of Banking and Finance, 2003 (28): 423-442.

⑤ Christopoulos, D. K. and E. G. Tsionas. Financial Development and Economic Growth: Evidence from Panel Unit Root and Cointegration Tests [J]. Journal of Development Economics, 2004 (73): 55-74.

融市场为主导的金融体系何种更适合经济发展（Goldsmith，1969；Boot and Thakor，1997①；Allen and Gale，2000②；Demirguc – Kunt and Levine，2001③）。同样，关于银行主导的金融结构与市场主导的金融结构的比较详细可见 Levine（2005），下面仅对一些核心观点做出说明。

以银行为主导的金融结构是以德国和日本为代表的，学者们认为，以银行为主导的金融结构具有以下几方面的优势：第一，执行收集和处理信息（Boot and Thakor，2000④）；第二，实施公司控制（Shleifer and Vishny，1997⑤）；第三，风险管理（Rajan，2005⑥）；第四，动员储蓄和配置资源（Diamond，1984；Greenwood and Jovanovic，1990）。一般而言，在一国经济发展初期阶段和制度环境较弱时，银行在主导型金融结构更能发挥出上述优势。但是，Weinstein 和 Yafeh（1998）也指出，银行在主导型金融结构下，金融中介对企业的影响力较大，对企业发展会带来负面效应。另外，银行天生的谨慎倾向性，使得这种金融结构不利于公司创新和增长⑦。

以市场为主导的金融结构主要是以美国和英国为代表的，强调金融市场对经济增长的积极作用。学者们认为，以市场为主导的金融结构相对于以银行为主导的金融结构具有以下几方面的优势：第一，信

---

① Boot, A. W. A. and A. Thakor. Financial System Architecture [J]. Review of Financial Studies, 1997 (10): 693 – 733.

② Allen, F. and D. Gale. Comparing Financial Systems [M]. Cambridge, MA: MIT Press, 2000.

③ Demirguc – Kunt, A. and R. Levien. Financial Structure and Economic Growth: A Cross – Country Comparison of Banks, Markets, and Development [M]. Cambridge, MA: MIT Press, 2001.

④ Boot, A. W. A. and A. Thakor. Can Relationship Banking Survive Competition? [J]. Journal of Finance, 2000 (55): 679 – 713.

⑤ Shleifer, A. and R. W. Vishny. A Survey of Corporate Governance [J]. Journal of Finance, 1997 (52): 737 – 783.

⑥ Rajan, R. G.. Has Financial Development Made the World Riskier? [J]. National Bureau of Economic Research, 2005, NBER Working Paper.

⑦ Weinstein, D. E. and Y. Yafeh. On the Costs of a Bank – Centered Financial System: Evidence from the Changing Main Bank Relations in Japan [J]. Journal of Finance, 1998 (53): 635 – 672.

息获取（Holmstrom and Tirole, 1993①）；第二，风险管理（Boot and Takor, 2000）；第三，公司治理（Smith and Boyd, 1998②）；第四，鼓励创新（Allen and Gale, 1999③）。

　　Allen 和 Gale 的一系列关于金融结构的比较研究为学术研究提供了一个比较全面的视角。Allen 和 Gale（1997）认为金融中介能够提供更有效的跨期风险分担，而金融市场具有更强的跨部门风险分担能力④。Allen 和 Gale（1999）认为金融中介适于为技术相对成熟、不确定性低、投资者对投资决策的看法相对一致的项目提供融资，具有节约信息成本的优势。但金融市场在投资的不确定性高、对投资项目存在重要的看法差异，并且信息成本较低的环境中具有相对优势。因此，金融中介和金融市场各有优劣，如 Allen 和 Gale（2000）总结的，对不同金融体系的比较是复杂的，没有简单的答案，最重要的是理解金融市场和金融中介的各个功能之间的平衡。

　　自20世纪90年代后期开始，国内学者也对金融体系发展、金融结构和经济增长之间的关系进行了颇有成效的研究。干杏娣等（2001）认为金融结构应有广义和狭义之分，广义的金融结构包括金融资产的数量关系、融资主体、金融组织结构、金融运营机制及金融体系与国民经济总量的关系等，并从广义角度考察了中国金融结构的变革⑤。

　　孙天琪（2002）考察了我国金融组织结构合理化演进中将市场组织的发展与合作竞争对古典竞争的替代，我国金融组织结构演进中金

---

　　① Holmstrom, B. and J. Tirole. Market Liquidity and Performance Monitoring [J]. The Journal of Political Economics, 1993（101）：678 – 709.

　　② Smith, B. D. and J. H. Boyd. The Evolution of Debt and Equity Markets in Economic Development [J]. The Economic Theory, 1998（12）：519 – 560.

　　③ Allen, F. and D. Gale. Diversity of Opinion and Financing New Technologies [J]. Journal of Financial Intermediation, 1999（8）：68 – 89.

　　④ Allen, F. and D. Gale. Financial Markets, Intermediaries, and Intertemporal Smoothing [J]. Journal of Political Economy, 1997（105）：523 – 546.

　　⑤ 干杏娣等. 浴火重生：入世后中国金融的结构变迁 [M]. 上海：上海社会科学出版社，2001.

融寡头的培育和中小金融机构的发展,金融组织结构演进中的区域金融发展和政府行为几个方面,提出了我国金融组织结构的构建设想①。

刘仁伍(2003)以海南金融发展为实践,研究了区域金融结构与金融发展问题,提出构建金融工具、金融机构、金融市场和金融制度共同组成的区域金融结构,并通过调整金融结构来促进区域金融发展②。

孙武琴(2003)基于金融功能的视角,做出了不同金融结构在风险管理、信息处置、企业监控、公司治理的比较研究,并在对全球金融结构演进趋势判断的基础上,提出了我国改进金融结构功能的政策建议③。

李木祥、钟子明和冯宗茂(2004)从经济总量增长和经济结构改善切入,以国内外金融发展与经济增长理论、国外金融结构的比较研究为铺垫,运用制度经济学方法研究了我国金融结构变迁的必然性和路径;金融结构对我国金融增长的影响机制;我国金融结构对金融效率的影响;我国金融结构与经济增长的关系以及金融结构与我国金融资源低效配置等问题,并提出中国金融结构改革与发展策略④。

李健(2004)从理论上对金融结构的形成、变迁、效应及其与金融发展、经济发展之间的内在联系进行了研究,探讨了金融结构合理性的评价角度与衡量问题,设计了金融结构的分析指标体系,从金融产业结构、金融市场结构、融资结构、金融资产结构、金融开放结构五个方面对中国金融结构的现状进行了实证研究,分析目前中国金融结构的形成原因与存在的问题,说明了结构调整与优化的基本原则、思路及其实施方略,并提出相应的优化措施⑤。

---

① 孙天琪. 金融组织结构研究 [M]. 北京:中国社会科学出版社,2002.
② 刘仁伍. 区域金融结构和金融发展理论与实证研究 [M]. 北京:经济管理出版社,2003.
③ 孙武琴. 不同金融结构下的金融功能比较 [M]. 北京:中国统计出版社,2003.
④ 李木祥,钟子明,冯宗茂. 中国金融结构与经济发展 [M]. 北京:中国金融出版社,2004.
⑤ 李健. 中国金融发展中的结构问题 [M]. 北京:中国人民大学出版社,2004.

蔡泽祥（2005）构建了金融结构优化分析的理论框架，设置了判断和分析金融结构优化一般标准与指标体系，从信息经济学和交易成本的视角分析了金融结构变动的内在机理，提出了中国金融结构调整与优化的基本思路①。

殷剑锋（2006）探讨了存在交易成本、新技术的推广、技术的传播和技术的改进情况下的金融结构与经济增长之间的关系，并在此基础上进一步讨论了在我国的金融结构从银行导向为主向市场导向和银行导向并行转变过程中的货币政策实施问题②。

王莉（2007）探讨了市场主导型金融结构和银行主导型金融结构在辅助技术创新方面的差异，以及金融结构与技术创新之间的互动关系。研究表明，金融结构对技术创新的辅助作用很大程度上取决于技术创新的性质、创新所处的阶段、创新的程度和企业的规模等具体因素。市场主导型金融结构对于那些涉及更高不确定性和更大风险的创新活动具有特别的优势，因此在推动新兴产业的技术—经济范式转型方面效率更高③。

谢清河（2008）以金融效率为主线，从理论上研究了金融结构的形成、变迁及其效率；揭示了金融结构与金融发展、经济发展之间的内在联系与规律性，探讨了金融结构合理性的评价角度与衡量问题，并分析探讨了金融产业结构、融资结构和金融资产结构等对金融效率的影响，最后对金融结构调整优化与金融效率改进提出具体路径设计④。

林毅夫、章奇和刘明兴（2003）利用全球制造业1980~1992年数据，证明了只有当金融结构和制造业的规模结构相匹配——即在一个以大企业为主的经济中，存在一个市场型的金融结构，或存在一个较

---

① 蔡泽祥. 金融结构优化论［M］. 北京：中国社会科学出版社，2005.
② 殷剑锋. 金融结构与经济增长［M］. 北京：人民出版社，2006.
③ 王莉. 技术创新、金融结构与新经济发展［M］. 北京：经济科学出版社，2007.
④ 谢清河. 金融结构与金融效率［M］. 北京：经济管理出版社，2008.

高的银行集中度时，才能有效地满足企业的融资需求，从而促进制造业增长①。林毅夫和姜烨（2006）利用中国分省面板数据分析了金融结构和银行业结构对于经济发展和增长的重要意义，实证结果表明，如果金融结构、银行业结构与经济结构相匹配，将会有利于经济的发展和增长；反之，则会对经济的发展和增长起阻碍作用②。林毅夫和孙希芳（2008）运用中国 28 个省区 1985～2002 年的面板数据，考察银行业结构对经济增长的影响，结果表明，中小金融机构份额的上升对经济增长具有显著的正向影响③。

基于上述研究，林毅夫、孙希芳和姜烨（2009）提出处于一定发展阶段的经济体的要素禀赋结构决定了该经济体的最优产业结构、具有自生能力的企业的规模特征和风险特性，从而形成对金融服务的特定需求。另外，各种金融制度安排在动员储蓄、配置资金和分散风险方面各有优势和劣势。因此，各个经济发展阶段的最优金融结构需要与相应阶段实体经济对金融服务的需求相适应，以有效地实现金融体系的基本功能，促进实体经济发展④。上述研究也成为林毅夫（2010）新结构经济学的重要组成部分，新结构经济学强调经济结构内生决定于要素禀赋结构，倡导以新古典经济学的方法来研究经济结构及其变迁，以及市场在此过程中所起的作用⑤。

徐静（2010）在总结我国金融系统的结构特征和金融发展中的结构性问题的基础上，提出了金融结构变迁的 MSE 框架，揭示了影响金融结构变迁的动因，探讨了市场机制和政策引导对金融结构变迁的经

---

① 林毅夫，章奇，刘明兴. 金融结构与经济增长：以制造业为例［J］. 世界经济，2003（1）：3 - 21.

② 林毅夫，姜烨. 经济结构、银行业结构与经济发展——基于分省面板数据的实证分析［J］. 金融研究，2006（1）：7 - 22.

③ 林毅夫，孙希芳. 银行业结构与经济增长［J］. 经济研究，2008（9）：31 - 45.

④ 林毅夫，孙希芳，姜烨. 经济发展中的最优金融结构理论初探［J］. 经济研究，2009（8）：4 - 17.

⑤ 林毅夫. 新结构经济学——重构发展经济学的框架［J］. 经济学（季刊），2010（10）：1 - 32.

济学机理，并构建金融结构系统动力学模型，用以探索金融系统的内部结构、功能及其行为模式之间的联系①。

白钦先和田树喜（2010）采用比较静态分析方法揭示了金融倾斜与金融发展的动态关系，从要素禀赋、发展战略和融资效率等方面对中国金融倾斜格局的形成机制和状态进行了深入的剖析，采用计量方法，对中国金融倾斜的增长效应和约束条件、波动效应和加速机制进行了定量分析，解释了中国金融倾斜的内在动因和外部条件②。

张跃文（2010）对中国金融体系现状、改革实践和改革逻辑进行系统的理论及实证研究，在此基础上，从开放条件下的大国视角，对中国的国有银行改革、金融市场建设、金融中心和金融稳定等领域发展走向的热点和难点问题分别进行了分析③。

张荔、姜树博、付岱山和李红梅（2011）运用主流经济学的分析框架构建了金融资源理论的整体框架，在确定金融资源内涵的基础上探讨了两种金融资源量化和评价的方法，阐明金融资源的内生性和外生性，运用个量分析方法研究金融与经济的相互决定关系，运用总量分析方法研究金融资源对长期的经济增长和短期的经济波动的作用和影响，并通过各国金融资源的经验进行验证。最后，依据金融资源理论对美国次贷危机和中国金融发展现状机理进行分析，并基于金融资源视角提出中国适度金融发展战略④。

赖溟溟（2011）以银行主导型和市场主导型金融结构与持续的经济增长之间的关系作为研究切入点，分析了企业融资选择如何内生地决定金融结构，解释了内生因素在金融结构变迁中呈现出的自动扰动现象，对不同金融结构下金融功能实现的有效性和效率进行了考察，

---

① 徐静. 中国金融结构变迁的动态性研究 [M]. 北京：中国金融出版社，2010.
② 白钦先，田树喜. 中国金融倾斜的实证分析 [M]. 北京：中国金融出版社，2010.
③ 张跃文. 中国金融体系的结构与变革 [M]. 北京：中国社会科学出版社，2010.
④ 张荔，姜树博，付岱山，李红梅. 金融资源理论与经济研究 [M]. 北京：中国金融出版社，2011.

并从控制权的视角对不同金融结构的稳定性进行了探讨。在此基础上，对我国现阶段如何促进金融体系平稳转型，进而推动我国经济全面协调可持续发展提供相应的政策建议①。

通过上述研究我们可以发现，Goldsmith（1969）以前关于金融与经济的研究都是基于现实案例的定性研究，学者们凭着对一国经济、社会情况的观察得出金融与经济可能存在的关系。毫无疑问，Goldsmith（1969）开创了定量研究金融与经济关系的先河，并首次提出了金融结构的概念，而后的研究首先是围绕着金融发展与经济发展之间的相互作用，而后又将注意力转移到何种金融结构更有效的研究上。学者们充分探讨了银行主导型金融结构与市场主导型金融结构的优缺点，希望得出何种金融结构更有利于经济发展。目前的研究则集中在金融结构到底能为经济发展提供什么样的服务或功能以及金融结构的决定性因素又是什么，国内学者则更多地通过中国的相关数据来验证上述研究的可信度。

针对中国金融问题研究而言，我们发现目前的研究存在以下不足之处：第一，主要研究金融总量对经济增长的关系，而忽视了到底是何种金融工具提供了有效服务；第二，没有具体考虑中国实体经济发展的情况，忽视了中国产业结构、创新活动产生的推动力；第三，地区差异因素考虑不足，中国地大物博，地区差异明显，目前的研究无论是截面数据还是时间序列数据，抑或面板数据，均忽视了地区效应。针对上述研究的不足，本书在构建相关理论框架的基础上，利用省级面板数据，详细考虑了经济发展中金融结构与经济增长、产业结构和创新的关系，并提出调整中国金融结构的政策建议。

---

① 赖溟溟. 金融结构变迁与可持续的经济增长——基于银行主导型和市场主导型金融体系视角的分析 [M]. 北京：中国金融出版社，2011.

金融体系促进经济增长作用研究

四、金融体系与政府态度

政府在现代金融制度的发展历程中一直起着举足轻重的作用。新制度经济学提出制度是随供求关系的需要变化而变化，然而这种变化是在一定的社会和政治结构中发生的，特定的结构在很大程度上决定了变化的结果这一结论，充分体现了政府的态度对经济的影响是至关重要的。

在资本主义初期阶段的发展中，政府往往主导金融体系的活动大方向。政府向经济主体进行大规模的融资活动要早于私人企业的筹资活动。政府的成功融资不仅应用到经济社会中，还用于巩固政府自身的权威，也应用于发动对外战争和殖民扩张中。政府对社会经济主体拥有征税的强制性权利，并以此建立强大的政府信用，使之具有更大的借贷能力和偿还能力。此外，国家还有能力建立金融机构和金融市场，并通过立法和监管使之规范发展。

现如今，国家经济体制发生了巨大的变化，无论是社会主义还是资本主义，金融活动也不是私人部门的行为，政府仍然在其中发挥了重要的作用。在资本市场中，政府既是资金的需求者，也是资金的供给者。在战争、经济衰退、金融危机时，政府需要大量的资金，需要从市场内的微观经济主体进行大规模的融资。同时，政府也会通过中央银行发行货币，发挥宏观调控的职能，提供支付手段，以保证金融体系的安全稳定发展。

从现实的金融市场来看，政府对金融市场的监督与管制，对保持金融稳定与秩序起到了至关重要的作用。金融服务是一种准公共产品，金融机构面临着许多非金融机构的不正当竞争，这对金融市场的稳定

第三章 中国金融体系的演化变革与趋势

是十分不利的。因此，政府只对少数机构赋予从事金融服务的权力，有着严格的准入限制，从源头上减少不正当竞争，维护稳定。政府的金融管制是金融体系的一个重要组成部分，而管制的背后自然涉及政治体制因素。从古至今，不同类型的金融体系都是在特定的社会历史条件下形成和发展的，并且政府在其中一直扮演着重要的角色，即金融体系在很大程度上受到人为政策管制的影响。

我国的金融体系属于银行导向型金融体系，这与新中国成立初期的计划经济体制和集中配置经济资源的方式有直接的关系。法国在密西西比泡沫中的经历对随后的股票市场和银行的发展产生了深远的影响，法国政府在事件发生后专门设置了官方交易机构对股票市场进行管理和监控。法国大革命的爆发使得该交易机构关闭，抑制了公开招股公司的发展，虽然交易机构随后重新开始运作，但证券市场在整个19世纪和20世纪的大部分时间里都没有得到实质性的发展。英国为了发展资本市场废止了《泡沫法》，公司的成立无须经过专门的国会批准，这使得上市公司的数目大大增加。同时，英国政府大力修建铁路等基础设施，对资金的大量需求对资本市场的发展也起到了重要的促进作用。

政府态度对金融体系形成和发展的重大作用在日本具有代表意义。日本现代金融体系是在一个较短的时间内通过政府直接推动以人为构造的方式快速建立起来的。1868年明治维新时，西方的资本主义已经取得了较为突出的经济成果。为了赶超欧美，日本政府突破常规，选择了一种"反弹琵琶"的发展战略，仅用十多年的时间就建立起了日本现代金融体系。明治维新后，日本政府致力于确立现代化工业经济，引入了西方发达国家的金融体系。1872年日本政府出台了《国立银行条例》，该条例放松了对银行业的准入规定，也减少了政府的管制。1890年制定的《银行条例》对银行的最低资本金和贷款风险控制没有明确的文字规定，使得金融市场中出现大量的小规模银行，并在1920

年、1923年和1927年发生三次银行恐慌,给金融市场造成不稳定的后果。尤其在1927年的昭和银行危机中,大规模的存款挤兑使银行破产成为常态,一年之内共有45家银行破产,虽然银行危机的导火索是没有妥善处理1923年关东大地震后发行的"震灾票据",但根本原因是政府的自由放任政策使银行业缺少必要的监管。为解决和避免银行恐慌类似问题再次发生,日本政府加强了对银行的管控,从限制银行数目和经营区域开始直接介入日本的金融体系。1928年修订的《银行法》明确规定了普通银行的最低资本金不少于100万日元,对资本金不足的银行的自我增资不予承认,只承认与其他银行合并来增加资本金的方式。大藏省提出了"一县一行"的银行合并目标,有些银行不愿意失去独立的经营权力,当时的合并并不顺利,直到进入战时金融管制后才真正实现了"一县一行"的目标,这些银行就是"二战"后的地方银行。同时,国民储蓄不断向属于财阀集团的大银行集中,这些大银行就是战后的都市银行,作为战后日本银行体系主体的都市银行和地方银行就是在这种背景下形成的。1931年日本发动侵略我国的满洲事变后,进入了战时金融管制时期。金融管制的核心是控制资金分配,以保证军需企业的优先资金供应。1937年《资金调整暂行条例》更大程度地扩大了政府的介入程度,所有超过规定规模的企业在增加其股本或兼并时都必须得到官方的许可,该法还把企业分为"优先"、"许可"和"禁止"三类来控制银行对企业的贷款。大多数属于财阀集团的银行都抵制政府的这项规定,因为它们认为把贷款都集中到军需品公司(优先级别)的风险太大。于是政府着手解决这些抵制,并逐步引入一个由中央控制的金融资源体系,日本银行从中起到枢纽的作用。1944年1月开始实行的"军需企业指定金融机构制度"的建立标志着这项进程达到了高潮。根据这一制度,各军需企业与银行"配对",银行不仅保证"配对"军需企业的资金供应,还积极参与"配对"军需企业的经营管理和财务监督。许多这种银行与企业的关系随后都发展成为"二战"后的主银行制度。

在19世纪30年代的日本金融市场，尤其是股票的发行，在为产业提供资金方面发挥了相当重要的作用，资本市场与银行业在企业融资中占有同等重要的地位。战时金融管制严重限制了日本资本市场的发展，政府完全控制了公司债券的发行，而1939年的《公司利润分红及资金融通令》对股票分红和股东权限的规定严重限制了股票市场的发展。

第二次世界大战后，政府对日本金融体系又进行了更为深入的调控，政府可以决定金融机构核销资产和负债的类别，同时政府也大量参与了日本战败后的经济重建。1947年，日本政府建立了"战后重建金融银行"（RFB），用于分配产业资金，政府把资金着重分配给他认为对战后建设至关重要的行业，如煤炭、电力、钢铁和海运。1951年，日本发展银行（JDB）承接了战后重建金融银行的任务，成为向重点行业发放贷款的主力银行。1960年之后，日本发展银行的作用扩展至为政府的产业政策提供支持。从日本金融体系的发展历程来看，自明治维新到第二次世界大战后，政府一直起着主导作用，决定着金融体系的发展方向。

五、金融体系与意识形态

意识形态是系统地、自觉地、直接地反映社会经济形态和政治制度的思想体系，是社会意识诸形式中构成观念上层建筑的部分。它是与一定社会的经济和政治直接相联系的观念、观点、概念的总和。意识形态一词最初出现于19世纪初，由法国哲学家、政治家 D. 特拉西（1756～1836年）首先在《意识形态概论》一书中使用，他认为意识形态是考察观念的普遍原则和发生规律的学说，他的主要任务是想通过对认识的起源、界限等问题的研究，为经济学、政治学等建立起坚实的理论基础。

不同的意识形态起源于地理位置和职业专门化。最初，它是经验各异的相邻的人群在地理上的分布，这种各异的经验逐渐结合成语言、习惯、禁忌、神话和宗教，最终形成与其他人相异的意识形态，职业专门化和劳动分工也导致了对于现实的相异的乃至对立的观点（North，1994）。意识形态是由相互关联的、包罗万象的世界观所构成，如果占支配地位的意识形态旨在使人们相信现存的规则与正义是共存的，要使人们出于一种道德感来遵守这些规则，而且要使人们确信只有通过人们参与改变现行体制的活动，一个公正的体制才能到来。社会强有力的道德和伦理法则是使经济体制可行的社会稳定的要素。因此，意识形态常常决定一个国家的制度变迁是否具有合法性，或者是能否为公众所接受，在金融体系的演变过程中，意识形态同样扮演了这样的角色。

以美国金融体系的演变为例，1775~1783年的北美独立战争是一次彻底的反殖民主义反封建主义的资产阶级革命，它对英国在北美的殖民统治和国内的封建势力以毁灭性打击。因此，在美国确立了资本主义生产方式以后，君主至上、独裁强权等封建社会意识迅速为资产阶级的所谓自由、平等、民主等社会意识所冲淡和取代，私有产权思想根深蒂固，任何触犯私有产权和市场经济的言行都被认为不合法。亚历山大·汉密尔顿（Alexander Hamilton）受到他在英格兰银行经历的影响，在独立战争后就提倡建立一个分支遍布全国的大型联邦许可银行（A Large Federallye Hartered Bank），美国第一银行（1791~1811）由此而诞生，随后是美国第二银行（1816~1836）。这些机构所代表的权力集中形式受到了公众的质疑。在美国第二银行的一份报告中，John Qulncy Adams写道："权力既可为善也可为恶，即使它是被掌握在全知全能者手中。"虽然议会通过了重写后的章程，但杰克逊总统对其行使了否决权，并且否决结果没有被推翻。从此以后，美国就存在强烈的分解银行系统的倾向，并且对任何类型的强权机构都存在厌恶的情绪。因此，建立分散的银行体系、避免金融机构过大成为社会的主流意见。在1933年罗斯福新政之前，甚至政府对金融市场的积极干预都会被公众所拒绝。Lesile M. Shaw在担任了1902~1906年四年的财政部部长后，对自己不能放开手脚干预金融市场，同时也缺乏干预市场的筹码而感慨颇多，他提出政府积极干预金融市场的设想，却被大家认为是一个"官僚自大狂"。甚至到了1929年开始的大萧条期间，即使有各种幕后交易、操纵股市、故意传播错误信息等丑闻被披露，胡佛总统仍然相信联邦政府对证券交易所的控制是不符合宪法的（J. Seligman，1995）。

日本政府干预金融市场并且能够为大众所接受的原因也在于意识形态。有学者指出1868年的明治维新是一次不彻底的资产阶级革命，尽管日本确立了资本主义生产方式，但封建势力和封建意识还依然存在国民的意识中，和资产阶级意识形态一起混合生长。这就使得日本国民在推崇自由、平等、民主的同时，也慑于国家的强权和威力。受这种意识形态所支配，不仅日本政府对金融体系有强烈的干预欲望，并频繁采取行动，而且日本社会各阶层也比较容易接受政府的干预，且经常求助于政府的干预，从中受益。

在解释为什么支持德国的全能银行时，联邦卡特尔办公室（the Federal Caretloiffce）主席指出，德国人的安全意识在经历了经济惨淡期后变得更加顽固，于是德国银行始终将维持低风险作为经营准则，并受到广大民众的支持。全能银行体系为民众的资金提供保护措施，如果提出取消全能银行体系，那么大部分的民众肯定是持反对意见的。

六、金融体系与制度惯性

金融体系的演变，实质上就是一种制度变迁。根据 Norht（1990）的制度变迁理论，一种经济制度由于某些历史性事件的发生而形成，在制度的形成过程中往往付出了巨额的成本，即使其他的经济制度更具有经济的合理性或者更有效率，但要废除已经形成的经济制度，选择一种新的经济制度是非常困难的，经济制度的形成和发展往往具有制度惯性。Coast 和 Morris（1995）从一般意义上分析了制度惯性问题，认为抵制制度变革的主要力量来自三个方面：一是既得利益主体不愿失去旧制度带给他们的制度租金；二是制度变革需要不同利益主体之间的协调，而制度变革的交涉成本往往高于维持旧制度的交涉成本；三是在旧制度形成之初，各利益主体的适应性投资具有沉淀成本的性质。当制度变革后，当初的投资就可能变得没有价值，对当初适应性投资的保护也就理所当然成了抵制制度变革的力量之一。

日本金融体系在"二战"后的发展，很好地体现了制度惯性对金融体系演变的影响。第二次世界大战胜利方同盟的总部希望日本的金融体系依照美国的模式发展，即由证券市场解决长期信贷，而银行只从事短期信贷，但这项计划以失败而告终。企业需要长期资金，使得它们能够投资和扩张，无须不断地为短期因素担心；投资者，尤其是对于家庭而言，需要安全和具有流动性的存款。为了解决这个问题，日本 1952 年在借鉴西方先进经验的基础上制定了《长期信贷银行法》，该项法律允许一些专门的银行通过发行长期债券而不是靠接受短期存款的方法来筹集资金，如此一来，这些银行就能发放长期贷款了。

为了实现经济的快速增长，日本对银行业实施了严格的保护，主要包括两个方面：一是通过银行业和证券业的分业经营、控制发放新的银行执照严格控制新的竞争者进入银行市场；二是通过利率管制（低利率政策）限制银行与银行之间的价格竞争。实行利率管制的一个重要历史背景是，当时国内的利率水平明显高于国际上的利率水平，如何通过降低利率来降低企业的借款成本以增强企业的国际竞争力成为当时重要的金融政策课题。战败后的日本不可能在短期内大幅度提高国内储蓄，严格的外汇管制又限制了外国资本的流入。因此，要降低利率，只能采取利率管制方式。政府通过利率管制使民间银行获得一定的制度租金可以从两个方面改善银行的激励机构。

（1）制度租金和特许权价值的存在可以有效地控制银行的道德风险，促使银行加大在企业监督方面的投资。因为银行一旦由于资产组合风险太大，或者对企业的监督不力而导致破产，银行的特许权价值也就不复存在了。

（2）吸收存款和发放贷款越多，银行获得的利润也就越多。为了吸收更多的存款，银行就会积极地增设营业网点，而在经济发展的初期阶段，银行对营业网点的投资有利于动员更多的国民储蓄，抵消存款利率管制对国民储蓄的负面影响。在经济高速增长期，日本政府的利率管制相对温和，实际利率依然为正值，加上银行营业网点的发展，使得日本的储蓄并没有受到严重的抑制。而银行获得的制度租金和特许权价值又促进银行加强对借款企业监督，从而提高企业的经营效率和促进经济的高速发展。因此，日本战后初期形成的金融体系，有力地促进了日本经济在20世纪中期的高速增长。

到了20世纪70年代中期，日本经济开始进入成熟期，到了80年代后，经济增长率开始下降，国民经济由储蓄不足向储蓄过剩转变。尽管如此，银行业的目标不变，依然要维持贷款规模的高速增长，为此大银行开始转向高风险的中小企业贷款和商用房地产贷款市场，正是这种贷款规模的扩张冲动助长了泡沫经济的形成和膨胀。进入90年代后，随着泡沫经济的破灭和股票房地产价格的下跌，日本金融体系面临了一次前所未有的危机。究其原因主要有三方面：

（1）维持垄断利润的抵制力量。日本银行业在原有的金融体系中一直获得垄断带来的高利润，而金融体系的变革肯定会缩减利润水平，日本银行业自然会抵制这种变革，垄断利润越大，制度变革的交涉成本也就越高。

（2）保护投资价值的抵制力量。为了适应战后初期形成的政府主导的金融体系，日本银行在组织体系内设立专门的计划部门与政府打交道，并且该部门在银行内部组织结构中占有重要的比例，若是进行金融体系的改革，计划部门的前期人力物力投资就会失去作用，并且这部分投资的金额也是十分庞大的，那么对这部分投资价值的保护也成为制度变革的抵制力量之一。

（3）金融当局的抵制力量。在日本的一个惯例是金融当局（大藏省和日本银行）的官员退休后往往到民间银行部门担任重要职务，银行保护政策下的一部分垄断利润就以"京官"再就职的形式转移到了金融当局，其结果是金融当局也有积极性维持原来的金融体系。

从日本金融体系演变的历程中，一国的金融体系是难以从根本上进行变革的，制度惯性和自我恢复能力必须是我们要考虑的因素。也正如"二战"末期，盟国企图分解德国的大型银行，结果引起了相当大的混乱。这些企图最终以失败而告终，分拆的部分在占领结束后又再次联合，而且除了在政府债券市场以外，大银行紧密联系产业和金融市场作用小的金融模式得到了迅速的恢复。

经济发展一方面表现为经济内在结构的演进；另一方面则表现为金融体系的发展。而金融体系的发展不仅包括一国金融资产的增加、金融机构的发展、金融市场的扩大等量的规定性，而且更主要地表现为该国金融制度的演进。正是金融制度与金融风险共同促进推动了金融的发展，金融制度与金融体系在均衡非均衡状态中不断螺旋式演进。

这种演进包括了金融效率的提高、金融功能的完善以及金融制度的完善。虽然有金融体系结构中存在金融市场主导型和银行主导型的区别，从实际情况中看，存在的制度大多是介于两者之间，说明了按照以市场主导或以银行为主导对金融体系进行区分只是分析的起点。特别是在西方发达国家，无论是市场主导型还是银行主导型金融体系，人均都很高，这说明了金融体系的不同并不是金融体系优劣的判断标准。因此讨论金融体系变迁的时候，需要进一步实际考察各国的制度约束和参与者的具体情况，才能讨论金融体系可能的制度变迁途径，所以在比较金融体系时最重要的是要理解如何在不同金融体系之间进行权衡。而在现今金融市场和银行不断创新竞争的情况下，我们应当认识到既定的金融体系作为适应经济发展的权衡结果，是一种共生的多均衡存在。在多重动机的诱导下，系统处在一种动态平衡中，并在此基础上产生了专业化分工。此时，银行化和市场化的程度实际上就是一种权衡，而金融创新或是金融管制都是制度或组织适应环境变化的必然结果。不同时期、不同国家出现不一样的金融体系，即在完成同一功能的过程中，针对所面临的经济，社会和环境约束所做出的适应性反映，表现为因地制宜选择不同的制度安排。

七、金融体系与金融功能

金融体系存在的根本原因在于其能以最经济合理的方式满足社会的某种需要，即能履行某些社会经济职能，如资金融通，优化资源配置等，这也是金融体系最基本的职能，随着经济发展和金融深化，金融体系的一些衍生功能可能会发生变化，但这两项核心功能一般不会变化。资金融通作为信用授受过程，是资金在不同时间点之间的转移，伴随着风险存在，资金在进行转移和配置时，也实现了风险的转移和配置。因此，由金融体系的最基本职能融资会产生另一基本职能风险管理。这两项职能是金融体系的基本职能，也是金融体系的主导职能，其中融资功能是金融体系的本源性功能，是金融体系存在的最基本原因。风险管理是与其伴生的又一基本职能。前者注重效率的提高，后者注重风险的管理。提高资源配置效率与降低风险是金融体系永恒的目标定位。一个运转良好、功能完善的金融体系应既能提高资源的配置效率，又能有效地提供经济主体风险消除、化解的途径。金融体系的其他职能，如提供资金使用的价格、提供可供投资的金融产品及清算机制等，都是由上述两项基本职能所派生的或为有效履行这两项基本职能所必需的。

金融体系的演进是为了更好地履行其基本职能，因此一个国家或地区金融体系的具体形态和特点就主要取决于融资和风险管理职能的发挥所依赖的物质技术手段与特定的效率和风险管理要求。换句话说，无论是何种金融体系的功能都是相同或者类似的，但是由于经济发展、文化差异、制度环境等因素的不同，从而导致实现功能的方式不同，而这种功能形式上的区别导致了金融体系的差异性。

Merton 和 Bodie 提出金融功能观，根据金融交易技术的发展来说明金融体系结构的变化，以及金融体系需要行使的经济功能来建立最好的金融组织机构。从功能观点看，首先要确定金融体系应具备哪些经济功能，然后再来设置或建立可以最好地行使这些功能的机构与组织，任何金融体系的主要功能都是为了在一个不确定的环境中帮助在不同地区或不同国家之间在不同的时间内配置和使用经济资源。Merton 和 Bodie 的金融功能观关注的焦点并不在于金融体系功能的具体内容，而是金融市场和金融机构之间的动态演进，他们不像以往的理论，习惯于从竞争性、替代性的角度来理解金融中介和市场的关系，而是通过描述金融创新螺旋，揭示了金融体系结构的演进趋势性变化。

各国的金融体系大不相同,从规模、复杂性、技术水平到政治、文化和历史渊源差异很大,所以要对金融体系作一个完整的研究,首要的问题就是建立一个基准或是坐标系给研究找一个逻辑的起点。金融的功能观能够从本质上来解释金融体系演进的差异。这是因为:

(1) 金融功能比金融机构更稳定,即随着时间的推移和区域的变化,金融功能的变化要小于金融机构的变化。金融机构的形式和内容的易变性表现在:一是很容易随着时间推移,即使金融机构名称相同,金融机构的性质和职能可能会发生很大改变。二是在不同地域、法律和政策安排、人文传统下,对金融机构的业务范围限定、职能定位可能会出现差别。三是对金融基本功能而言,执行某项功能的载体有许多,既可以由银行、保险、信托、共同基金、养老基金等机构执行,也可以由证券市场和金融衍生品来执行。同一机构也可能执行不同的金融功能。

(2) 金融功能优于组织结构,即金融机构的功能比金融机构的组织结构更重要。只有机构不断创新和竞争才能最终导致金融体系具有更强的功能和更高的效率。Merton等认为在所有的经济中,过去和现在的、东方和西方的对照,金融体系的基本功能在本质上是一样的。金融服务,包括服务的创立设置、服务的配置、服务的供给以及资金的筹集,比提供金融服务的机构都要稳定。金融服务可以随着竞争性的机构或时间的变化而采取不同形式的包装,但它们的功能是相当稳定的。因此,与机构分析相比,功能透视提供了一种更加稳定和持久的参照架构,特别是在一个快速变化的金融环境里,转轨经济中更是如此。任何金融体系的主要功能,是在一个不确定的环境中,在时间和空间上拓展经济资源和便利资源的配置。

金融功能在金融体系的演进过程中也在不断演进,其功能的演进不是完全意义上的替代关系,而很大程度上是共存的。因为在特定的历史时期,某些金融功能是潜在的,只有当社会的经济水平发展到了一定阶段才产生了对这些功能的需求，这些金融功能才由潜在变为现实。金融功能演进的现实基础是金融体系由萌芽到成型到复杂化的发展，以及商品经济的发展特别是市场经济的普遍持续高度发展。金融功能在金融发展中不断扩展和提升，其演进变化为基础功能——→核心功能——→扩展功能——→衍生功能，这里是显示出一种递进关系。

第一层：基础功能。金融的基础功能包括服务功能和中介功能。这两种功能自金融产生以来发挥着主要的作用，他们是金融功能的起点和后续功能得以实施的基础。其中，服务功能是金融最早具备的也是最基础的功能，表现为给经济运行提供便利，如为商人提供货币兑换服务、为大宗跨地区交易提供汇兑结算服务等。中介功能是指在资金盈余者和赤字者之间发挥调剂功能，以便于价值运动。该基础性功能体现了金融对经济的被动依附状态，是资源配置功能的萌芽状态。

第二层：核心功能。资源配置功能是金融的核心功能，主要是指通过将经济中零散的资本进行整合与聚集，引导其流向更能发挥价值的领域，强化资源配置，支持工业化和长期经济增长。相对于同样对资源具有引导作用的中介功能，资源配置功能可以通过对价格运动方向的直接引导，实现对资产和负债的主动创造。

第三层：扩展功能。主要包括风险规避和经济调控两项功能。金融扩展功能存在于成熟的金融市场，是在原先功能基础之上横向衍生。其中，经济金融活动的不确定性和对风险控制的需求使风险规避功能应运而生。金融的经济调控功能是指在货币政策、财政政策及汇率政策的实施过程中，为满足相关政策的需求和弥补某项金融功能的缺陷，通过金融体系传导迅捷的特征以专设政策性金融机构的方式实现对经济调控迅速反应。

第四层：衍生功能。金融的衍生功能包括风险交易、信息提供、公司治理、引导消费和区域协调等。在金融的核心功能和扩展功能基础上，衍生功能以实现资源配置服务目的，广泛涉及各种业务，如期货、期权等衍生工具具有将被动的风险管理转变为具有主动特征的风险对冲的衍生功能,利用信息披露制度监督企业经理实现公司有效运营,利用金融机构的专业知识、信息及技术等优势为消费者提供投资理财等方面的信息。

这四个层次并不是截然分开的,而是有千丝万缕的联系,例如,核心功能和扩展功能在实践上有极大的重叠性,两者合在一起可以称为金融的主导功能。经济调节功能严格来说并不是金融的功能,而是通过金融手段发挥的功能。由于经济金融活动本身具有极大的不确定性,因此从金融经济活动产生之日起就面临着如何规避风险的问题,这两项功能是在基础功能和核心功能基本完善以后,对金融功能的一个横向扩展金融的衍生功能包括风险交易功能、信息传递功能、公司治理功能、引导消费功能、区域协调功能和财富分配功能。从金融体系功能演进的过程中可以发现,先是经济发展对金融提出了功能上的要求,从而金融体系不断扩展和提升其功能来满足这种需求,来促进经济进一步的发展,两者相互促进、共同发展。因此,金融体系的功能演进是金融体系演进的一个最根本的内因。

八、金融创新的"光明"与"黑暗"

肇始于美国2007年夏季的次贷危机最终发展成为影响全球的金融风暴,至今距危机发生已经整整10年了,而在次贷危机之后相继发生的一些金融创新产品的风险爆发、信贷抵押证券的违约和欧洲主权债务危机又加重了人们对于金融创新和衍生品负面性的报道与思考。的确,近年来资产证券化作为一种金融创新形式得到了广泛的应用和惊人的增长,在2006年美国抵押贷款证券化金额就达到了3.6万亿美元的规模。金融创新者利用资产证券化将非流动性的资产转化为流动性更强的证券,大量的金融中介机构也都被这一浪潮所席卷进来,成为抵押贷款证券化市场的买家或卖家。学界对于金融创新产品的最初观点认为,这种虚拟资产和金融创新有效提高了风险分担、减少了银行等金融中介机构的资本成本(Pennacchi,1988)。自2005~2007年,美国的房地产次级债贷款市场的违约率上升了50%,对于这种资产证券化程序的批评声音也显著增加(Stiglitz,2007)。以至于Krugman(2007)提出"这些创新产品的机构所做的是传播了混乱,诱使投资者承担了超出他们预料的更大的风险",甚至有人疾呼"金融家们总是要求金融监管不应该扼杀创新,那么我希望有人能够提供哪怕一点点的证据表明,金融创新能够有效促进经济增长(Volcker,2009)"。

针对次贷危机之后国内外学术界对于金融创新的评价和态度变化,相当一部分学者就金融创新的正负面影响进行了深入研究,并取得了一些最新的学术成果。就在次贷危机引起的全球金融"风暴"余波未了之时,中国近年来也出现了一些影响巨大的问题,如温州等地相继出现的民间融资违约和民企老板"跑路"等现象。就目前金融领域出现的问题,在2012年的"两会"上,有关引导民间资本合理进入金融领域和促进实体经济发展的呼声日益高涨。而且近期一系列政策也预示着国家推进金融领域改革的决心,如在浙江温州决定建立金融综合改革试验区等。这些事件和改革都将对中国金融发展和金融创新产生重要的影响。那么,金融创新和金融发展对于实体经济的影响和作用,以及金融创新负面影响的深层次原因等问题的解析对当前中国经济发展不仅具有重要的理论意义,也有着深远的现实影响。"他山之石,可以攻玉",2007年发生的全球金融"风暴"引起了大量学者对金融创新问题的重新思考,尤其是近三年来关于金融创新正负面分析的激辩产生了一些最新的研究成果,金融创新经济影响研究的复兴使得我们有必要对这些研究的理论解释和经验证据进行较为系统的综述和评析。

本部分正是在这样的背景下，对有关的经典和最新文献进行综述和简评，以期为中国金融创新、金融发展和经济增长的理论研究与实践提供更为丰富和有意义的借鉴。

（一）金融创新积极影响的理论回顾和传统观点述评

尽管在近百年的时间里，经济学家对于经济增长问题进行了大量富有成效的研究，但是直到20世纪80年代，新古典经济学家们才打开了技术进步的黑箱，从而逐渐地使得分析影响技术进步进而影响经济增长的不同因素作用成为可能。与此同时，在20世纪60年代，经济学家和金融学家对于金融中介功能和金融契约性质的研究也取得了突破性的进展（Diamond and Dybvig，1983；Gale and Hellwig，1985）。也正是由于这些突破性的进展，自20世纪80年代开始，金融与经济增长的关系成为一个重要的研究热点（潘士远，2009）。

根据传统的观点，金融创新有助于减少代理成本、促进风险分担、完善市场机制，最大限度地提高资源配置效率进而促进经济增长。美国是金融创新程度最高的国家，自20世纪60年代中期到80年代中期，金融创新产品和组织形式不断涌现，正如Merton（1992）所言，金融创新被认为是推动金融体系前进并促进实体经济增长的"发动机"。传统的理论研究文献对于金融创新影响的假设和分析起始于20世纪80年代前后，Allen和Gale（1988，1991，1994）构建了理论模型。其研究表明，在市场均衡情况下金融创新能够起到分散个人风险的重要作用，并且金融创新有助于完善市场功能起到风险分担的作用。与之类似的，Duffie和Rahi（1995）也通过对一个不完备的金融市场假设，考察了金融创新的证券产品设计对于风险分担和解决信息不对称问题的影响，他们的结论认为金融创新可以有效地缓解交易者的信息不对称情况，他们的经验研究也支持了其理论模型的结论。

Elul（1995）和Grinblatt（2000）也分析了金融创新和市场的不

完备性之间的关系,其结论表明,金融产品的创新部分地解决了不完全市场的缺陷,尤其是金融创新扩宽了融资和金融投资机会,提高了所有参与人的福利。Ross(1976)则更加强调了金融创新所产生的期权选择显著提高了经济效率,而且通过复杂的金融契约形成的资产组合有效地配置了金融资源、提高了福利影响。Houston(2010)的研究进一步分析了金融创新的资源配置功能,他们利用69个国家2400家银行的数据样本,实证检验了金融创新中债权人信息共享对于银行收益和经济增长的影响,研究支持了金融创新有助于经济增长的理论结果,从经验上验证了金融创新可以有效分配资源从而促进经济增长的命题。Dynan、Elmendorf和Sichel(2006)更是突出强调了金融创新在21世纪初减少经济增长的波动性影响方面发挥了至关重要的作用。Tufano(2003)从更为广阔的视角对金融创新文献进行了非常精彩的综述和评析,他的评述涉及了金融创新的历史、法律因素、产业组织和金融经济学等多个内容,并且对金融创新的扩散过程和社会福利影响也做了简要的分析。从中可以发现,传统的观点大多认同了金融创新的正面效应,指出了金融创新可以减少信息不对称、完善市场机制、有效促进资源配置。

实际上,20世纪80年代到2000年左右,正是美国经济的黄金时期,这一阶段的金融创新有效地助推了美国和一些主要发达市场经济国家的经济增长,学界和实务界对于金融创新的认识主要集中于其正面效应上,而对于金融创新可能存在的负面性认识则尚有缺乏。而进入到21世纪之后,尤其是2007年的次贷危机则让人们将注意力更多地放在了金融创新的负面效应上。

(二)金融创新的"黑暗面":加剧经济波动和剥削投资者的寻租性

传统的观点认为,银行等金融中介机构的基本功能就是将储户的流动性强的存款转化为流动性较弱的贷款资金，Diamond 和 Dybvig（1983）证明了银行能够通过将储蓄存款集中投向相对流动性较低但是收益较高的贷款项目中去，这样就会改变储户存款的流动性，从而提高了社会福利。但是，近年来的资产证券化等金融创新活动，大大改变了银行等金融机构对于金融存款流动性的转变功能和流动性程度。例如，在房地产项目的贷款中，虽然房地产仍然具有一定的非流动性特征，但是金融中介的贷款流动性水平已经越来越高了，因为这些贷款已经被创造为证券并用来进行金融交易。

资产证券化水平的提高，一方面增加了银行持有资产的流动性；另一方面也会带来负面的风险。由于资产证券化程度的提高，在初始的存款资金出借人和贷款违约风险承担者之间产生了一个复杂而长距离的链条，而且资产证券化也潜在地减少了贷款人对于借款人和项目的审查与监督激励（Petersen and Rajan，2002）。尤其是近来美国次贷危机引发的全球金融风暴之后，学者们纷纷对资产证券化的金融创新进行了重新的反思和审视。相对来说，关于金融创新负面性的认识和研究起步较晚，目前的研究主要集中在金融创新的风险影响和金融创新剥削或者说金融创新的寻租性方面。下面，本书分别就两方面的内容展开简要的述评。

1. 金融创新加剧经济波动风险

早期的一些研究均表明，金融创新能够通过分散风险为经济稳定提供保障，金融创新不仅能够促进长期的经济增长，而且还可以缓冲经济波动的冲击[①]。虽然多数学者认为金融创新有助于减少经济波动，但自 2007 年的金融危机之后，部分学者对这一观点开始持否定的态度。实际上，早期的研究中，也有一些经济学家对金融活动的缓冲作用抱着怀疑的态度。Bernanke（1999）、Kocherlakota（2000）、Cordoba

---

① Levine（1997）和 Beck 等（2000）的经验研究都指出了金融发展促进长期的经济增长，而 Cecchetti 等、Dynan 等（2006）的经验研究表明，金融创新有效地减少了整体经济的波动和冲击。

和Ripoll（2004）都在宏观商业周期模型中引入了金融因素，分析了经济冲击如何被放大的机制。尽管他们的模型中没有完全体现金融创新的含义，但是这些理论研究都指出了金融因素在经济波动中的一些负面影响。

证券化了的金融资产仍是要以其原始存款和基本资产为基础的，尤其是当宏观经济出现变化，某些实际冲击出现就会影响银行等金融中介机构，金融系统可能会产生放大冲击的负面作用。Holmstrom和Tirole（1997）的文献就指出了经济的冲击会通过银行的信贷供给进而加重金融危机。Asea和Blomberg（1998）也发现，信贷抵押品在经济收缩期是增加的，而在经济扩张期，银行的抵押要求就会降低。Bernanke（1983）以美国经济大萧条时期为例，首次经验性地明确了对于金融的冲击可以在更大程度上显著影响经济的衰退。后期部分经验研究都证实了实际冲击作用于银行就会放大对经济衰退的影响，经济波动和银行信贷之间的交互作用使得经济处于更加不稳定的状态（Peek and Rosengren，2000；Black and Strahan，2002；Calomiris and Mason，2003；Ashcraft，2005；Becker，2007）。

近年来的研究则更多从金融创新的微观分析入手，发现金融创新活动在有利于分担风险的同时，也加剧了经济活动的风险。例如，大规模的资产证券化等金融创新在减少了信息不对称的同时，却也增加了很多的风险。Petersen和Rajan（2002）的研究指出了资产证券化等金融创新活动会潜在地减少认真审查和监督借款者或债务人的激励，这种对于借款者审查激励的降低会导致事后的违约率上升，并引起一定的金融风险从而给经济增长增加不确定性。Wagner（2007）的研究也表明，金融创新活动虽然减少了投资者之间的信息不对称程度，但由于金融机构所有者和经理人之间的委托代理问题，金融创新则增加了经理人的冒险动机。

金融危机在近几百年的经济史上常有发生，仿佛是一个恶作剧，经济学家一方面试图解释真实的世界,而金融危机却总是改变着世界。在 2007 年的全球金融风暴之后,更为细致深入的研究表明,金融创新降低了贷款审查激励和贷款标准进而推动了经济的不稳定。Jimenez、Salas 和 Saurina（2006）的研究指出,在经济繁荣时期,风险更大的借款人反而容易以较低的抵押要求获得信贷。Dell Ariccia 等（2008）针对次贷危机和信贷标准之间的联系进行了实证研究,其经验分析的结论表明,地区信贷标准的降低和更高的抵押产品资产证券化率相关,信贷标准放低所引起的信贷急速发展增加了金融体系的不稳定性,这种不稳定性又会影响到地区经济的不稳定。相似地,Keys（2010）延续 Petersen 和 Rajan（2002）的思路,利用收集整理的美国次级抵押贷款证券化产品合同的数据,进一步经验研究了资产证券化是否影响金融中介机构对于借款者的审查。他们的研究表明,资产证券化产品的组合收益违约率要比同样风险的非证券化投资组合违约率高 20%,资产证券化的金融创新确实地逆向影响了贷款机构的审查激励。

在理论研究方面,Gennaioli、Shleifer 和 Vishny（2012）提出了在金融产品创新中"被忽视的风险"（Neglected Risk）这一假设,当金融创新产品发行或交易扩大之后,投资者意识到了这种被忽视的风险,他们就会立刻抛售掉手中的证券产品;在他们的模型中,金融机构为了迎合投资者对于安全的流动性的需求,创新出了资产证券化的投资产品,但是这种创新产品潜在可能的风险被忽视了。而当这种风险一旦被暴露出来,市场立刻变得非常脆弱,整个金融体系和宏观经济也会受到影响。

尽管部分研究表明,金融创新会对经济波动产生一定的影响,但是这种影响的作用范围、力度和对象还是存在着差别与争议。最近的几篇文献利用一般均衡模型对金融创新影响经济波动进行了校准和模拟的研究,Tomohiro Hirano（2009）试图将传统的金融创新稳定经济观点和后期的金融创新放大经济波动观点协调起来并在一个理论模型框架内得到阐释,在对理论模型求解之后的结论表明,金融创新和经济波动之间的关系是非线性的,在初期金融创新首先增加了经济的波动和风险,而后随着金融创新的加深经济逐渐趋于稳定。Pengfei Wang 和 Yi Wen(2010)的研究进一步利用存在动态随机一般均衡模型分析了金融发展和经济波动之间的关系。在他们的模型中,异质性的企业存在融资约束和投资的不可逆性,而金融发展(既包括了金融规模扩大也包括了金融创新的风险分散)可以通过减轻企业融资约束进而影响企业的投资,这种影响体现在微观企业层面就表现出金融发展增加企业绩效的波动,但是却降低了整个产出的波动。他们的模型很好地包容了已有经验研究的差异,为金融和企业投资绩效波动、整体经济产出波动之间的关系提供了一个统一的解释。

2. 金融创新的寻租性质

尽管传统的观点和多数的研究都支持了金融创新的正面效应,尤其认为金融衍生产品等创新工具给投资者带来回报并有效促进了资源配置。但是,如果某些投资者对于金融创新产品的认识存在着偏差,盲目相信金融市场的有效性和金融工具高收益回报的话,金融机构就有可能利用投资者的错误理解而将创新的金融产品过高定价,进而剥削投资者获得超额的非生产性租金。

事实上,有些金融产品和工具就是金融机构为了获得超额租金收益,而蓄意地利用复杂的金融工程方法创造出来以诱使投资者高价购买。早期关于金融创新活动中经理人道德风险和寻租性质的研究相对缺乏,仅有少数的学者就这一问题进行了经验性的研究。Rogalski 和 Seward(1991)、Jarrow 和 O'Hara(1989)的经验研究虽然都注意到了投资者对某些金融产品支付的价格要高于公平的市场价值,但他们并没有对这种金融创新产品超额定价的负面性进行深入考察。Burth、Kraus 和 Wohlwend(2001)利用瑞士的结构性金融产品交易价格数据,经验分析了金融创新产品具有相当高的定价和利润的现实。但这些研究都仅是观察到了这一经验证据,并没有对这种情况进行分析说明,也没有涉及探讨金融创新的主动剥削问题。

随着现实经济的发展,2000年之后美国虚拟经济和金融创新的速度突飞猛进,大量的金融创新产品、工具和组织形式纷纷涌现,尤其是投资银行等金融机构创造的所谓次级债券等金融产品得到了投资者的追捧,但2007年夏季的次债危机则严重地影响了美国金融产业和实体经济的增长,甚至于形成了波及全球的金融风暴。这之后,人们将目光更多地关注于金融创新所带来的危害方面。其中,金融机构设计金融创新工具的目的和影响成为了一个研究的热点①。Henderson 和 Pearson(2011)的文章可以说是分析"金融创新的阴暗面"(The Dark Side of Financial Innovation)的一篇重要研究,他们的研究惊人地给出了金融创新利用复杂性而剥削无知投资者的重要证据。在这篇文献中,Henderson 和 Pearson 利用 Morgan Stanley 公司自 2001 年 6 月到 2005 年底发行的 64 笔 SPARQS②产品为研究样本,经过理论推导和计量检验之后他们发现,这些较高风险的金融创新产品对于投资者的回报要比无风险利率还低,而且金融创新产品所谓的流动性特征、避税优势等都无法解释这一低回报现象。同时,他们的研究指出了这些金融创新产品与投资银行等金融机构利用投资者的无知和认识偏差而设计复杂工具剥削投资者的研究假设相一致。

Biais、Rochet 和 Wooley(2009)发展的一个理论模型也支持了金融机构寻租的观点,在他们的模型中,金融创新的收益性是不确定的,而且经理人的行为和绩效也难以监督,外部的金融产品投资者很难获知这些信息,这就会导致出现道德风险问题。随着金融创新产品的开

---

① 如 Bernard 和 Boyle(2008)就针对某些保险公司销售基于股票指数的年金等理财产品的现象,提出了批评,他们认为这种金融产品就是利用了投资者对于金融市场信息的认识偏差来剥削投资者。

② 所谓 SPARQS 即美国的投资银行等金融机构设计的金融产品,全称为 Stock Participation Accreting Redemption Quarterly – pay Securities(SPARQS),这是美国公开发行的结构性股票金融产品(Structured Equity Products)的一个衍生子产品,这类金融产品一般基于股票指数定价和交易支付。

发和销售，金融投机行业的蓬勃发展会促进金融创新产品的价值提高，但同时潜在的风险和代理问题也会随之恶化。也就是说，当银行等金融机构的经理人从事一个金融创新的项目时，外部的投资者本质上就很难监督，这就导致经理人有更高的寻租寻利倾向。而当这种寻租价格和范围扩展的非常大之后，投资者对于这种创新产品就会产生不认同感并放弃投资，于是乎危机也就随之发生。Philippon 和 Reshef（2008）的经验研究也部分支持了金融部门经理人寻租的观点。他们的实证结果表明，在近年来的金融创新浪潮中，相对于其他经济部门，金融部门经理人的报酬显著地得到增加。进一步地，他们分析了这部分显著增加的报酬基本上是来自于金融创新产品虚高价格的租金收入。

实际上，以上的研究反映了目前金融机构的金融创新日益复杂化倾向，而这种复杂的金融工具或产品远远超出了一般投资者的理解能力范围，但这些金融创新工具的复杂性并没有发挥很好的资源配置等有益的功能，仅仅流于复杂的数学形式。某种意义上来说，这些被创造出来的过高定价的产品只是充当了金融机构愚弄和剥削投资者的工具。

（三）金融创新影响的最新研究进展：为金融创新的辩护和经验证据

尽管以上的部分文献（包括但不限于）指出了金融创新的负面影响，但是真如舆论所言，金融创新是制造危机的罪魁祸首吗？2007～2009 年席卷全球的金融危机重新激发了学者们对于金融创新"光明"和"阴暗"面（Bright and Dark）的大辩论。① 针对部分学者和大众对于金融创新的诟病，Luc Laeven、Ross Levine 和 Stelios Michalopoulos

---

① 在 2010 年，经济学家们组织了一场持续 10 天的在线讨论，Ross Levine 和 Joseph E. Stiglitz 主要围绕金融创新的收益和作用展开了激烈的辩论，主要的内容可以参见相关的网页 http：//www.economist.com/debate/overview/166.

(2012)在一个熊彼特的内生经济增长模型框架内,详细地研究了金融部门的金融创新和企业生产部门的技术创新之间的互动与技术匹配过程。模型的结论预示了金融创新对于技术创新项目识别筛选的重要意义,阐述了金融创新技术的效率提高能够推动企业的技术创新和经济的进一步增长之间的机理。

具体来说,在 Luc Laeven、Ross Levine 和 Stelios Michalopoulos 的模型中,假定了金融家也从事有成本的、有风险的和潜在收益的创新过程,这种金融创新实质上是对于企业项目的辨别、评估和筛选的技术,当这种金融创新不能适应技术创新的时候(如传统的银行贷款审查不能适应网络经济等新兴技术或者生物制药行业等生命基因科学的技术创新),就会阻碍经济的增长;而金融创新开发出新的工具、方法或者组织形式的时候(如从传统的银行信贷审查到当今的风险投资机构)就会促进技术创新和经济的增长,而且金融机构也能从中获得创新的收益。该文的模型指出了金融创新和技术创新之间的动态协同效应,尤其是金融创新对于技术创新和经济增长的巨大促进作用,这就为金融创新的正面性进行了辩护。同时,他们的文章也就当下对于金融创新诟病较多的寻租性活动性质进行了简单的分析,指出了金融机构寻租性的创新是寻求私人收益,但却在一定程度上减缓了经济增长。

Franklin Allen(2011)针对次贷危机之后部分学者和大众对于金融创新的批评,系统梳理和分析了金融创新在引起金融危机和剥削投资者方面的文献,并就这些问题一一进行了辩论和质疑。他的研究从总体上认为金融创新并不是最大的"致病隐患",从长期来看金融自由化才是真正的威胁,而且金融创新的正面效应要远远大于其负面性。就 Henderson 和 Pearson(2011)所提出的金融创新阴暗面问题,Allen 以欧洲债务危机中的杠杆举债和荷兰债券为例,说明了复杂性的金融创新产品可能只是会愚弄普通的投资者和选民,而不能欺骗职业的投资者。此外,他还就金融创新、金融危机和房地产泡沫关系进行了大篇幅的论述，通过对美国次级债和房地产价格变化、亚洲金融危机期间的相关研究以及世界其他国家发生金融危机时的金融创新和房地产价格表现等数据，论述了金融创新可能并不是推动房地产市场和金融危机恶化的真正原因。与此同时，他还对金融创新的正面效应进行了分析，指出金融创新能够推进技术创新、提高环境质量和促进全球卫生保健方面的投资。

在经验研究方面，Thorsten Beck、Tao Chen、Chen Lin 和 Frank M. Song（2012）利用32个国家1996~2006年的数据，首次明确地评价了银行部门金融创新和实体经济增长、经济波动和银行脆弱性之间的关系。他们的研究证据表明，一方面金融创新不仅和一国的经济增长、人均GDP增长有很强的相关性，而且会作用于那些更依赖外部融资和技术创新的行业的增长率提高；另一方面他们也发现，在近期的金融危机中，银行金融创新也和银行脆弱性的特质、融资约束较强的行业增长波动以及银行收益波动相联系，即金融创新既有"光明"的一面，也有"阴暗"的一面。

（四）总结与评述

金融创新不仅是金融工具、金融产品的创新，它还包括了金融机构组织形式的创新、金融制度的创新和金融技术的创新；的确，由于金融创新活动的复杂性和信息不对称问题，金融创新会产生不利的一面，过度的资产证券化创新工具可能是金融机构蓄意寻求私利的欺诈行为，金融创新也在一定程度上加重了对经济波动的放大效应。但与此同时，通过对近几年最新的理论和经验研究文献的回顾可以发现，金融创新和金融危机之间的确定性关系并不存在，很大范围内的因素都会影响到金融危机和经济危机的发生。因此，我们更需要看到金融创新的积极一面，不可因噎废食。这对于处于经济转型升级背景下的中国尤为重要，我们更加需要发挥金融发展和金融创新促进技术创新

第三章　中国金融体系的演化变革与趋势

和可持续增长的作用。回过头来，即使是2007~2009年的美国次贷危机和全球金融风暴这一金融危机的起因，仍然是投资银行等金融机构没有得到类似商业银行那样资本充足率监管的制约而导致的，金融创新本身承担的责备可能被过于夸大了，金融自由化和金融监管的缺失与落后才是危机发生的最大祸源。

针对金融创新的双面影响，我们应当具体判断其整体的利弊和采取怎样的态度、如何就金融监管政策措施进行改进等，这些都是保证金融稳定和推进中国金融创新、金融监管和金融发展所不可回避的问题。国外学者对金融创新研究的最新进展和研究成果无疑对国内学者的理论研究和中国的现实政策选择具有一定的启发和借鉴意义。这篇简要的综述，一方面显示了国外对金融创新研究的有益探讨和不同意见；另一方面也表明，更为深入的经济学和金融学研究，尤其是针对金融创新影响的实证研究还相当缺乏，这就需要学术界对此问题进行更为深入的研究与论证。下面几点研究方向仅代表本书不成熟的思考，在这里与大家分享以便"抛砖引玉"。

第一，金融创新和经济增长、经济波动之间的理论关系需要引入中国的特殊背景来加以重新考虑。目前，针对金融创新和技术创新、经济增长、经济波动关系的理论研究多是以美、英等相对成熟的市场经济国家为背景展开的，例如前面文献中的探讨指出了金融创新和技术创新之间的互动协同效应，而这种关系在中国可能尚未得以体现。此外，欧美发达市场经济国家企业投资和技术创新的领域很少受到行政垄断的影响和制度环境的干预，但这种状况在中国则明显存在，很多垄断性行业的创新动力不足，而相当多的民间资本想要进入却又受阻。因此，金融创新对于中国经济可能影响的理论分析可以引入制度改进和政府干预的变量。

第二，金融创新、金融发展和金融自由化影响的实证检验。正如前面文献回顾中所分析的，有关金融创新和金融危机、经济增长之间的实证研究文献还是相对缺乏的。即使是金融发展和经济增长、经济波动之间的经验研究在中国也相对较少，尤其是很多文献的结论还存在着不一致，如果考虑金融创新和金融自由化的影响就更是缺乏。这就亟须我们对经验研究中的数据可得性、变量适合性和模型的可靠性进行思考，进一步展开针对中国的经验研究，以期能够为今后的改革提供更多的经验支持。而国外研究在此方面的结果相对较为丰富，但是考虑到目前文献所采用的时间都较短、样本容量较小的局限，今后更多利用长期的时间序列数据来进行研究的可能性很大。

第三，国外金融创新和金融监管经验教训的总结与借鉴。由于金融创新活动的复杂性，中国金融创新程度相对较低，对金融创新的抑制程度一直较高。目前，中国的经济增长和技术创新却都需要金融创新的适度放松和发挥金融发展的资源配置功能，那么充分借鉴别国金融创新和金融监管的成功经验或教训则是一个较为可行的办法。这就需要对不同国家金融创新和金融监管成败经验进行评估和总结，比如在次贷危机发生地的美国，金融创新和传统金融监管的脱节是否导致了金融股危机的爆发，危机之后美国金融监管的改进做法等。这次的金融风暴对于不同国家的影响也是不一样的，同样处于富裕国家第一阵营的加拿大和德国受到金融危机的影响幅度则比较小。

第四章 金融发展、金融深化与金融创新
——基于金融体系演化变迁视角的分析

一、金融发展理论

金融发展理论主要研究金融体系在经济增长中起到的作用，包括金融中介和金融市场，探讨金融发展和经济增长之间的内在联系，怎样通过有效的金融体系和金融政策来拉动经济增长，同时通过金融体系调控金融资源实现金融发展的可持续性。20世纪60年代以来，金融发展理论实现了由浅到深，逐步深化的发展过程。

（一）金融发展理论的产生

伴随着银行的诞生，学者们就开始关注并且思考金融在经济发展中发挥的作用。金融发展理论也就随着专门研究经济发展的发展经济学的产生而诞生了。可是，在以结构主义为主导发展思路的发展经济学的初期阶段，西方研究发展经济学的学者并没有将金融作为一个专门的问题来研究，而是一直将其置于被支配和附属于发展经济学的地

位,严重忽视影响了它的发展。

20世纪60年代业界专家学者开始了金融发展理论的相关研究,主要探讨金融发展和经济增长之间的关系。"二战"结束以后,很多发展中国家从战争中摆脱出来,在国内的金融领域实施强有力的干预,试图追赶经济发达国家、快速提升自身经济实力。然而这些国家在追赶的过程中,由于自身经济基础较为薄弱,金融体系的发展都受到了金融储蓄不足以及资金短缺的影响。以约翰·格利、爱德华·肖、雷蒙德·戈德·史密斯和罗纳德·麦金农等为代表的一批经济学家通过相关研究发现经济增长受到金融体系发展滞后、金融系统运行效率低下等的制约,以此建立了金融发展理论主要研究金融发展和经济增长之间的相互联系[①]。

1955年和1956年格利和肖(Gurley and Shaw)发表《经济发展中的金融方面》和《金融中介机构与储蓄—投资》两篇论文,自此开启了国际上对金融发展理论的研究。后来两人在1960年又联名发表了《金融理论中的货币》一书,概述阐述了如何建立广义货币金融理论来研究多层次、多样化的金融资产和金融机构以及实施完整的金融政策。他们通过建立数理模型来分析金融体系在经济增长中的贡献程度,衡量指标就是储蓄者的储蓄转化为投资的占比,试图提高整个经济体的生产性投资水平。格利和肖的金融理论已经接触到了金融制度、金融体系影响经济发展的深层次的制度因素,为后续的理论研究奠定了基础。

戈德·史密斯(Gold Smith,1969)提出的金融结构理论奠定了传统金融发展理论的基础。在《金融结构与金融发展》一书中,戈德·史密斯提出各种金融工具和金融机构的形式、性质及其相对规模共同构成一国的金融结构,而金融发展就是指一国金融结构的变化。他建

---

① Berger A. N.. Market Discipline in Banking [R]. Proceedings of the 27th Annual Federal Reserve Bank of Chicago Conference on Bank Structure and Competition, 1991.

立了衡量一国金融结构和金融发展水平的基本指标体系,包括金融相关率、金融中介比率、金融机构发行需求的收入弹性、变异系数等,并通过对35个国家近100年的资料研究和统计分析,得出了金融相关率与经济发展水平正相关的基本结论。戈德·史密斯确立了一个研究金融结构与金融发展问题的基本框架,但他并没有涉及金融对经济增长的作用机制这一根本性问题,存在明显的缺陷,如研究对象狭隘(仅限于35个国家)、金融系统规模同经济增长之间的相关性并不能确定因果关系的方向①。

Patrick在《欠发达国家的金融发展和经济增长》中指出需求带动和供给引导的金融问题。他认为,供给引导的金融问题不同于需求推动的金融发展政策,他在需求产生以前就提前发展金融体系,而不是在有了经济发展对金融服务的要求以后再考虑金融发展,即金融发展可以滞后或者被动于经济发展的,也可以是先于经济发展,并且具有主动性。又因为供给引导的金融体系可以刺激储蓄和投资,改变资本构成的现状,合理有效地配置金融资源。因此,欠发达的国家尤其是发展中国家要优先发展货币供给带动政策。

戈德·史密斯的《金融结构与金融发展》一书为金融发展理论提供了必要的理论基础,他提出来的金融理论的职责问题是金融发展理论的前提。金融职责就是要弄清楚哪些经济因素决定了金融交易流量、金融同期存量以及金融结构的变化规律,说到底金融发展的变化就是金融体系结构变化的过程。他运用纵向和横向相结合的分析方法研究金融发展历史和国际上30多个国家一个世纪以来的相关金融资料,构建指标评价体系确立了基本指标FIR和金融中介比率、变异系数、金融机构发行需求的收入弹性等其他指标,采用定性分析和定量分析相结合的方法得出了基本指标FIR值与经济发展水平呈正相关关系,及

---

① Flannery M. J.. Using Market Information in Prudential Banking Supervision: A Review of the U. S. Empirical Evidence [J]. Journal of Money, Credit and Banking, 1998 (8).

它们之间相互促进、相互影响的基本结论。20世纪70年代以后产生的各种金融发展理论也以这一结论为分析基础和参考方法。

(二) 金融发展理论的建立

20世纪70年代,以发展中国家和地区为研究对象的金融发展理论产生的标志是麦金农的《经济发展中的货币与资本》和肖的《经济发展中的金融深化》这两本书的问世,他们提出的关于发展中国家的金融发展及其与经济发展的关系的精辟见解和"金融抑制论"与"金融深化"被认为是发展经济学和货币金融的重大突破,并且在国际学界引起了非常大的反响。那个时期,许多发展中国家都以该理论为指导制定本国的货币金融政策及确定本国货币金融改革的时间。他们指出,发展中国家存在严重的金融抑制现象(即国家对利率实行管制),由于利率管制与时常存在的通货膨胀,使得实际利率往往为负值,造成信贷资源供不应求,从而出现信贷配给。由于政府往往根据自己的偏好来分配金融资源,金融体系配置资源的功能受到损害,导致资本形成不是依靠外部融资而多是内部融资,阻碍了经济增长。对于这一问题的解决,他们提出了金融深化论,即政府取消对金融的干预,实行金融自由化,使利率和汇率能真实反映资本市场的供求,从而使金融与经济发展摆脱金融抑制,实现良性循环的状态。可见,金融深化就是要取消金融的各种管制、放开利率,实行以利率市场化为主的金融自由化。

麦金农认为发展中国家的利率和汇率体系严重扭曲,因为发展中国家政府机构对于本国的金融体系管制太过严格,现行的金融体系不能准确地反映发展中国家目前的金融发展状况以及货币资金的市场供求和外汇供求关系。银行的储蓄会因为通货膨胀或者人为操作的利率变化而受到影响,相关投资会随着这两个因素的影响而减少,导致经济体内的微观经济主体不断减持金融资产增加实物资产来进行资产积累,传统的现金、活期存款等方式不断减少。再者,国家进行严格的利率管制会抑制信贷资金的配置效率,这是因为信贷配额制度在一定程度上忽视了市场中的资金供求关系,以人为意志来衡量市场供求状况,这种状况被罗纳德·麦金农称为"金融抑制"。但是,麦金农将他所说的货币解释为广义的基础货币M2,即活期存款和储蓄存款。可是,他在建立模型的时候所采用的是政府发行的不兑现纸币也就是外在货币,外在货币是不包含银行的各种存款的,可见麦金农将货币的定义混淆了,前后之间存在相互矛盾。因此,麦金农的货币抑制理论中的货币定义前后冲突互相矛盾,这对于要求统一货币的金融抑制理论是不可取的。

肖认为,经济发展与金融体制之间存在着相互促进和相互制约的关系,因为一方面经济的良好有效发展不但可以提高国民收入从而增加储蓄资金,还可以增加社会上的投资需求从而增加经济活动主体对金融服务的需求,刺激金融产业各个方面的业务发展;另一方面,良好的金融体制能将储蓄资金有效地动员起来使其处于良好的循环阶段,并将其引导到生产性投资上,从而促进经济的发展,使金融与经济发展处于一个良好的循环状态①。所以他完全放弃了新古典理论,提出了金融抑制与金融深化相结合的新金融体制理论。该理论表述了产生金融抑制的原因、现象及其对经济发展的影响,尤其重点指出了金融深化的含义、衡量及其对经济发展作用的测度指标和为经济发展达到的终极目的。然而,经济欠发达的发展中国家,金融体制与经济发展却处于一种恶性循环的状态。所以,我们应摒弃金融抑制而采取金融深化,具体手段使政府部门储蓄趋于增加;促使收入分配平等;提高国内私人储蓄与收入之间的比率;促使产出与就业稳定增长,为金融深化创造一个良好的经济环境,使其得到有力的发展。

---

① 爱德华·S. 肖. 经济发展中的金融深化 [M]. 上海:上海三联书店,1988.

发展中国家的金融问题是金融深化理论的研究对象，其未站在传统意义角度上来讨论金融发展与经济增长的关系。但是，他依然为发展中国家的经济增长提供了一个全新的思路，因为他认识到某种必然的联系确实存在于金融发展与经济增长之间。因此，人们认为金融发展理论形成的标志是金融抑制和金融深化理论的提出。

（三）金融发展理论的演进与前沿

20世纪70年代末期，以卡普尔（Kapur）、马西森（Mathiesan）、弗莱（Fry）为代表的经济学家将麦金农—肖的金融发展理论进行了补充和发展。卡普尔（Kapur，1976）认为在固定资本闲置的条件下，企业获得的流动资金数量成为决定产出的关键因素。马西森（Mathiesan）与卡普尔的观点相似，认为流动资本的净投资可以完全通过银行筹集，商业银行对实体经济的影响主要通过提供流动资本实现。弗莱（Fry，1988）认为适当提高实际利率可以刺激投资行为，并且加强投资主体的投资绩效，继而刺激经济体的进一步繁荣。总的来讲，这些经济学家的创新点在于运用了宏观的动态模型来考察经济过渡时期的金融体系的变化情况，对金融抑制到金融深化这一过程进行归纳总结，观察其内在的动态规律。但是碍于理论框架的限制，他们并没有对原有的理论进行实质性的创新。

进入20世纪80年代，金融危机爆发的频率越来越高、强度越来越大，金融体系的脆弱性更加明显，许多金融学家对金融危机的产生根源和如何防御化解进行了研究，主要有金融危机理论、金融脆弱性理论等。在假设货币自由兑换、资本自由流动、实行固定汇率的前提下，克鲁格曼（Krugman，1979）指出经济内外均衡的冲突是货币危机的根源，财政赤字过度货币化和外汇储备不足，会导致固定汇率制度崩溃并诱发经济危机。明斯基（H. Minsky，1982）和克瑞格（J. A. Krege1，1997）从企业和银行角度分别采用代际遗忘和竞争压力来解释金融体系的内在脆弱性,从不确定性角度研究人们的预期对未来资本性资产价格的影响。他们认为信贷市场受到多种因素影响,经济上升期带来的利润会使投资企业和金融机构都变得更加有信心,使其安全边界一步步降低,而由这种效应产生的群体性行为更容易影响经济本身的发展。综上所述,以克鲁格曼(Krugman)、明斯基(H. Minsky)为代表的理论都在试图解释金融危机产生的原因,以期实现有效的防范措施,最终实现经济金融稳定增长的目标。

从1980年开始到20世纪末期,以本斯威戈(Bencivenga)、格林伍德(Greenwood)为代表的第一代金融发展理论主要提倡的是金融自由化,减少政府对金融体系的干预①。这一主张被许多发展中国家所接受,并为一些发展中国家带来了短期的经济繁荣,但同时也给很多国家带来了接连不断的经济危机。第二代金融发展理论通过对"内生增长理论"的借鉴和吸收,将金融因素定义为内生变量,主要研究对象是金融中介和金融市场对经济发展的影响,并将这两个变量定义为内生变量。不同于第一阶段的是,内生金融增长理论着重强调的是技术进步和生产率的提升对经济增长的贡献程度,金融改革应当遵循金融发展的自然演进规律②。

交易过程中存在的不确定性因素和信息不对称因素而产生的交易成本,是金融体系形成和发展的重要原因。本斯威戈和史密斯(Bencivenga and Smith, 1991)认为,交易双方为了降低交易成本和流动性风险,形成了对金融中介提供金融服务的需求,通过金融中介可以将短期性、投机性资本转化为长期性、生产性资本,提高资本的有效转换率、降低交易双方的成本。杜塔和卡普尔(Dutta and Kapur, 1998)则从缓解消费者流动性约束的角度来解释金融中介和金融市场的形成与发展,由于消费者受到流动性的限制,消费行为会受到很大的影响。

---

① Corton, C., and A. Winton. Financial Intermediation [N]. NBER Working, Paper, 2002, No. 8928.
② 江春. 论金融的实质及制度前提 [J]. 经济研究, 1999 (7).

这就提出了对某种金融服务的需求，金融中介的出现可以满足消费者的这种需求。这些研究都暗含着金融中介研究的重要性，但是他们都没有对这一问题进行深入研究。以博迪和默顿（Bodie and Merton）为代表的金融学家对金融中介进行了系统研究，论述了金融中介的功能并把它提升到金融中介的功能观层次。莱文（Levine，1997）进一步指出，金融影响经济增长的途径是资本积累和技术创新，金融功能需要通过金融机构和金融市场来实现。金融中介功能观相比较传统的金融中介机构观，拓展了金融中介理论的视野，把金融中介理论的研究推向了一个新的水平。金融中介功能观的核心内容可表述为：金融功能比金融机构更稳定，亦即在地域和时间跨度上变化较小；机构的形式随功能而变化，即机构之间的创新和竞争最终会提高金融系统执行各项职能的效率。

在20世纪90年代之前，金融发展理论认为金融市场的发展主要受到政府、法律以及金融政策等外生变量的影响，这些外生因素决定着金融市场的发展方向，并且随着金融市场的不断发展，这些外生因素逐渐发挥着越来越重要的作用。所以，我们就必须将金融市场和金融中介放在同一个理论体系框架下进行研究。内生金融理论对金融中介、金融市场的兴起、发展、深化进行了详细的解释，为后续研究金融发展和经济增长之间的关系奠定了基础①。后来的金融发展理论放松了对完全竞争这一假设的要求，使模型的假设更加切合实际。进入21世纪以来，随着更加频繁的金融危机的爆发，同时金融危机的破坏力不断加大，危机的影响范围已经从原有的发展中国家和转型国家逐步扩散到了发达国家，整个全球金融体系的风险系数逐年升高。第二代金融发展理论并没有表述清楚金融发展对经济增长具有什么样的作用，通过什么方式影响经济增长以及对经济增长产生了什么样的影响，这

---

① 中国经济增长与宏观金融稳定研究课题组．金融发展与经济增长：从动员性扩张向市场配置的转变［J］．经济研究，2007（4）．

给后续理论研究留出了较大的发展空间。

从 20 世纪 90 年代末期开始,这一阶段的金融发展理论研究一改国外"一枝独秀"的特征,呈现出国内国外共同发展的新气象。国外第三代金融发展理论的研究开始于哈佛大学、芝加哥大学的三位学者拉波塔(LaPorta)、洛配兹·西拉内斯(Lopez – silanes)和安德烈·施莱弗(Andrei Shleifer)于 1998 年在《政治经济学杂志》(Journal of Political Economy)上发表的《法律与金融》,第一次明确地将法律因素引入到解释金融发展和经济增长的具体研究中。他们通过整理多国的宗教、文化、政治、法律、经济和金融等方面文献,将法律因素引入到金融研究的宏观和微观两个领域。科菲(John C. Coffee,1999)通过考察美国和英国公开证券市场和欧洲的股权文化的发展历史,发现金融的发展决定法律制度的发展。格瑞特森(C. arretsen H.,2004)把社会风俗作为金融发展的一个决定性变量进行研究,得出社会风俗对股票市场的影响主要在于对信贷市场的影响,并通过对正式制度和非正式制度不同的国家金融发展与经济增长之间的关系。他们认为,只考虑正式制度而不考虑非正式制度是不合适的。

白钦先教授在 1987 年编写的《比较银行学》一书开启了我国第三代金融发展理论的研究,白教授通过长时间的专注研究,在 1998 年提出了"金融资源理论",这一理论的提出标志着我国第三代金融发展理论的正式开启。白教授在后续的《金融结构、金融功能演进与金融发展理论的研究历程》一文中指出"发展金融学以金融本质的演进基础上的金融与经济的互动关系为研究对象,即金融功能的扩展与提升为其研究的基轴,金融效率为其研究的归宿。"胡怀邦(1999)在《金融发展阶段论》一书中指出金融发展就是金融功能的历史演进过程,其主要表现形式主要体现在金融工具、金融市场、金融业务与金融组织的发展变化,以及金融功能在每一个经济阶段所代表的具体内涵和金融发展的共同道路,从中提炼出金融发展的一般规律。江春

(2012)在《金融改革和金融发展——理论与实践的回顾及反思》一书中将金融发展理论详细地分为三个阶段,并对金融发展理论的这三个阶段结合每一阶段的经济、政治、金融环境进行了详细分析,指出构建权力制衡的政治体制、合理的产权制度以及有效的法律制度是我国金融体制改革的首要任务,通过金融改革来限制政府对经济金融的过度干预,从而保证金融体系为中国经济不断发展提供助力。

进入21世纪以来,除了第三代金融发展理论的不断深入研究之外,金融发展理论向相关学科不断扩展。比如将金融发展与国别体制、国际贸易、收入分配、贫困减缓、企业家精神等问题联系起来研究①。如果说,第一代金融发展理论强调的是"数量型、自由化、市场化",第二代金融发展理论强调的是"内生增长、金融功能",那么第三代金融发展理论则强调"制度因素、金融社会属性"等更高层次、更深含义的研究对象。今后金融发展理论的研究趋势将向金融发展与经济发展如何更好地实现可持续发展、金融发展如何更好地服务于人类社会发展。

二、金融深化理论

金融深化理论认为金融体制和金融政策在经济发展中具有至关重要的作用,金融深化理论为发展中国家的货币政策出台提供了理论依据。该理论从最开始就引起了学术界的极大反响,从20世纪70年代,许多发展中国家就开始了以金融自由化为目标的金融改革,改革的目的就是想构建一个金融发展和经济发展良性循环的经济体系。但是就

---

① 王曙光. 金融发展理论[M]. 中国发展出版社, 2010: 56-57.

目前来看,绝大多数发展中国家的金融改革都没有取得想要的效果。

继麦金农和肖之后,在20世纪70年代中期到80年代末期,一批经济学家继续沿着麦金农和肖的路线研究,主要是致力于金融深化理论的实证和扩充。他们建立了宏观经济模型,扩大了金融发展理论模型的分析视野和政策适用范围,被称为麦金农—肖学派(Mckinnon Shaw School)。加尔比斯(Vicente Galbis,1977)运用两部门经济模型,分析了金融抑制对投资效率的不利影响。卡普(Basant K. Kapur)(1976)认为,存款利率上升能促进银行存款增加,并使得银行信贷规模扩大,从而扩大全社会投资总量。弗莱(M. J. Fry)(1978,1980,1988)在金融发展模型中加入了动态调整参数,建立了动态金融发展模型,用以分析通货膨胀与经济增长的关系①。除了理论模型的扩展外,他们还实证考察了发展中国家推行金融自由化成功的经验和失败的教训,对金融深化政策作了扩充,认为金融改革应具备五个前提条件:建立完善的金融监管制度;有稳定的价格水平;强化财政纪律;建立竞争型的金融体制;有运转良好的税收体系。然而,这些建议往往被金融自由化的崇拜者置之脑后。

(一)赫尔曼—斯蒂格利茨的金融约束论

20世纪90年代,许多发展中国家的经济学家以及政策制定者在进行金融改革的过程中全面推行金融自由化,但是有一些国家并没有受到20世纪金融危机的影响,因为这些国家在进行自由化金融改革的过程中没有盲目地照搬硬套。他们根据自身的实际情况进行切身的金融改革,其中《金融约束:一个新的分析框架》一书中明确指出:运用信息经济学重新分析了金融体制中的政府放松管理与过度干预造成不同结果的问题,得出了金融约束的理论分析框架,即政府适时适当

---

① Robert. M. Townsend. Financial Structure Economic Activity. The American Economic. Review,1999(3):895-910.

金融体系促进经济增长作用研究

地干预,而不是完全放松对利率和汇率的管制,能有效地促进金融深化和经济发展,并且证明了金融约束也是金融自由化的必经阶段。

赫尔曼等认为,金融约束是指政府部门通过创造租金机会,调动金融企业、居民和生产企业等各个部门的储蓄、投资和生产的积极性,创造出更多的租金效益,并采用一些类似于控制存贷款利率、限制新的金融机构进入市场、管制直接竞争等金融政策,影响租金效益在金融部门和生产部门以及微观主体之间的分配。并且认为发展中国家要实施金融约束,只有在通货膨胀率较低,实际利率为正和稳定的宏观经济环境等条件下才能进行。

(二) 金融内生理论

在理论付诸实践的过程中,很多发展中国家特别是拉丁美洲国家始于20世纪七八十年代的金融自由化尝试并不如麦金农—肖学派认为的那么有效,一些经济学家认识到了麦金农—肖理论及其扩展的局限及其政策主张的过于激进。具体来说,麦金农—肖学派对金融发展和经济增长关系的研究大致停留在经验式的主观判断上,对这种关系的刻画较为粗糙,经不住仔细推敲,其结果是在麦金农—肖理论及其扩展那里,金融发展和经济增长关系过于简单,启发性不强,麦金农—肖学派的政策主张很难有效。

20世纪90年代的金融发展理论有选择地继承了麦金农—肖的有关金融发展和经济增长之间关系的理论,并补充了麦金农—肖金融发展理论中存在的理论缺陷。他们赞同金融发展(包括金融中介体的发展和金融市场的发展两个方面)和经济增长之间的相互作用和良性循环,同时他们又不断规范上述观点使之具体化,进而不断加深理论层次提出更深层次的问题:金融发展的内生根源是什么?金融体系在经济发展中内生形成的内在逻辑是什么?为什么有些国家的金融体系促进了经济增长而有的国家没有?带着这些问题,90年代的金融理论家将金融发展理论与80年代兴起的内生增长理论相结合,构架了包含内生增长和内生金融中介体(或金融市场)的数理模型,对金融中介体(或金融市场)内生形成过程以及金融中介体(或金融市场)和经济增长之间的关系进行了重新描述。这表示新的金融发展理论已经突破了原有的麦金农—肖的理论体系框架。尤其是随着信息经济的不断发展,这些人将模型指标设置得更加贴近现实,比如放松了完全竞争的假设,在模型中引入信息不对称、不确定性以及监督成本等参数,对金融机构和金融市场的形成进行了规范化的解释,虽然从一定程度上将模型复杂化了,但是他们的政策主张更加符合各国(特别是发展中国家)的实际情况,为了简化分析过程,我们将这种金融发展理论统一称为金融内生增长理论。

1. 金融内生理论论证了金融中介体和金融市场的内生形成

该理论认为,资金融通过程中的不确定性和信息不对称等因素产生金融交易成本。随着经济的发展,这种交易成本对经济运行的影响越来越大,为了降低交易成本,经济发展到一定程度就会内生地要求金融体系形成和发展。内生金融中介理论以本西文加(Ben Civenga)、施雷夫特(Schreft)和史密斯(Smith)、杜塔(Dutta)和卡普尔(Kapur)为代表人物,从规模经济、不确定性、信息不对称三个方面分析了金融中介降低了交易成本。而内生金融市场理论方面,布(Boot)和塔科尔(Thakor)(1997)将金融中介和金融市场都看作是参与资金融通的当事人的集合。他们认为,金融中介的优势是它可以有效地监督生产者的行为,从而缓解诸如资产替代之类的道德风险;金融市场则在信息搜寻和汇总方面存在优势。这一优势,使得金融市场得以形成和发展。格林伍德(Greenwood)和史密斯(Smith)(1997)则分析了金融市场是如何随经济发展而内生形成的。

2. 解释了内生出来的金融中介体和金融市场如何与经济增长发生相互作用

20世纪90年代初，金（King）和莱文（Ievine，1993）为代表的一些经济学家放弃了既有金融发展理论以发展中国家为研究对象的传统，转而寻求建立一种包括发展中国家和发达国家在内的一般金融发展理论，为现代金融发展理论的形成和发展奠定了基础。他们在内生增长理论的基础上采用最优化方法重新分析金融在发展中的作用。根据最简单的内生增长模型AK模型，得出金融发展对经济增长的影响，正是通过影响一个国家的储蓄率和资本配置效率而影响其经济增长的。利用80个国家1960~1989年的数据，在系统地控制了影响长期经济增长的其他因素的情况下，金和莱文发现，金融中介的规模和功能的发展不仅促进了经济中的资本形成，而且刺激了全要素生产力的增长和长期经济增长，因而金融发展是因，经济增长是果。一直以来，许多金融学家们一直未能找到计量金融功能的指标，金和莱文等衡量了金融功能在经济增长中的贡献，取得了突破性的进展。这使金融发展理论在沉寂了多年后重返主流学术界，但他们有意无意地坚持了金融发展研究的机构观，从既有的机构出发来研究金融功能，导出其产生、发展和作用于经济的机制，依然具有一定的局限性。

3. 提出发展中国家和转型国家的金融发展新路径：金融约束

赫尔曼（Hellmann）、穆尔多克（Murdock）和斯蒂格利茨（Stiglitz，1997）从有效需求观点和信息不对称角度对传统的金融深化理论提出挑战，认为金融深化论所竭力倡导的金融自由化战略需要很严格的条件，其理论假定前提为瓦尔拉均衡的市场条件，这在现实中难以成立[①]。发展中国家和转型国家通常不具备金融自由化所需的先决条件，必须另辟蹊径，金融约束是一种可行的选择。

---

① Wurgler J. Financial Markets and the Allocation of Capital [J]. Journal of Financial Economics, 2000 (58)：187-214.

创造租金机会是金融约束论的一个核心观点，它指的是超过竞争性市场所产生的收益，而非经济学通常所说的无供给弹性的生产要素的收入。金融约束指的是通过对存款利率、贷款利率加以控制，对进入和对来自资本市场的竞争加以限制等一系列的政策，为金融部门和生产部门制造租金机会，从而为这些部门提供必要的激励，促使它们在追逐租金机会的过程中把私人信息并入到配置决策中，从而缓解那些有碍于完全竞争的与信息有关的问题。

发展中国家必须具备相对稳定的宏观环境、低通胀以及正的实际利率才能实行金融约束理论。该理论为发展中国家提供了政府干预金融市场自由化进程的理论基础，主要存在于发展中国家从金融抑制到金融自由化的过渡阶段。金融约束论的假设条件更加贴近现实，假定金融外部条件相对稳定。但是，他们没有对金融效率和金融脆弱性进行深入研究，这限制了金融约束理论的可行性，发展中国家的金融自由化进程严重地受到了金融危机的屡次影响。

上述内生金融发展模型主要阐述了交易成本、信息不对称、金融发展以及风险管理之间的关系，统称为古典内生金融发展理论。但是，近些年来制度因素逐步受到了经济学家的关注，制度因素在金融发展理论中的地位越来越重要。他们认为交易成本、风险管理水平以及信息不对称等因素在很大程度上受到制度因素的影响，并以此形成了以制度为视角的现代内生金融理论，它主要研究法律制度、文化传统、利益集团等制度因素对金融发展的影响。

（三）金融资源可持续发展理论

20世纪90年代，经济与金融的关系越来越密不可分。金融是经济发展的核心和主导体，而经济发展反过来又对金融的发展构成了直接影响。现代经济发展离不开金融，而金融发展若与经济发展脱节，则更不是当代金融的本质。我国学者在总结亚洲金融危机的经验和审视传统金融发展理论的基础上,结合经济全球化、经济金融化,以及金融自由化的新形势,对金融理论的发展变革进行了深入思考。金融发展理论提出后的近30年,金融危机就接踵不断,且多发生在转型的发展中国家,尤其是1997年的亚洲金融危机,传统的金融发展理论无计可施。自从1992年里约热内卢世界环境与发展大会通过的《21世纪议程》,可持续发展理论已成为世界各国制定经济发展战略的中心议题和理论基础。由中国学者白钦先提出的金融可持续发展理论是面向21世纪新的金融发展观,是可持续发展思想和金融理论的融合与升华,是对传统金融发展理论的扬弃与创新。

白钦先教授是我国现代金融发展变革的最具代表性人物,基于全球经济一体化、经济金融化、金融自由化,提出了以金融资源学说为基础的金融可持续发展理论①。这一理论是为了解决不同国家和不同地区的经济金融现状和未来在较长时间的协调、稳定、健康、有效的持续发展问题,而对不同国家和不同地区的金融资源的开发利用,供给需求,消耗与消费的初始条件,成本与收益,风险与影响的一般规律进行的研究而提出的创新型金融理论。该金融理论揭示了金融资本的本质属性,从全新的视角提出了金融的功能,是现代金融理论的重大突破,也奠定了21世纪新金融理论的基础。

白钦先教授的金融可持续发展理论的理论基础是将金融看作是一种稀缺资源的金融资源学说,它认为金融这种稀缺资源具有双重属性:一般属性和特殊属性。金融的一般属性主要体现在对于国家而言金融是一种战略性的稀缺资源,这种属性促使国家将金融作为国民经济发展的重要组成,并努力为经济发展构建良性的金融生态环境。金融资源的特殊属性是指其可以在自身配置基础上完成对其他包括社会和自然资源在内的一切资源的配置,正是这一特殊属性才使得金融的发展

---

① 白钦先. 论金融可持续发展 [N]. 金融时报(理论版), 1998 – 06 – 07.

程度决定了社会经济的发展状况。

基于这种学说，白钦先提出了金融可持续发展理论，他将金融资源的内容分为三个层次：第一个层次是广义的货币资本，即金融资源的最基础、最核心的资源；第二个层次是金融组织和金融工具体系，位于金融资源的中间层次；货币资本的流通和金融体系各个部门的相互作用产生了第三个层次的金融资源，即高层的功能性金融资源。由此可知，金融资源的有效利用是金融体系持续发展的重要保证。金融可持续发展理论以全新的视角来看待金融资源，认为金融资源的持续应当是从整体、不断变化的视角来分析。从客观的角度来看，我国学者白钦先在金融功能演进与金融发展、金融结构演进与金融发展等内容方面的研究较之西方学者更加深入，内容更加丰富；对金融功能与融资机构的研究要早于西方学者。他提出的金融可持续发展理论相比较传统的金融理论具有更加丰富的科学内涵，对金融理论的发展产生了更加深刻、更加直观的影响，以金融资源学说为基础不断扩展金融发展理论的内涵[①]。此外，一些学者指出金融运行的协调发展是高效率金融经济发展、可持续的金融发展重要前提，这也对金融可持续发展理论进行了补充。

金融可持续发展理论以金融资源论为基础，是对传统金融理论的范式转换、理论创新和方法变革。具体体现在以下几个方面：

（1）实现或正在实现的范式转换。强调金融发展的前提是货币非中性基础上的金融非中性，并把"可持续发展"观念引入金融发展研究，确立了金融发展研究的最终目标。金融可持续发展理论注重理论实证与经验实证的有机结合，是一种全新的金融效率观。

（2）金融资源论。金融可持续发展理论的理论创新。金融资源论是一种假说，是针对当代经济金融现实及其发展趋势提出的。实践证

---

① 白钦先. 论以金融资源学说为基础的金融可持续发展理论与战略理论研究的逻辑 [J]. 华南金融研究，2003（3）.

明，量性增长并不能自动带来金融效率和功能的提高，金融自由化也存在与经济发展相协调的问题，两者的根本缺陷在于无法保证金融的可持续发展。金融资源理论认为，金融发展的关键在于金融质的提高，合理地开发、利用和配置金融资源，同时注重作为资源配置手段和机制的金融整体效率和功能的改善。

（3）从货币分析到金融分析。方法变革金融分析研究金融的内生性问题，其基础问题是金融可持续发展问题。总之，金融资源论是金融可持续发展理论的核心和基础，金融可持续发展体系以金融资源原理为准则，以金融协调理论为核心，以金融开发配置理论为基础。

在经济金融化、经济全球化的大背景下，金融可持续发展理论对金融效率的强调具有特殊的经济金融和社会政治意义。金融发展与经济发展的适应程度，资产金融化是否以牺牲现在和未来实际生产和服务是衡量金融效率的标准。金融可持续发展理论强调了两方面的重要性：第一，资源配置效率的时间连续性和持续性，即某国在某时间点上资源配置效率。第二，全球所有国家在相对较长的历史时期内，金融与经济能否在相互影响、相互作用下，实现可持续发展。也就是在空间上实现相互均衡、相互协调的资源有效配置。

三、金融创新的内涵以及动因

（一）金融创新的内涵分析

"创新"这一概念是 20 世纪初美籍奥地利经济学家约瑟夫·熊彼特（Joseph Schumpeter）首次提出的。熊彼特使用"创新"一词是用来定义将新产品、新工艺、新方法或新制度引用到经济中去的第一次尝试。熊彼特在《经济发展理论》（*Theory of Economic Development*）（1912）一书中对"创新"所下的定义给金融创新定义打下了基础。熊彼特是西方第一个从理论上研究创新的经济学家，他研究的对象是经济发展中微观的生产关系与生产力的创新，包括五种情形：①新产品出现；②新生产方法或技术的采用；③新市场的开拓；④新原材料供应来源的发现；⑤新企业管理方法或组织形式的推行①。20世纪70年代以来，金融领域发生了革命性的变化，人们将金融领域的这些变化称为金融创新。但是，金融创新真正成为金融领域一种引人注目的现象并成为研究的对象，则是20世纪80年代的事。虽然金融创新是一个普遍接受并广泛使用的概念，但直到目前为止"金融创新"的含义在学术界依然没有形成统一的认识。

大卫·里维林（David Lliewellyn）对金融创新定义如下：金融创新指的是各种金融工具的运用，新的金融市场及提供金融服务方式的发展。这个定义包括了金融创新的几个方面内容，即工具的创新、市场的创新及服务的创新。阿诺德·希尔金（Arnold Heertje）将创新定义为所有种类的新的发展，金融创新指的是改变了金融结构的金融工具引入和运用。很显然，这里所说的创新主要指的是金融工具的创新。厉以宁在谈金融创新的时候结合中国的实际情况，指出金融领域目前在很多地方存在着潜在利润，但是目前的金融体制和金融手段还无法获取这个潜在利润，所以金融领域必须进行金融改革，改革的范围主要体现在金融体制和金融手段，这就是中国目前的金融创新。他认为，金融创新应当包含体制和手段的创新，并且是金融创新的重要表现形式。

陈岱孙、厉以宁主编的《国际金融学说史》一书结合熊彼特的"创造性毁灭"将金融创新定义为：金融领域内各种要素的重新组合

---

① 谈儒勇. 我国金融发展与经济增长关系的实证研究 [J]. 经济研究, 1999 (10).

从而产生的新的生产函数，以追求经济利润为驱动力的市场改革。它包含了金融市场上出现的所有新的金融工具、新的融资方式、新的金融市场、新的支付清算手段以及新的金融组织形式和管理方法等内容。并且指出，整个金融理论发展的过程就是不断进行创新的过程。金融业的每一次金融创新都预示着一次大的金融发展，比如信用货币的出现、商业银行的诞生、支票制度的推广等。

基于上述分析，我们至少可以得出一个结论，所谓金融创新不单单指的是新的金融工具的发明或使用，我们应当从生产力和生产关系的角度来看待金融创新。熊彼特的经济创新为我们定义金融创新提供了可借鉴的理论依据。

金融创新就是为了追求利润最大化对各种金融要素进行的重新组合的改革手段。20世纪70年代发达国家逐步放宽了金融管制，主要措施有：放宽设立银行条件、取消或放松利率管制、取消或放松对银行资产负债管理、允许银行和非银行金融机构实行业务交叉等，通过这些改革措施引发了金融业务上的创新。这种金融创新扩展了金融市场的广度、加深了金融市场的深度，同时还产生了高收益的流动资产。此外，金融监管的放松加剧了金融中介机构之间的竞争程度，其负债对于利率的敏感性大大提升，并由此催生了负债管理理论。但是，利率风险并没有因为金融监管的放松而降低，因为由于市场变幻莫测，利率的变化必然会对银行的经营产生重大的影响，而且银行的资产负债额越大，其错配的概率越大，风险自然也就越大。针对这种状况，金融机构的对策是：①采取新的金融工具回避可能产生的风险；②变化或调换利率以对付变化无常的利率带来的资产损失；③缩短资产管理的期限，减少风险概率。由此，出现了期权、期货、利率掉期、互换等一系列的新的金融工具和手段。这些就是普遍理解的金融创新的含义了。

笔者认为，金融创新是指金融业各种要素的重新组合，具体是指金融机构和金融管理当局出于对微观利益和宏观效益的考虑,而对机构设置、业务品种、金融工具及制度安排所进行的金融业创造性变革和开发活动,整个金融业的发展史就是一部金融创新的历史。金融创新应包括两个层面的含义:一是主导型金融创新即金融机构在既定时期内,为了实现利润的最大化,主动优化和整合各种金融要素,建立新的生产函数。它包括金融机构所创造的新的金融工具、新的融资方式、新的支付清算手段以及新的金融组织形式与管理方法等内容。二是引致型金融创新即因微观金融机构的金融创新而诱发的金融监管制度的改革、金融市场新的变化。因此,金融创新包括主导型金融创新和引致型金融创新。主导型金融创新是微观金融机构自发的、主动进行的金融变革,而引致型金融创新是因微观金融机构所进行的金融创新而诱发的金融市场、金融监管当局被动的适应性金融变革。因此,金融创新的主体是包括银行在内的金融机构和非金融机构。

(二) 金融创新的动因分析

在金融创新的动因问题上,学者们仁者见仁,智者见智。有的学者从宏观角度出发,有的则从微观角度入手;有的强调外部环境的变化,有的则注重金融企业内部的需求与限制。本节将对金融创新的主流动因理论进行探讨,以便为下文研究奠定理论基础。

1. 收入效应论

美国经济学家格林鲍姆(Green Baum)和海伍德(Haywood)从金融创新的需求面入手,通过收入效应对创新的发生进行了解释。他们认为,金融资产的需求取决于收入或财富水平,以及利率、风险和流动性等标准变量。随着经济的增长和人均收入的增加,不仅对现有金融资产的需求增多,对新金融资产的需求也会上升。

他们首先假设,在非人力财富相对较低的情况下资产组合管理人(投资者本人或金融中介)只能在两种资产之间进行选择。此时若引入第三种资产,组合管理人面临的风险—收益机会线会向左移动,但由于当前的非人力财富水平较低,因此机会线左移带来的收入增长也相对较少。组合管理人是否选择买进新引入的第三种资产要取决于收入的增长能否抵消管理更复杂的资产组合所带来的成本。随着非人力财富相较人力财富的不断增加,引入更多资产导致机会曲线左移后收入的增长幅度也不断上升,越来越多地抵消了多样化带来的成本,买进更多资产及多样化操作也越来越具有吸引力。

在金融资产的供给方面,技术进步尤其是信息技术的进步是主要的影响因素。格林鲍姆与海伍德认为,从历史角度来看,信息系统的发展可能是刺激金融创新供给的唯一动因。① 一些金融资产此前需求量过小、推出成本过高。而随着技术水平的提高与经济的增长,这些金融资产的需求增大,其相关成本也下降,促进了新金融资产的出现。

2. 约束与规避理论

(1) 监管与税收的规避。诺贝尔经济学奖获得者默顿·米勒(Miller and Merton) 曾断言:"过去的20年中,成功金融创新的主要动力来自于监管和税收。"他在研究税收对金融创新的刺激作用时指出,规避税收的行为是有成本的,若税收制度长时时间不发生变化,总有一天避税行为的边际收益将与其边际成本相抵消,从而形成一种均衡。② 但实际情况是,出于各种目的,一国政府总倾向于调整本国税收结构,于是规避税收的金融创新总是能给其使用者带来节税等回报。这样一来,政府实际上是在补贴这种创新。金融监管对金融创新的作用也可以用同样的逻辑来分析。事实上,税收与监管刺激金融创新的例子并不罕见,费纳蒂(Finnerty) 在一篇论文中列举的 1960~1980

---

① Green Baum, S. I. &C. F. Haywood. Secular Change in the Financial Services Industry [J]. Journal of Money, Credit and Banking, 1971, 3 (2): 571-589.

② Miller, Merton. Financial Innovation: The Last Twenty Years and the Next [J]. The Journal of Financial and Quantitative Anasis, 1986, 21 (4): 460.

年的 100 多种金融创新中，就有 43 种与监管或税收有关。①

凯恩（Kane）对金融监管与金融创新的关系做出了系统性的分析，提出了"监管辩证"（Regulatory Dialectic）理论。根据这一理论，政府对金融市场实施监管是一个政治过程，监管对象规避监管则是一个经济过程，二者是一对对立的力量，彼此斗争与适应，而"金融变化是相对立的经济与政治力量持续斗争的结果"。一方面，监管机构实施的监管政策被视作一种隐性税收，受到严格监管的企业会采取创新措施，以期逃避政策的约束，摆脱监管带来的负担。甚至未受监管的企业也会密切关注受监管企业的创新动向，并采用这些创新以捕获利润机会。另一方面，规避与逃避监管的行为会提高监管活动的成本，阻碍监管目标的达成，迫使监管机构寻求新的监管措施。而新监管措施又会引致新一轮创新与规避。这种监管—规避监管—再监管的拉锯战周而复始，使得静态均衡难以实现。

凯恩还指出，通货膨胀与技术进步是创新的重要推动力。一方面，名义利率上升提高了因监管而引发的机会成本。另一方面，外生的技术进步降低了规避监管的成本。因此，规避监管的边际利益增大，而其成本却不断下降，给受监管的企业带来了套利机会，使它们可以在缓解自身隐性税负的同时保持原有营收，从而增加其实际收入。而随着金融创新的扩散，一些在创新上后进的企业也必须寻求机遇来规避监管，以避免自身市场份额被成功的创新企业蚕食。

（2）约束诱导理论。与默顿·米勒及凯恩的观点类似，西尔伯（Silber）也认为监管是金融创新的主要动因。但在他看来，监管只是众多创新触发因素中的一个，并不足以解释所有的金融创新。因此，他提出了一个涵盖面更广的假设：金融工具及实务的创新是为了摆脱或缓解企业承受的各种约束。这种约束既来自外部，也来自内部。其

---

① Finnerty, John D.. Financial Engineering in Corporate Finance: An Overview [J]. Financial Management, 1988, 17 (17): 14-33.

中,外部约束不仅包括政府监管所形成的制约,还包括市场施加的一些限制。

企业都追求效用的最大化,它们面临的一些限制显而易见。比如,就内部约束而言,在寻求最大化效用的过程中,企业自身资产负债规模无疑是一种束缚。又如,就监管约束而言,监管机构对商业银行的资本充足率要求肯定对其最大化目标的实现形成掣肘。虽然金融企业受到的某些制约不言自明,但理解另外一些限制则需要分析这些企业面临的两个变量。一方面,企业可以自主采取一些所谓的政策工具(Policy Tool)来达到最大化目标;另一方面,企业也必须接受一些市场施加的影响其最大化行为的约束参数(Parameter)。比如,如果金融企业的资产与负债业务都处在完全竞争环境下,那么金融企业是价格的接受者,接受市场决定的利率。此时,企业资产与负债相关的利率就是市场施加的约束参数,而企业可以调整资产工具与债务工具的买卖量作为其自主采取的政策工具。如果金融企业资产与负债业务均处在不完全竞争环境下,那么市场供求便成为了约束参数,而企业可以调整其存贷款利率作为自主采取的政策工具。

西伯尔认为,企业一般会在现有的约束下追求目标函数的最大化。也就是说,企业会在目前的约束参数下出售证券、接受存款并利用此前获得的收益进行投资。[①] 但企业在既有约束下的最大化行为一旦遭遇重大外生变化,刺激企业寻找新的政策工具,那么新的金融工具和金融实践就会被创造出来。而能够促使企业寻求新政策工具的情况有两种:①约束条件的外生变化造成企业效用下降,企业进行创新以恢复原有效用水平;②维持原有约束条件的成本上升,企业通过创新对此做出反应。[②] 如果这种约束是企业自己施加的,那么它就会中止或取消

---

① Silber, William L.. The Process of Financial Innovation [J]. The American Economic Review, 1983, 73(2): 89.

② Silber, William L.. Towards a Theory of Financial Innovation [J]. In William L. Silber ed., Financial Lnnovation, Lexington, MA: Lexington Books, 1975: 66.

原有的约束条件。但如果约束是由市场或监管机构施加的,那么企业就会寻求创新,寻找新的机会以求规避。

在搭建基本理论框架后,西尔伯又对刺激创新的具体因素进行了探讨。对于监管引起的创新,他认为有两种情况:一种是政府实施新监管措施;另一种是企业遵守原有监管规定的成本上升,比如其他金融工具的利息上涨后,商业银行遵循条例的成本提高。此外,他还借鉴行为经济学家的做法,将金融创新分为顺境创新和逆境创新两种。其中,逆境创新是西尔伯研究的重点,指的是金融企业在效用下降的情况下进行的创新。企业某类资产需求的下降、企业资金来源增长速度的总体放缓、企业风险的重大变化等都能刺激此类创新。

西尔伯还认为,金融企业进行创新主要有三种途径:将资产负债表外的项目内化;将其他行业或国家的既有金融工具引入到企业资产组合中;或是上述两种方法的组合,具体做法是对既有金融工具进行改进或调整。

(3) 习惯性规则的规避。美国经济学家希拉 (Sylla) 对美国殖民地时期到 20 世纪 80 年代的货币创新进行了研究,指出货币创新的起因是既有的习惯性规则约束了经济的发展,促使人们寻求新方法摆脱这些规则所带来的限制,而货币创新又会招致新的社会规则,以防止货币的过度创造。① 历史上的这种货币创新是经济发展的实际需求所致。

上述逻辑通过一个例子得到了清楚的展现。在历史上很长一段时间,货币主要由金银等贵金属组成。假设经济按原有的路径发展,也就是说,人口和劳动力仍旧高速增长、人均产品及服务产出也快速提高、市场交易的产品与服务占总产量的比重不断提高等诸如此类历史上实际发生的经济变化依然如故,那么社会对货币的需求必然会增加。

---

① Sylla, Richard. Monetary Innovation in America [J]. Journal of Economic History, 1982, 42 (1): 21-30.

而此时若假设贵金属仍是唯一被社会承认的货币形式，由于贵金属供给的增加幅度有限，通货紧缩必然出现，从而影响经济的稳定性，限制经济的增长与发展。在这种情况下，追求效用最大化的个人或机构就会探求新的货币形式，绕过以贵金属为唯一货币的习惯性规则。而货币创新又会引起新的社会规则，以防物极必反，导致货币供应过度及通货膨胀的局面。因此，旨在规避既有货币体系对实体经济增长约束的货币创新及随之而来的新规则就会相互作用，交替出现。

至于20世纪七八十年代出现的货币创新，希拉认为并非经济发展的需求引致，而是因金融监管而起。大萧条后美国实施的分业经营、利率限制等监管规定可以被视作习惯性规则，削弱了银行体系进行创新和在货币资本市场上开展竞争的能力。而非银行金融机构则通过推出存单、货币市场基金等准货币获得竞争优势。面对上述状况，银行当然也不甘坐以待毙，于是争相进行类似的货币创新以收复失地。但这种新型的货币创新是一种资源的浪费，因为监管本身就耗费了大量资源，而规避监管的努力又进一步消耗了宝贵的资源。历史上经济发展需求引致的货币创新则不同，它们既丰富了资源，又提高了资源的利用效率。

3. 制度变迁理论

戴维斯（Davis）与诺斯（North）发展了一套制度变迁理论。[①] 他们以传统经济学中经济主体均是最大利润追求者的假设为基础。假设主体最初处于帕累托最优状态，一旦有影响经济主体在市场中无法获取某些利润的制度因素，经济主体将对制度进行重组和创新，即通过制度改革实现外部利润（External Profit）的获取。制度创新可以通过三种方式来实现：一是单个经济主体完成；二是经济主体之间共同完成；三是通过政府干预来实现。

---

① Davis, Lance E. & Douglass C. North, Institutional Chang and American Economic Growth, Cambridge Cambridge University Press, 1971.

制度创新可以分为两大类：第一类通常可以促进社会总体收入水平，是一种帕累托改进。这类创新的主要动因是经济主体寻求获取规模经济、外部性、风险、信息成本过高导致的市场失灵等所蕴含的外部利润。第二类则会引起社会收入的重新分配，或者说财富从一组经济主体向另一组经济主体的转移，往往由制度环境变化（如宪法中私人财产定性的变化）所引发的外部利润的变动引起。由于财富减少的经济主体必然不会自愿接受此类变革，这类创新通常要求政府强制力的介入。

总的来说，制度创新的原因主要有以下三点：①外部变化推动收益的增加，外部因素的出现会带来尚未出现过的外部性，引起交易成本的变化；或者新技术的使用也会带来潜在收益的增长，制度创新的出现目的在于最大程度地捕获潜在利润。②非经济领域的制度变化、新制度或现有制度中要素价格的变动引起组织运行新制度的成本的变化。③受政治和法律变动影响的经济环境，经济主体会利用外部利润机会实现利润的重新分配。

企业家都是最大利润的追求者，当发生上述的外生变化后，他们将积极寻求利用制度创新所带来的获利机会。戴维斯与诺斯借用企业家的投资决策模型，对经济主体面对外部利润机会时是否进行制度创新或进行哪种制度创新的决策逻辑进行了公式化的描述：

$$V = -C_0 + [R_1 - (C_{r_1})]/(1+r) + [R_2 - (C_{r_2} + C_s)]/(1+r)^2 + \cdots + R_n - C_{r_n} + C_s + r^n$$

其中，V 指制度创新的贴现值，C_0 指推出新制度安排的成本，R_n 指经济主体预计的新制度安排在第 n 年为他们带来的回报，C_{r_n} 指经济主体在第 n 年预计要承担的新制度的运行成本，C_s 指因某经济团体中的成员囿于不利决定而产生的成本。

戴维斯与诺斯以美国 1820~1950 年的金融市场的变化为研究对象，他们认为从美国金融史入手对制度创新进行解读是很合理的。金融创新作为制度创新的一种，两者遵循同样的逻辑，可通过制度创新理论进行更好的分析。

4. 金融不稳定假说

海曼·明斯基试图（Hyman Minsky）对"大萧条"（The Great Depression）进行解释时提出了"金融不稳定假说"（Financial Instability Hypothesis）。他认为，金融创新是金融行业脆弱性和不稳定性周期发作与缓解过程中的一个阶段，往往在不稳定周期中金融行业上行区间与下行区间之间的某一时间段出现，加速了金融脆弱性与不稳定性的恶化。①

明斯基从经济增长可维持充分就业的角度出发，假设在初始条件下机构贷款人和企业贷款人对风险呈现厌恶态度，机构和企业均保持较低的负债，即企业负债股权很低；伴随经济的发展，市场对风险的态度逐渐改变，对风险的厌恶情绪降低，随着风险溢价的降低，企业负债股权不断增长。融资成本的降低和融资的便利性使得越来越多的企业参加投机性或生产性投资。经济繁荣、信贷充裕给市场带来光明的发展前景，资产不断增加，高负债股权、高投资在当前市场中是合理的。负债股权的不断攀升会降低市场的流动性。融资需求的增加也会带来更高的利息支出，即便如此，对市场的乐观情绪仍会持续一段时间。

对市场乐观情绪的持续，一些企业开始对企业资产和股权凭证进行投机，举债进行并购活动，增加资产规模，此类投资被称为"庞氏投资"。庞氏投资不是一个可持续的投资活动，举债并购的债务到后期越发难以偿还，最终仍将变卖并购的资产来偿还债务，并且资产的减少会降低企业资产价值。此时，为提高资产价值并增加基础融资的金

---

① Minsky, Hyman P.. Financial Innovations and Financial Instability Reserve Bank of St. Louis, Financial Innovation: Their Impact on Observations and Theory [J]. In Federal Netary Policy and Financial Markets, 21 – 41.

融创新的出现创造了条件。金融创新的出现会维持市场繁荣的景象,推动企业投资,但投资带来的利润仍不能偿还巨额债务,依旧需要变卖资产来偿债。市场内资产的大量增加会导致供给过剩,经济债务的缩减和价格膨胀又会带来投资的衰退。

5. 功能与创新螺旋理论

对金融创新的传统研究多从金融机构出发,金融创新是为金融机构获取利润、保持竞争力、维持经营的重要方式,金融创新的出现是对技术创新、税收及监管制度的变化的反应。罗伯特·默顿等从金融机构的视角出发,主张以"功能观点"(Functional Perspective)看待金融发展。

默顿认为,从古至今所有的经济金融体系的基本功能都相似,但由于政治规模、文化及历史背景的差异、经济规模、可利用技术的发展程度的不同,不同经济体中应用金融体系的机构的运行机制大有不同,同一经济体中的金融机构也会随着时间的推移而不断变化演进。因此,以功能作为研究的起点是合理并可靠的,以金融功能作为切入点对金融体系的发展与金融创新进行研究能更清楚地认识金融创新的历史轨迹、辨识其未来发展趋势,对金融监管等政策的制定具有重要的指导意义。

"功能观点"存在两个基本前提:①功能比机构更稳定,即与金融机构相比,金融功能不易随时间地点的变化而改变;②机构服从功能,由于金融机构之间的竞争以及创新,机构框架将不断进化,最终促进金融体系更有效地运转。①

默顿认为,金融体系首先满足的是两个根本性功能,即在不确定环境下促进经济资源在时间与空间上的分配与部署。依据这两种最具概括性的首要功能,又可以分化出金融体系的六种基本功能:

---

① Merton, Robert C. & Zvi Bodie. A Conceptual Framework for Analyzing the Financial Environment [J]. In Dwight B. Crane et al., The Global Financial System: A Functional Perspective.

（1）支付的清算与结算：金融体系需提供支付清算与结算途径，为产品、服务与资产的交换提供便利。

（2）资源的池化（Resource Pooling）与股权分割：金融体系需提供筹集资金与企业股权分割的机制，前者满足大规模不可分割的企业资金需求，后者满足对投资组合的分散化与多样化需求。

（3）资源在时间与空间上的转移：金融体系需提供某种途径，满足资源在不同时间、不同地点及不同行业间的转移。

（4）风险管理：金融体系需提供管理不确定性与控制风险的方法。

（5）信息提供：经济各领域中的决策较为分散，金融体系需提供价格信息予以协调。

（6）处理激励问题（Incentive Problem）：当金融交易一方拥有另一方所不具有的信息，或者一方作为另一方代理人时，往往会引起逆向选择、道德风险和信息不对称等问题，金融体系需要提供解决办法。

默顿认为，金融体系的演化是通过金融创新螺旋上升的过程，也即所谓的"创新螺旋"（Innovation Spiral）过程。金融体系的各项功能随着金融创新的出现不断完善，运行效率不断提高。在这一过程中，金融市场和金融中介在动态来看互补，从静态上讲又相互竞争。金融市场能满足大量投资者的基本需求，在标准金融工具的交易上比金融工具更具效率；而金融中介适合提供定制化的金融产品，满足客户的特殊需求。随着定制化金融工具的标准化，金融中介的交易逐渐向金融市场转移，交易规模和交易量不断扩大。市场规模的扩大使得新产品引入的边际成本下降，激励金融中介进行金融创新，推出更多新产品和新服务。这种螺旋过程持续不断周而复始，向动态完整市场和零边际成本不断迈进，就形成了所谓的"创新螺旋"。

四、金融创新演化博弈分析的有限理性基础

在思维活动中，理性与非理性本身是不可分的，只是由于侧重点不同在认识逻辑上才区分开来。哲学上把理性看成是社会主体的一种特有的能力，是一种有明确目的的符合逻辑的能有效通过各种手段恰如其分地实现目的的能力。在社会学传统中，理性是指思想和行为自觉地符合逻辑规则和经验知识，在这种思想和行动中，各种目的都是前后一贯和彼此一致的，并且运用最合适的手段来达到目的（邓肯·米切尔，1987）。而经济学则认为人的行为是有一定目的性的，是为了追求效用最大化或其他原则的，在追求的过程中，人们具有选择和调节自我行为的能力。经济学中的理性更注重的是对于稀缺资源的选择或者说是决策。

传统经济学在分析经济问题时，都是在经济人的理性假设前提下展开进一步的研究。然而，理性经济人很难解释纷杂多变的现实世界，尤其是随着演化博弈理论在经济学中的大规模应用，基本的完全理性前提也逐渐被有限理性基础所取代。本书根据理性假设存在的不足，尝试将理性和有限理性进行梳理并给出了有限理性的基本特点，然后进一步阐述博弈论的发展历史，在此基础上探讨演化博弈和有限理性的关系。同时，以金融创新的演化博弈为例，强调了有限理性基础和主动变异选择的重要性，最后进行简要的评析。

（一）"经济理性"概述

1. 经济理性的含义

新古典经济学重点研究的是个体在资源配置中的作用，即经济行

为人如何配置稀缺资源。经济行为人的决策行为是通过复杂的思维活动做出的,新古典经济学为了更好地解释资源配置问题,引用"理性"概念对人类复杂的思维活动进行抽象假定。也就是说,经济理性是假定一种行为方式,即经济行为人对其所处的环境的各种状态及不同状态对自己的支付的意义都具有完全信息,并且在既定条件下每个行为人都具有选择使自己获得最大效用或利润的意愿和能力。在新古典经济学看来,理性决策包含的追求利益最大化和内在一致性涵盖在"理性经济人"的概念中。"理性经纪人"具有将个人、企业和政府归入同一分析框架的抽象性,强调的是"理性公理"规则。它要求决策者对经济行为的所有方面进行完全有意识的理性计算,以便给出自己完整偏好序列和未来结果的主观概率分布(杨春学,1998)。具体而言,经济理性包括三方面的基本含义[①]:

第一,一致性假设。一致性假设的含义是指每一个人的自利行为与群体内其他人的自利行为之间是可以保持一致的。这一假设为存在于群体中的每一个人的自利行为提供了合理的存在空间,回避了"自利"与"损人"可能的冲突。

第二,自利性假设。从斯密的研究开始,自利性就与社会性并列为人的双重本性。根据贝克和阿尔钦的观点,人的社会性归根结底是自利性基础上的所谓"启蒙了的利己主义",而人的自利性是生存竞争和社会进化的结果。换言之,经济学家观察到的竞争的幸存者似乎都是按照"自利原则"行事的人,而不按"自利原则"行事的人则在竞争和进化中消亡。

第三,极大化原则。极大化原则起源于马歇尔《经济学原理》的研究,也是奥地利学派发起的"边际革命"的结果。个体对最大幸福的追求,或者等价追求最小化痛苦,导致形成逻辑上的"极大化原

---

① 叶航. 利他行为的经济学解释 [J]. 经济学家, 2005 (3).

则"。这一原则要求经济理性将幸福扩大到"边际"平衡的程度,即个体为使幸福增进一个边际量所必须付出的努力,等于这一努力所带来的痛苦。

可以说,经济理性含义中的"一致性假设"和"自立性假设"实际上是极大化原则的铺垫,前者为极大化的存在假定了合理的空间;而后者为极大化的动机提供了完美的解释,为极大化的客体划定了明确的范围。在这个意义上,有些学者将经济理性比作极大化原则也是有道理的。经济学中默认的经济理性认为经济行为人具有完全认知能力,可以完全认识自然和社会,基于此实现自身效用的极大化。极大化的实现包括两个隐含假设:其一,特定决策主体具有在所有选择中择优的认识能力;其二,对特定决策的所有可能性具有完全认知能力。

2. 对经济理性的质疑

随着经济学研究的深入发展,上述经济理性的三个基本含义都受到了不同程度的质疑。

(1) 对一致性假设的否定。一致性假设为必然存在于特定群体中的个人的自利行为提供了合理的存在空间,回避了"自利"与"损人"可能的冲突。但是,"囚徒困境"博弈模型说明,个人理性决策的交互作用可能导致群体无理性的后果。"囚徒困境"博弈的行为人在全面考虑各种行为可能性后,通过精确的计算比较,做出了完全符合个人理性的行为选择。但事实上,博弈行为人符合个人理性的决策造成了行为人群体福利的最大损失,而作为群体的成员,博弈行为人既没有完全保障个人利益,其个体理性行为的存在还直接影响了群体内其他成员的利益获取。可以说,"囚徒困境"博弈模型所表现的个体理性与群体理性的冲突实际上是对一致性假设的否定,指出经济现实中个体自利行为在群体环境中所受的客观限制。

(2) 对自利性假设的证伪。自利性假设认为与利益密切相关的社会竞争的幸存者均遵循自利原则。但是,现实中存在无法用互惠理论和亲缘理论解释的纯利他行为反证了自利性假设的缺陷,其中最具代表性的是强互惠(Strong Reciprocity)的行为,被桑塔菲学派经济学家称为强互惠的行为被发现于经典公共品博弈的实验中。其主要特征是:在团体中与别人合作,并不惜花费个人成本去惩罚那些破坏合作规范的人,哪怕这些破坏不是针对自己,甚至在预期成本得不到补偿的情况下也这样做。"强互惠"能抑制团体中逃避责任、搭便车和背叛行为,从整体上提高团体的福利水平。但是,实施该行为个人需承担较高的成本,并且不能从团体中获得超额补偿。"强互惠"作为一种纯粹的利他活动,与经济学中研究的自利性假设南辕北辙。

(3)对极大化原则的怀疑。极大化原则以自利性假设和一致性假设的成立为前提。如果自利性假设不成立,那么极大化的动机就无法得到完美的解释,极大化的客体也失去明确的范围;如果一致性假设不成立,那么极大化的存在也就没有了合理的空间。因此,自利性假设和一致性假设受到的质疑动摇了极大化原则存在的基础。此外,极大化原则包含的对决策条件和决策主体绝对化的理想假设与可直观感知的经济现实相去甚远,而这一差距必然会影响极大化原则的有效性。

(二)"有限理性"概述

1. 有限理性的内涵

传统经济学一般以经济领域为分析对象研究人的选择行为,当能用逻辑和数学的形式论证经济行为人演绎的公理化体系和选择行为时,"偏好一致性"和"全知全能"是"完全理性"必备的两个因素,"效用最大化"实现了人决策行为的利己本能,所以逻辑推理的结果必然是理性的。然而,人并不总是具有完全理性的生物,人还有情绪化或者本能冲动,这种本能冲动对决策有着重要影响。实际上,人的决策处于完全理性和完全非理性之间,换句话说处于一种有限理性状态。正因为如此,现代经济学越来越倾向于在有限理性的基础上研究人类的决策行为[①]。

有限理性的研究先驱是赫伯特·西蒙（1957），他对于完全理性的"有序偏好"和"效用最大化"提出了质疑。他认为，信息和环境的复杂性决定了人的认知水平只能处于有限理性状态，人的计算和分析能力受有限理性的制约，无法充分利用所掌握的大量信息来计算并得到最优决策；人的现实决策的结果只能得到满意解而无法得到最优解。西蒙的有限理性观点主要有：

（1）有限理性的心理机制。西蒙的有限理性理论首先探讨了有限理性的心理机制，他认为人类理性在一定的限度之内起作用，但理性的适用范围是有限的。实际上，这是对经济理性极大化原则隐含假设之一的"特定决策主体具备在所有可能性中比较择优的完全认知能力"提出了质疑。如西蒙所言，一切管理决策都有一个内在约束，即"可用资源的稀缺性"，这种约束"可能就是（生物学定义的）生物自身的生理、心理限度"。在真实的决策环境里，有限的计算能力和对环境的认知能力必然意味着人类理性是有限的，而有限理性的心理机制正是人类有限的信息加工和处理能力。

（2）实质理性和过程理性。西蒙通过解释"实质理性"和"过程理性"两个概念以及二者之间的区别对有限理性做出进一步说明。所谓实质理性是"为在给定条件和约束所施加的限制内适于达成给定目标"。所谓过程理性是"行为是适当的深思熟虑的结果"。现实中的"过程理性"却在理论表达时被大多数经济学家默认为更偏向于结果的"实质理性"。有限理性是对理想的"实质理性"的否定，是对现实的"过程理性"的回归。实际上，理性的载体应当是"思维的程序"，而非"思维的结果"。也就是说，个体并不拥有超出其认知能力之外的复杂计算能力，而只拥有进行合理行动步骤的资源，只能追求

[①] 路璐，冯素芬. 有限理性条件下演化博弈行为分析［J］. 数学的实践与认识，2017（1）：221 - 228.

决策过程在逻辑上的无矛盾，而无法完全实现某种工具价值的最终"极大化"。

（3）满意化原则。西蒙通过有限理性的理论分析，完成了对经济理性含义中极大化原则的修正。具备经济理性的经济行为人必须具备一系列"理性"特征，具体而言：他们具备所处环境的完备知识至少也相当丰富和透彻；他们具备有序稳定的偏好体系；他们具备能计算出备选方案中哪个可以达到最优的计算能力。但是，现实中经济行为人由于心理资源的稀缺，无法满足完全信息、稳定偏好和全面精确比较择优的理性要求，只能选择满意原则以替代极大化原则。

随后，贝克尔（1996）、Kahneman（1974）和鲁宾斯坦（2005）等分别从不同的角度诠释了对于有限理性的看法，虽然他们采用的说法不尽相同，但都强调了人的认知理性是有限的[①]。根据有限理性与完全理性的不同，本书将有限理性的特点归结为以下五点：

（1）有限理性的决策者并非具有"一致性偏好"，而是要受到性格、知识、文化结构、背景以及环境和情境的影响。在这些情况影响下的人们的行为方式，常常会产生相似性（Representativeness）偏差、可利用性（Availability）偏差、锚定（Anchoring）效应、从众心理、依附性（Dependence）偏差等（何大安，2006）。

（2）有限理性的决策者并非追求"效用最大化"，而是将行为主义意义上的功利原则重新引入经济理论分析，使经济学重现了"自然人快乐"的基本假设。这一假设并非简单地指人们对快乐和痛苦的经验感受，而是蕴含着人从功利原则出发对随机性事件之决策取舍的宽泛含义。

（3）经济分析中的人并非同质的，个体与个体之间存在显著的差别。在一个经济社会中，不可能所有的经济行为主体都是同质的，一

---

① Stingily, Joseph E., Andrew Weiss. Credit Rationing in Markets with Imperfect Information [J]. American Economic Review, 1981, 71 (3): 393-410.

定有强势群体和弱势群体之分（任寿根，2002）。有限理性观点中的异质性，体现在经济人存在偏好、理性程度、知识、技能等方面的差异。

（4）经济分析的过程对于结果并非没有意义。在大多数情况下，经济发展的过程对于最终结果具有决定性的意义，这沿袭了制度经济学关于路径依赖的思想。

（5）运用理性的成本并非是零。换句话说，进行理性的分析和计算是要付出代价的，这就是说有限理性的经济分析需要考虑决策者的思维成本。

必须注意到一点，有限理性是处于完全理性与完全非理性的一种中间状态。在现实生活中，理性行为与非理性行为同时存在的同构现象是存在的，这种决策行为具有空间上的并存性和时间上的连续性，同构性代表个体行为在理性和非理性之间的不确定性。以空间的并存性而言，这种同构现象则通常表现为群体中的部分个体采取理性决策而另一部分个体采取非理性决策，即群体中的个体存在着依据理性思考和放弃理性思考进行决策的两个子集。同构现象构成了有限理性的分析基础。

2. 有限理性理论的发展

（1）基于博弈模型的探讨。1980年来，部分学者利用博弈模型来研究经济学的理性问题。"囚徒困境"模型得出个体的理性行为会导致群体的无理性结果。有限固定规则机制模型说明，如果博弈参与者没有选择最优决策理性，只是遵循固定规则来决策，在个体有限理性的基础上可能会出现群体理性。在演化（Evolutionary Game）博弈模型中，个体没有选择最优理性决策，个体决策之间的相互作用会使选择不同策略的参与人数随着时间不断变化，一些看似理性的纳什均衡可能会在这些无最优理性决策的个体中出现。由此可以看出，个体理性和群体理性之间的矛盾会影响经济行为人的实际理性程度，这一矛盾无法通过西蒙的有限理性理论得到合理解释。

（2）有限理性与根本的不确定性。基于博弈模型的探讨和西蒙有限理性理论的局限性，奈特（1921）有关有限理性的另一种论述被越来越多的研究者所重视。与西蒙的心理资源稀缺观点不同，奈特指出有限理性的根基是所谓"根本的不确定性"（Fundamental Uncertainty），即一种不同于不完全信息的非线性系统固有的不可预知性①。可以认为，奈特的观点是对经济理性极大化原则的隐含假设之一"特定决策的所有可能性都明确可知"提出了质疑。凯恩斯学派的经济学家将这种"根本不确定性"称为"认识力的不确定性"，并且认为所谓"根本的不确定性"不是外生给定的自然界的不确定性，而是人类决策交互作用内生产生的社会不确定性。换言之，哪怕自然界完全没有不确定性，人们决策互动的后果也可能产生根本的不确定性。可以说，"根本的不确定性"对经济活动中行为人可实现的理性程度形成了更严格的限制，而社会不确定性的存在也为博弈模型中个人理性与群体理性的冲突提供了可能的解释。

（3）双构面的有限理性理论。根据奈特基于不确定性有限理性研究和西蒙基于心理机制的有限理性研究，认为有限理性的出现有两个根源：一是系统固有的不确定性；二是行为人心理资源的稀缺。首先，作为有限理性外部性根源的系统固有不确定性，这种不确定性包括两个方面：其一，自然界的不确定性；其二，行为人交互的不确定性。行为人进行决策的过程可看作一个适应或者对抗系统的过程，系统的不确定性在人进行选择的过程中无法达到具有完全认知的理想境界，从而衍生出有限理性。其次，作为有限理性内部根源的行为人心理资源的稀缺，即行为人具有有限获取信息、评估和处理信息的能力。如西蒙所言："人类有限度的认知能力，给理性的发挥和利用划定了界

---

① 不完全信息指决策者知道某一变量所有可能的取值，以及每一值发生的概率，而根本的不确定性指决策者根本不知道变量有几个可能值，更不知道每一个可能值发生的概率。

限。"换言之,在绝大多数情况下,即使行为人处于稳定状态的系统中,行为人也会由于有限的认知能力无法做出具有完全认知能力的最优决策。

总之,系统的固有不确定性和行为人心理资源的稀缺是有限理性的两个构面,二者实际上是分别针对经济理性极大化原则两个隐含假设"特定决策的所有可能性都明确可知"和"特定决策主体具备在所有可能性中比较择优的完全认知能力"的有力反驳。

(三) 演化博弈的有限理性基础

自20世纪80年代以来博弈论在经济学中的应用迅速展开并产生了相当大的影响,人类行为以及制度形成的背后包含了丰富的博弈关系,利用博弈模型能够深刻地描述和阐释这些关系所蕴含的经济规律。但是,博弈论在广泛应用于经济学各分支的同时,也逐渐表现出它所存在的一些问题,其中对博弈论的发展威胁最大的也是最严重的问题就是它的理性问题,也就是它对人们理性和行为能力基本假设方面的问题(谢识予,2001)。

建立在完全理性和贝叶斯决策原则上的传统博弈论,其所求的纳什均衡解完全立足于严格的理性假定,纳什均衡产生的过程是局中人经过严密的逻辑运算而得到的个人最优结果。更现实的情形是,局中人在内心深处具有追求理性的动机,但有限理性的约束使他们难以做到传统假定下的最优化选择,他们只是处于向纳什均衡收敛的过程中,他们的选择很难达到,或者说在短期内很难做到纳什均衡(Fudenberg and Levine,1998)。完全理性要求人们掌握完全的信息,并具备完美的计算能力,完全理性的假设没有考虑到人所面临的环境复杂性和不确定性。

随着行为经济学和实验经济学的兴起,新古典的理性选择范式受到越来越多的质疑,"有限理性"的概念得到了更多经济学家的重视

（Kahneman and Tversky，1984；Vernon Smith，2003；Gintis，2007）。实际上，人的选择行为更多的是在有限理性思考下做出的，它受到认识、环境和信息不确定的约束。有限理性的内涵包括：局中人有限的信息处理能力、局中人有限的自我约束力、局中人有限的自利、局中人行为选择受到环境约束。由于组织机构的层次性和复杂性，以及信息的传递并非一直通畅的，创新个人的集合产生的理性要再打上一个折扣。所以，一个机构或组织的创新也不可避免地带有有限理性的烙印。

演化博弈理论最早是从生物学领域研究开始的，经济学领域借鉴了生物演化博弈的思想，对均衡结果的过程进行演化分析。与经典博弈不同的是，演化博弈认为参与者并不拥有博弈结构和规则的全部知识；相反，参与者的知识是相当有限的。而且参与者通常是通过某种传递机制而非理性选择获得策略，尽管博弈的次数可能是无穷的，但是在每次博弈中，参与者通常都是从大群体中随机选择出来的，参与者之间缺乏了解，再次博弈的概率也较低（黄凯南，2009）。在演化博弈理论中，创新的产生可以看作是一种变异，由于其生物进化论传统，变异一般被视为随机变异，即生物进化论中的不定变异①。

然而就生物本身来说，现代生物学的研究表明，生物体在变异过程中可能并非消极、被动的，而是具有主动参与其变异发生的一面。在这种变异机制中，环境能引导遗传物质发生特定内容的变异，具体表现为变异的内容具有针对环境条件因素适应性的特征。这种变异具有适应意义上的方向性，因而被称为定向变异。在制度创新或组织创新过程中，真正的创新主体仍然是人，正是人通过组成机构并对机构进行创新变革从而进一步形成组织形式。而作为经济生活中最富有创造力的主体，人的理性和知识都存在着局限和差别，人们会通过观察、

---

① 不定变异是指生物不具有主动产生有利遗传变异的能力，变异的发生是一种随机过程，其变异结果是否有利是不确定的。

模仿、学习、复制和维持初始状态等策略来进行选择。

以金融机构或金融制度创新演化来说，无论是自发的创新演化还是规则性的创新演化，限制一些金融机构的发展并不会限制金融功能的发展，当一些金融机构被禁止拥有特定的金融功能时，就会产生新的机构来提供这些金融功能，对金融功能的需求是新机构发展的动力，金融机构创新正是将创新需求转变为创新供给的过程，而在这个创新过程中起到主要作用的就是作为智慧主体的人。而作为金融机构创新智慧主体的人，所拥有的有限理性则是其进行选择和行动策略的基础前提。

对于博弈中的参与者——金融机构来说，其活动具有明确的目的性，具有理性分析和积极参与的意识，"行动者必须理解目的才可能有合目的性的行动……因为行动是自由意志及其理性的实践活动"（汪丁丁，2005）。这就决定了不能在分析社会经济现象的演化博弈理论中，完全套用生物进化论的随机变异的假设。人所具有的社会性使得完全不顾及别人的行为变得不可置信，完全自利的社会群落是无法生存下去的（Gintis，2000）。人类不仅是自利的，同时也是高度社会化的动物，整个不断社会化的过程使得大脑已经形成了一种自动的社会化的反应机制。

综上可知，作为创新行为主体的金融机构，是具有有限理性的，这种有限理性既不是非理性，也不是完全理性，主要体现在受到认知、环境、信息不确定的约束，同时行为主体也并非目标最大化者（何大安，2004）。金融机构创新市场化的过程及其产生的结果，正是由于创新机构的有限理性的决策方式所决定的。同时，具有这种有限理性的行为主体，在均衡的演进中是具有主动性的[①]。由此，对金融机构创新的分析采用有限理性基础的演化博弈方法，对于主动变异的金融机构

---

① 达庆利，张骥襄. 有限理性条件下进化博弈均衡的稳定性分析［J］. 系统工程理论方法应用，2006，15（3）：279-284.

创新策略进行演化博弈分析,有助于研究什么样的金融机构创新会得到市场化,得到市场化后的金融机构创新会对整个体系产生什么样的影响。借用 Peyton Young（1998）的话来说,我们不只关心尘埃落定之后的世界是什么样子,更要了解尘埃是如何落定的。

（四）认知理性、演化博弈与金融创新主体

传统的新古典经济学有一个基本假设,即人是完全理性的,人们总是能够掌握完备的信息以做出使自身效用最大化的决策,但现实生活中的人在很多时候并非完全理性的,因为完全理性要求人们掌握完全的信息,并具备完美的计算能力,完全理性的假设没有考虑到人所面临的环境复杂性和不确定性。随着行为经济学和实验经济学的兴起,新古典的理性选择范式受到越来越多的质疑,"有限理性"的概念得到了更多经济学家的重视（Kahneman and Tversky, 1979; Tversky and Kahneman, 1986; Simon, 1986; Vernon Smith, 2003）。人的选择行为是在有限理性思考下做出的,它受到认识、环境和信息不确定的约束。有限理性的内涵包括:局中人有限的信息处理能力、局中人有限的自我约束力、局中人有限的自利、局中人行为选择受到环境约束。

建立在完全理性和贝叶斯决策原则上的传统博弈论,其所求的纳什均衡解完全立足于严格的理性假定,纳什均衡产生的过程是局中人经过严密的逻辑运算而得到的个人最优结果。更现实的情形是,局中人在内心深处具有追求理性的动机,但有限理性的约束使他们难以做到传统假定下的最优化选择,他们只是处于向纳什均衡收敛的过程中,他们的选择很难达到,或者说在短期内很难做到纳什均衡（Fudenberg and Levine, 1998）。由于组织机构的层次性和复杂性,以及信息的传递并非一直通畅的,创新个人的集合产生的理性要再打上一个折扣。所以,金融机构的创新也不可避免地带有有限理性的烙印。

与经典博弈理论不同的是,演化博弈认为参与者并不拥有博弈结构和规则的全部知识;相反,参与者的知识是相当有限的①。在金融机构创新过程中,真正的创新主体仍然是金融机构中的人,正是人通过组成金融机构并对金融机构进行创新变革从而进一步形成新的金融机构。而作为经济生活中最富有创造力的主体,人的理性和知识都存在着局限和差别,人们会通过观察、模仿、学习、复制和维持初始状态等策略来进行选择。无论是自发的创新演化还是规则性的创新演化,对于金融机构来说,限制一些金融机构的发展并不会限制金融功能的发展,当一些金融机构被禁止拥有特定的金融功能时,就会产生新的机构来提供这些金融功能,对金融功能的需求是新机构发展的动力,②金融机构创新正是将创新需求转变为创新供给的过程,而在这个创新过程中起到主要作用的就是作为智慧主体的人。而作为金融机构创新智慧主体的人,所拥有的有限理性则是其进行选择和行动策略的基础前提。

演化博弈中的参与者通常是通过某种传递机制而非理性选择获得策略,尽管博弈的次数可能是无穷的,但是在每次博弈中,参与者通常都是从大群体中随机选择出来,参与者之间缺乏了解,再次博弈的概率也较低(黄凯南,2009)。在演化博弈理论中,创新的产生可以看作是一种变异,由于其生物进化论传统,变异一般被视为随机变异,即生物进化论中的不定变异③。然而就生物本身来说,现代生物学的研究表明,生物体在变异过程中可能并非消极、被动的,而是具有主动参与其变异发生的一面(谢明,1995)。在这种变异机制中,环境能引导遗传物质发生特定内容的变异,具体表现为变异的内容具有针对

---

① 黄凯南. 演化博弈与演化经济学 [J]. 经济研究, 2009 (2): 132 – 145.
② 施涛,李传昭. 金融机构演化分析——基于投资者分布的视角 [J]. 经济科学, 2009 (4): 75 – 85.
③ 不定变异是指生物不具有主动产生有利遗传变异的能力,变异的发生是一种随机过程,其变异结果是否有利是不确定的。

环境条件因素适应性的特征。这种变异具有适应意义上的方向性，因而被称为定向变异。

（五）理论论述总结

通过对理性和有限理性的辨析，说明有限理性作为演化博弈理论的基础，阐释了有限理性在演化博弈理论中的影响和作用，得出如下结论：①有限理性的决策者并非具有"一致性偏好"，而是要受到性格、知识、文化结构、背景以及环境和情境的影响；②经济分析的过程对于结果并非没有意义，在大多数情况下，经济发展的过程对于最终结果具有决定性的意义；③在分析社会经济现象的演化博弈理论中，不可完全套用生物进化论的随机变异的假设，有限理性是博弈主体在进行选择和行动策略时的基础前提；④具有有限理性的行为主体，在均衡的演进中是具有主动性的。因此，在研究金融体系演进过程中要借助具有有限理性基础的演化博弈理论，对于主动变异的金融机构创新策略进行演化博弈分析。

五、金融创新的演化博弈分析

演化博弈理论在方法论上既不同于博弈论将重点放在静态均衡和比较静态均衡上，也不同于早期的演化经济学忽视静态均衡分析的意义而流于动态的不可知论。演化博弈理论认为在一个系统中存在许多参与者，博弈参与者是有限理性的，不可能准确地知道自己所处的利害状态，它通过最有利的战略逐渐模仿下去，而最终达到一种均衡状态。经济系统的演化通常有多种不动点或均衡点，系统最终进入哪一个均衡点，取决于系统演化的初始状态以及经济系统的制度安排。而且，演化博弈把作为活动规则的制度本身也看作是在不断进行的博弈过程中逐渐演化而内生形成的。本书在相关研究的基础上，运用演化博弈理论以不断发展的银行和证券公司的合作为例对金融制度创新的演化过程进行深入的分析，以期能够揭示金融制度创新过程的复杂性及其动态演化路径。

（一）演化博弈理论模型基本假设及分析

一般认为金融资产的专用性很低，规模经济及范围经济的存在为金融业内部的合作奠定了基础①。从世界金融制度的变迁来看，各国在实行混业经营制度之前，几乎都经历了几十年的金融创新与融合的演化，在这一过程中最重要的变化，就是在分业经营的格局下出现了大量的银行与证券公司、银行与保险公司、保险公司与证券公司之间的合作创新，并逐渐地跨越了不同的市场②。这里运用演化博弈理论来研究金融业内部的合作演化和金融制度的演化问题。为简单起见，把金融系统的金融机构分为银行和证券公司两类。

设银行群体中的一员与证券公司群体中的一员随机配对进行两人"捕鹿"博弈。为计算简单，假设只有合作和不合作两种策略。银行有两个战略：战略1（合作）倾向于在金融系统的合作，战略2（不合作）则是相对独立。同样，证券公司也有两个战略：战略1（合作）表示与银行共同建立合作关系，战略2（不合作）则是表示与银行不建立合作关系。银行和证券公司由于金融资产的专用性很低和规模经济与范围经济的存在，具有进行合作的基础与动因，进而各自向对方的业务领域渗透。而金融体系中的银行与证券公司的合作与否关系到是否触犯分业经营制度以致遭受处罚，蒙受损失或者获得更大的收益。

---

① 陈柳钦．金融、金融制度和金融制度创新［J］．南京大学学报（社会科学版），2007（1）：117–119．

② 金华．金融创新是提高我国金融效率的路径选择［J］．理论界，2007（3）：59–61．

如果银行与证券公司合作，可能违规，但也可能获得更大的利润；而不进行合作虽然并不违规，但可能导致较低的收益。所以在分业经营制度下，金融机构最关心的是采取什么样的策略才能获得较大的利润，而又不违规。

银行和证券公司博弈的收益如表4-1所示，其中u_m和v_m（$m=1, 2, 3, 4$）分别为银行和证券公司的收益。对于一定的成本，选择策略1有较高的单位利润。当银行和证券公司都选择策略1时，都可以获得高额利润，使u_4和v_4分别大于其他情形的相应收益。当银行和证券公司都选择策略2时，由于不能发挥金融资产专用性低和范围经济、规模经济的优势，单位利润较低，因而所得收益u_2和v_2较低。如果银行选择策略1，证券公司选择策略2，可以理解为银行积极地向证券业渗透，但证券公司严守分业经营制度要求，则证券公司可能会得到监管机构的额外奖赏，因而收益v_3高于两类机构都选择策略2时证券公司的收益，而银行可能会受到惩罚，因而收益u_1低于两类机构都选择策略2时银行的收益u_2。当银行优先选择策略2，而证券公司选择策略1时，银行严格遵守分业经营的规定，因而收益u_3高于两类证券公司都选择策略2时银行的收益u_2，而证券公司发起与银行合作，可能受到惩罚，遭受损失，因而收益v_1低于两类证券公司都选择策略2时证券公司的收益v_2。因此有$u_1 < u_2 < u_3 < u_4$，$v_1 < v_2 < v_3 < v_4$。

表4-1 银行和证券公司的合作与不合作竞争博弈

银行	证券公司	
	策略1（合作）	策略2（不合作）
策略1（合作）	u_4, v_4	u_3, v_3
策略2（不合作）	u_3, v_1	u_2, v_2

设 p 表示银行群体中使用策略 1 的银行比例，q 表示证券公司群体中使用策略 1 的证券公司比例，则状态 $s = \{(s_1^1, s_2^1), (s_1^2, s_2^2)\} = \{(p, 1-p), (q, 1-q)\}$ 可用 $(0, 1) \times (0, 1)$ 区域上的一点 (p, q) 来描述，(p, q) 反映了金融系统演化的动态过程。$r_1 = (1, 0)$ 表示以概率 1 选择策略 1，$r_2 = (0, 1)$ 表示以概率 1 选择策略 2。

由表 4-1 可得，银行采用策略 1 的适应度（收益）为：$f_1(r_1, s) = u_4 q + u_1(1-q)$

采用策略 2 的适应度为：$f_1(r_2, s) = u_3 q + u_2(1-q)$

平均适应度为：$f_1(p, s) = p f_1(r_1, s) + (1-p) f_1(r_2, s)$

类似可得证券公司的适应度：

$f_2(r_1, s) = v_4 p + v_1(1-p)$

$f_2(r_2, s) = v_3 p + v_2(1-p)$

以及平均适应度：

$f_2(q, s) = q f_2(r_1, s) + (1-q) f_2(r_2, s)$

（二）金融机构创新的演化博弈分析

本部分首先对短期博弈情况进行简单的分析，金融机构创新的短期博弈分析立足点主要在于只进行一次博弈。因此，金融市场上的参与者对于是否会继续进行博弈没有清晰的认识。由于是一次性的博弈，假设大家拥有相当的共同知识，同时社会的宏观经济等因素也不会发生大的变化。

考虑存在一个族群，里面平均分为两个组，一组为小机构，数量较多，设其为 A，一组为大机构，数量较少，设其为 B，B 的总体规模大于 A 的总体规模；为了与长期演化博弈相区别，我们首先来考虑一个简单的 2×2 的静态博弈情况，一般来说，中小金融机构容易首先采取创新行为。例如在针对中小企业贷款中，我国中小金融机构就积极地成立了中小企业事业部等新的机构，而大型金融企业则相对较晚的反应，成立了一些专门部门或者在公司业务部下设立了中小企业经营部门。具体的博弈矩阵表达式如表4-2所示，其中 U_B 为大型金融机构的收益，C_1 为创新成本，U_A 为相对应的小型金融机构创新业务的收益，$\bar{U}$ 为二者整个市场收益的均分所得。

表4-2 金融机构创新业务进入的支付矩阵

A类金融机构		B类金融机构	
		创新	保守
A类金融机构	创新	U_A，$U_B - C_1$	$\bar{U}$，$\bar{U}$
	保守	0，$U_B - C_1$	0，U_B

由于 U_B、U_A 和 $\bar{U}$ 等具体的数值无法确定，所以整个博弈不存在纳什均衡，到底哪一个策略集合会更加稳定将取决于以上收益的具体情况。由此可知，静态的博弈不能完全和准确地刻画金融机构的创新博弈，更不能显示出整个金融体系的演化路径。所以，我们需要将研究进一步推进至金融机构的长期动态演化分析。

现在我们仍然延续前面的分析，考虑存在一个群体，整个市场的金融服务由这个群体所提供，不考虑其金融服务的具体内容。在这个群体中仍然存在两个组，一组为小型金融机构，设其为 A，一组为大机构，设其为 B，B 的总体规模大于 A 的总体规模。在金融市场上，一般来说规模与其市场占有率相适应的，设市场占有率为 r_n，n 为 A 或 B。由于对于创新结果的不确定，所以机构可能提供创新，也可能不提供创新。由于金融创新尤其是机构创新具有易复制的特点，所以实际上跟随者复制创新基本是不需要付出跟随成本的，而且有可能同时采用相同的机构创新形式。因此，两组成员有两种选择：一种是选择提供创新，另一种是选择不提供创新，维持原样。组群中的成员随机地与另外一个组群的成员配对，并进行非合作博弈，使自己的预期收益最大化。

第四章 金融发展、金融深化与金融创新

金融机构的创新在长期来看是需要成本的,例如新的业务或组织形式的出现都需要配备相应的场所、人员和相关设备等。也就是说,长期的金融机构创新存在一定的变革成本,而变革成本同样也是与其规模相适应的,所以有 $C = c(r_n)$,$c(r_n) > 0$。必须注意一点,这里的变革成本指的是由于金融机构进行变革,从而付出的各项会计和管理等成本所带来的该金融企业的适存度的变化值,这个概念和一般意义上的成本是由差别的。由于随着规模的增大,变革成本也越来越高,也就是说两者之间存在正向的关系,因此有 $c'(r_n) > 0$。显然,成本增大对于企业的发展是不利的,而低成本策略则有助于金融机构的发展。根据短期分析的结果,显然变更成本很大的时候,创新会对企业的经营产生很大的负面影响,从而削弱金融机构的适存度。因此,在这种时候,金融机构根本不会采用创新。所以,我们可以令 $c(r_n) < r_n$,也就是说,企业进行变革所付出的变革成本所带来的适存度的减少应该比原有的适存度要来得小。即只有在收益大于成本的情况下,金融机构能够承受变革成本,从而具有选择创新的行为基础。

另外,对适存度产生影响的还有创新的自身质量,将其定义为 Q,好的创新会给企业带来巨大的利润,由于创新的质量涉及的范围比较广,具体的情况也比较复杂,但大致看来,主要应该和族群成员的员工教育水平,各自的经济实力,以及所在地区的政策等因素有关,同时也存在相当大的偶然性,所以本部分暂且将其看作是个外生变量 $\overline{Q}$。

由于从现实情况来看,中小银行或非银行类金融机构能够较为快速地根据市场变化进行变革,金融机构创新的主导力量一般是小机构,也就是说一般 A 先进行创新。所以,可以假设在 t_0 时间首先由 A 开始创新。A 组成员和 B 组成员同时选择创新策略时,创新在该族群中得到实现,两者得到的市场占有率的改进相同。当 A 组成员和 B

组成员同时选择保守策略时，均不产生机构的变化，维持原有市场份额。当一方选择创新，而另一方选择不动时，一方将获得额外的创新收益，占领部分另一方的市场，设该值为 Δ，而另一方相应损失 Δ，应该注意到 Δ 既与创新本身质量有关，也与创新金融机构的市场影响力有关，较大的市场影响力将使创新的收益扩大，因此有 $\Delta_i = \Delta(r_1, r_2, \overline{Q})$。

由此，如果已知 t_i 时间的状态，那么有支付矩阵如表 4-3 所示：

表 4-3　t 时间的支付矩阵

		B 类金融机构	
		创新	放弃
A 类金融机构	创新	$r_1^t - c(r_1^t)$, $r_2^t - c(r_2^t)$	$r_1^t - c(r_1^t) + \Delta(r_1^t, r_2^t, \overline{Q})$, $r_2^t - \Delta(r_1^t, r_2^t, \overline{Q})$
	放弃	$r_1^t - \Delta(r_1^t, r_2^t, \overline{Q})$, $r_2^t - c(r_2^t) + \Delta(r_1^t, r_2^t, \overline{Q})$	r_1^t, r_2^t

在博弈中，双方均选择创新代表一种新的习俗，而双方均放弃创新，维持原有组织结构即为一种旧的习俗，将它们分别表示为 E_1 和 E_0（或表示为 $\{1, 1\}$ 和 $\{0, 0\}$）。从短期的分析可以看出，小的金融机构更希望通过创新来获得市场占有率的扩张，因此更偏好创新策略，而大的金融机构更希望维持原有的组织结构，因此更偏好 E_0，两个组群之间存在一定的利益冲突。

假设在任何时期 t 的组群成员状态是 $\{\alpha^t, \beta^t\}$，其中 α 是 A 组群中在前一时期中选择创新的组群成员的比例，而 β 是 B 组群中选择创新的组群成员比例。对任何组群状态而言，A 组群和 B 组群中的成员对应于各自的博弈策略 i 的支付 a_i 和支付 b_i，依赖于相对组群中的成

第四章 金融发展、金融深化与金融创新

员在上一期选择中相应策略的分布情况。于是，可以得到金融机构 A 的创新和不创新策略的期望收益 π_{A1}、π_{A0} 和群体平均收益 $\bar{\pi}_A$（省略时间 t）分别为：

$$\begin{cases} \pi_{A1} = [r_1 - c(r_1)]\beta + [r_1 - c(r_1) + \Delta(r_1, r_2, \bar{Q})](1 - \beta) \\ \pi_{A0} = [r_1 - \Delta(r_1, r_2, \bar{Q})]\beta + r_1(1 - \beta) \\ \bar{\pi}_A = \alpha \pi_{A1} + (1 - \alpha)\pi_{A0} \end{cases}$$

同理，我们可以得到金融机构 B 的创新和不创新策略的期望收益：

$$\begin{cases} \pi_{B1} = [r_2 - c(r_2)]\alpha + [r_2 - c(r_2) + \Delta(r_1, r_2, \bar{Q})](1 - \alpha) \\ \pi_{B0} = [r_2 - \Delta(r_1, r_2, \bar{Q})]\alpha + r_2(1 - \alpha) \\ \bar{\pi}_B = \beta \pi_{B1} + (1 - \beta)\pi_{B0} \end{cases}$$

根据进化博弈理论，在重复博弈中，具有有限信息的个体通过调整自己的策略，不断通过学习采用较动态调整的方法来使自己的利益不断改善，最终达到一种动态平衡。在金融机构创新的博弈中，不同类型金融机构是在一个具有不确定性和有界理性的空间中进行创新，各方的特征及策略相互影响。由于涉及策略的动态调整过程，对不完全信息的演化稳定性分析需要利用复制者动态方程，根据前面的分析可以得到金融机构 A 和机构 B 两个群体类型比例的复制动态方程分别为：

$$\frac{d\alpha}{dt} = \alpha(\pi_{A1} - \bar{\pi}_A) \quad \frac{d\beta}{dt} = \beta(\pi_{B1} - \bar{\pi}_B)$$

命题 1：对于金融机构 A，当 $\beta = \dfrac{e^{[\Delta(r_1, r_2, \bar{Q}) - c(r_2)]t}}{e^{[\Delta(r_1, r_2, \bar{Q}) - c(r_2)]t} + C_2} = \dfrac{\Delta}{\Delta + C_2}$ 时，则所有的 α 的水平均是稳态的；当 $\beta \neq \dfrac{\Delta}{\Delta + C_2}$ 时，如果 $\beta > \dfrac{\Delta}{\Delta + C_2}$，那么 $\alpha^* = 1$ 是 ESS，如图 4-1 所示，若 $\beta < \dfrac{\Delta}{\Delta + C_2}$，那么 $\alpha^* = 0$ 是 ESS，如图 4-2 所示。

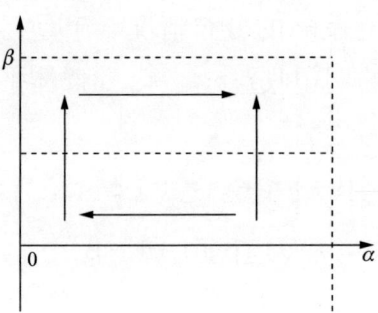

图 4 – 1　演化动态与稳定性

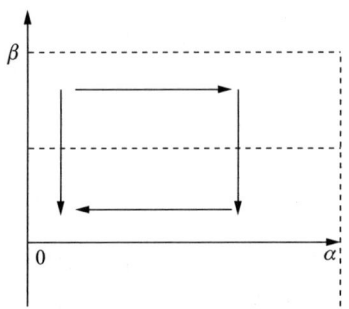

图 4 – 2　演化动态与稳定性

命题 2：同理可知，对于金融机构 B 来说，当 $\Delta > C_n$，可知 $\beta^* = 1$ 是 ESS，如图 4 – 3 所示；而当 $\Delta < C_n$ 时，$\beta^* = 0$ 是 ESS，如图 4 – 4 所示。

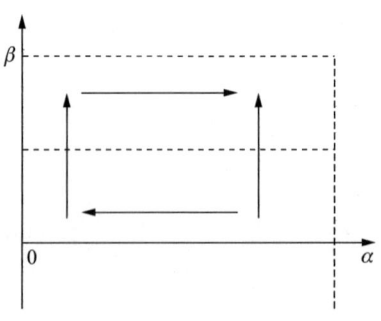

图 4 – 3　演化动态与稳定性

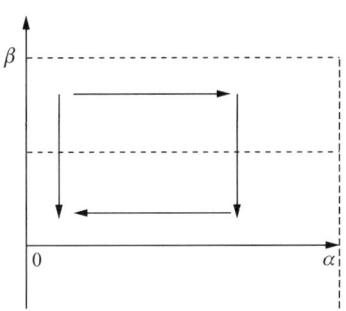

图 4-4 演化动态与稳定性

通过对以上的命题1、命题2和相位图的分析，可以得到以下一些相关的结论。

（1）模型中动态复制的稳定状态描述了不同金融机构选择不同博弈策略的比例，如果金融机构A和金融机构B的构成比例不受到某类微小干扰的话，则动态复制状态是稳定的；一旦策略均衡的状态稳定下来，那么对某类金融机构A或机构B，其所采取的博弈策略收益就不再发生改变，否则A或B类金融机构将可以采取具有更高博弈收益的策略，这样此类的金融机构比例将会增加，从而复制动态的稳定性因此会受到影响。尽管如此，一个满足Nash均衡条件的稳定状态未必能够实现，这是因为它不仅取决于博弈支付的改善，还取决于对手实行某种策略的比例。因此，如果 α 或 β 不满足本部分命题中的有关条件时，系统中采纳某种策略的金融机构A或B的比例将不能从初始状态经过复制或学习模仿而得到动态的增加。一旦一次微小的干扰发生将会促使系统移向一个邻近状态，并存在新的占优策略，这就会导致金融机构的比例发生变化。但是，干扰所引导系统离开原来稳定状态的同时并不能确保新状态是稳定的，除非邻近状态没有占优策略时，新的状态才能稳定，稳定状态相当于Nash均衡。这种形式的稳定状态意味着Nash均衡也在多种单调动态中出现，该单调动态已经包含了经概括的动态复制和广泛的基于个体行为的随机模型。

(2) 考虑到金融机构采取创新策略的比例受到创新收益的影响，而创新收益又受到初始的市场占有率和创新本身质量的影响，如果随着时间的推移，金融行业从业人员素质越来越高、金融机构管理水平逐渐提高和相关有助金融发展和深化的政策增加，那么金融机构创新的自身质量会使得金融机构收益增加，从而金融创新成为两类金融机构的策略选择，系统收敛于（创新，创新）这种 ESS 状态的概率会增加，实现演化博弈的动态稳定。同时，我们也可以看到，金融机构 A 具有一个内部状态且存在着一个外部环境，而该环境也有一个自身的内部状态（即金融机构 B 的内部状态比例），这两个状态彼此影响对方下一时刻的内部状态的变化方向。这种连续变化也影响着金融机构创新的市场演化方向，在与其他因素共同作用下会影响整个金融体系组织形式或业态的变化。

(3) 通过演化博弈论来描述金融机构创新的博弈扩散过程，本部分的研究结果显示的均衡结果比以完全理性假设为基础的静态 Nash 均衡具有更为贴近现实的解释力度和更为合理的分析过程。但同时，由于现实条件和理论推导之间的复杂差异，通过演化博弈研究博弈稳态仍然存在一定局限。如果有限理性是一项重要的假设条件，则意味着可以忽略金融机构的学习成本；如果在现实中博弈学习成本不能忽略时，则会干扰演化进程，可能会形成一个不同于本部分的新的博弈结构。如果金融机构能够知道什么样的创新质量更高、哪个行为策略更有利，则需要假设他们具备必需的经验，以使他们在博弈收益变化时能够做出适当的反应，这也是有限理性假设的最低要求。但是，几乎没有金融机构从博弈开始就能正确分析金融创新的质量高低并选择合适的策略。因此，通过演化博弈来分析金融创新的扩散虽然较已有方法有所前进，但并非总是可行的。

（三）金融制度创新的演化博弈分析

金融制度创新是金融体系内部各方参与人动态博弈的过程，对金融系统以至整个经济系统具有全局性影响。

金融制度是一定时期内流行于社会经济体系的激励和约束金融活动参与者的惯例与规则系统，是有关金融交易、组织安排、监督管理及其创新的一系列在社会上通行或被社会采纳的习惯、道德、戒律、法律法规等构成的规则集合。金融制度创新是引入新的金融制度因素或对原金融制度进行重构。这包括：①金融组织变革或引进；②新金融商品被引入；③拓展新市场或增加原金融商品的销量或市场结构的变化；④金融管理的组织形式创新；⑤金融文化领域的创新。金融制度创新对金融系统以至整个经济系统具有全局性的影响，对于建立现代金融服务体系具有重要意义。金融制度创新既可以表现为日积月累的微小创新，也可以表现为对金融制度的重大变革和重构。现代博弈演化理论运用"自然状态法"来建立制度演化的超博弈模型，将制度内生化成模型里的一个变量，为分析金融制度创新提供了有力的工具。

1. 演化博弈理论模型基本假设及分析

一般认为金融资产的专用性很低，规模经济及范围经济的存在为金融业内部的合作奠定了基础。从世界金融制度的变迁来看，各国在实行混业经营制度之前，几乎都经历了几十年的金融创新与融合的演化，在这一过程中最重要的变化，就是在分业经营的格局下出现了大量的银行与证券公司、银行与保险公司、保险公司与证券公司之间的合作创新，并逐渐地跨越了不同的市场。这里运用演化博弈理论来研究金融业内部的合作演化和金融制度的演化问题。为简单起见，把金融系统的金融机构分为银行和证券公司两类。

设银行群体中的一员与证券公司群体中的一员随机配对进行两人"捕鹿"博弈。为计算简单，假设只有合作和不合作两种策略。银行有两个战略：战略1（合作）倾向于在金融系统的合作，战略2（不合作）则是相对独立。同样的，证券公司也有两个战略：战略1（合作）表示与银行共同建立合作关系，战略2（不合作）则是表示与银行不建立合作关系。银行和证券公司由于金融资产的专用性很低和规模经济与范围经济的存在，具有进行合作的基础与动因，进而各自向对方的业务领域渗透。而金融体系中的银行与证券公司的合作与否关系到是否触犯分业经营制度以致遭受处罚，蒙受损失或者获得更大的收益。如果银行与证券公司合作，可能违规，但也可能获得更大的利润；而不进行合作虽然不违规，但可能导致较低的收益。所以在分业经营制度下，金融机构最关心的是采取什么样的策略才能获得较大的利润，而又不违规。

银行和证券公司博弈的收益如表 4-4 所示，其中 u_m 和 v_m（$m = 1, 2, 3, 4$）分别为银行和证券公司的收益。对于一定的成本，选择策略 1 有较高的单位利润。当银行和证券公司都选择策略 1 时，都可以获得高额利润，使 u_4 和 v_4 分别大于其他情形的相应收益。当银行和证券公司都选择策略 2 时，由于不能发挥金融资产专用性低和范围经济、规模经济的优势，单位利润较低，因而所得收益 u_2 和 v_2 较低。如果银行选择策略 1，证券公司选择策略 2，可以理解为银行积极地向证券业渗透，但证券公司严守分业经营制度要求，则证券公司可能会得到监管机构的额外奖赏，因而收益 v_3 高于两类机构都选择策略 2 时证券公司的收益，而银行可能会受到惩罚，因而收益 u_1 低于两类机构都选择策略 2 时银行的收益 u_2。当银行优先选择策略 2，而证券公司选择策略 1 时，银行严格遵守分业经营的规定，因而收益 u_3 高于两类证券公司都选择策略 2 时银行的收益 u_2，而证券公司发起与银行合作，可能受到惩罚，遭受损失，因而收益 v_1 低于两类证券公司都选择策略

表 4-4　银行和证券公司的合作与不合作竞争博弈

银行	证券公司	
	策略 1（合作）	策略 2（不合作）
策略 1（合作）	u_4, v_4	u_1, v_3
策略 2（不合作）	u_3, v_1	u_2, v_2

2时证券公司的收益 v_2,因此有 $u_1 < u_2 < u_3 < u_4$, $v_1 < v_2 < v_3 < v_4$。

设 p 表示银行群体中使用策略 1 的银行比例,q 表示证券公司群体中使用策略 1 的证券公司比例,则状态 $s = \{(s_1^1, s_2^1), (s_1^2, s_2^2)\} = \{(p, 1-p), (q, 1-q)\}$ 可用 $(0, 1) \times (0, 1)$ 区域上的一点 (p, q) 来描述,(p, q) 反映了金融系统演化的动态过程。$r_1 = (1, 0)$ 表示以概率 1 选择策略 1,$r_2 = (0, 1)$ 表示以概率 1 选择策略 2。

由表 4-4 可得,银行采用策略 1 的适应度(收益)为:$f_1(r_1, s) = u_4 q + u_1(1-q)$

采用策略 2 的适应度为:$f_1(r_2, s) = u_3 q + u_2(1-q)$

平均适应度为:$f_1(p, s) = p f_1(r_1, s) + (1-p) f_1(r_2, s)$

类似可得证券公司的适应度:

$f_2(r_1, s) = v_4 p + v_1(1-p)$

$f_2(r_2, s) = v_3 p + v_2(1-p)$

以及平均适应度:

$f_2(q, s) = q f_2(r_1, s) + (1-q) f_2(r_2, s)$

2. 银证合作过程的演化稳定策略

上述系统的演化可用两个微分方程组成的系统来描述。假设一个战略的增长率就等于它的相对适应性。只要一个战略的适应性比群体的平均适应性高,那么这个战略就会发展。因此,采用策略 1 的银行和证券公司的比例的增长率分别为:

$\dot{p}/p = f_1(r_1, s) - f_1(p, s) \quad \dot{q}/q = f_2(r_1, s) - f_2(q, s)$

即 $\dot{p} = p(1-p)[(u_4 - u_3 + u_2 - u_1)q - (u_2 - u_1)]$ (4-1)

$\dot{q} = q(1-q)[(v_4 - v_3 + v_2 - v_1)p - (v_2 - v_1)]$ (4-2)

于是,金融竞争系统的演化可用式(4-1)和式(4-2)组成的系统来描述。式(4-1)表明,仅当 p = 0, 1 或 $q = (u_2 - u_1)/(u_4 - u_3 + u_2 - u_1)$ 时,银行群体中使用策略 1 的银行所占的比例是稳定的。式(4-2)表明,仅当 q = 0, 1 或 $p = (v_2 - v_1)/(v_4 - v_3 + v_2 - v_1)$ 时,

证券公司群体中使用策略 1 的证券公司所占的比例是稳定的。因此,该系统有 5 个局部平衡点。

对于一个由微分方程系统描述的群体动态演化过程,其均衡点的稳定性可由该系统得到的雅可比矩阵的局部稳定分析得到(见表 4-5)。上述系统的雅可比矩阵为:

$$\Phi = \begin{bmatrix} (1-2p)[(u_4-u_3+u_2-u_1) \\ \quad q-(u_2-u_1)] & p(1-p)(u_4-u_3+u_2-u_1) \\ q(1-q)(v_4-v_3+v_2-v_1) & (1-2q)[(v_4-v_3+v_2-v_1) \\ & p-(v_2-v_1)] \end{bmatrix}$$

表 4-5 局部稳定分析结果

均衡点	J 的行列式（符号）	Φ 的迹（符号）	结果
$p=0$, $q=0$	$(u_2-u_1)(v_2-v_1)$ （+）	$u_2-u_1+v_1-v_2$ （-）	ESS
$p=0$, $q=1$	$(u_4-u_3)(v_2-v_1)$ （+）	$u_4-u_3+v_2-v_1$ （+）	不稳定
$p=1$, $q=0$	$(v_4-v_3)(u_2-u_1)$ （+）	$v_4-v_3+u_2-u_1$ （-）	不稳定
$p=1$, $q=1$	$(u_4-u_3)(v_4-v_3)$ （+）	$u_3-u_4+v_3-v_4$ （+）	ESS
$p=\dfrac{v_2-v_1}{v_4-v_3+v_2-v_1}$	$\dfrac{(u_2-u_1)(u_4-u_3)(v_2-v_1)(v_4-v_3)}{(u_4-u_3+u_2-u_1)(v_4-v_3+v_2-v_1)}$	0	鞍点
$q=\dfrac{u_2-u_1}{u_4-u_3+u_2-u_1}$	—		

如图 4-5 所示,系统的相图描述了银行和证券公司两类金融机构竞争、合作的动态演化过程。由不稳定平衡点 A（1,0）,B（0,1）及鞍点 C（(v_2-v_1)/($v_4-v_3+v_2-v_1$),$q=(u_2-u_1)/(u_4-u_3+u_2-u_1)$) 连成的折线可看成系统收敛于不同的临界线。初始状态在该折线左下方的区域 G 内时,系统将收敛到（0,0）点,即所有银行和证券公司都采用不合作战略严守分业经营制度。初始状态在该折线右上方的区域 H 内时,系统将收敛到（1,1）点,即所有银行和证券公司都采用合作战略。根据局部稳定分析法对 5 个均衡点进行稳定分析,结

果如表 4-5 所示。可见，5 个局部平衡点仅有两个是演化稳定状态 ESS，分别对应于金融竞争过程中自发形成的两个模式，即证券公司和银行都进行合作和都不合作。另外，该系统还有两个不稳定平衡点 A 和 B 以及一个鞍点 C。

图 4-5 中，设 $(v_2 - v_1)/(v_4 - v_3 + v_2 - v_1) = (u_2 - u_1)/(u_4 - u_3 + u_2 - u_1)$，此时系统收敛于两种战略的概率相同（折线 ABC 左右的区域面积相等）。

当银行和证券公司都愿意合作的相对收益增加时，此时 C 点将向左下方移动，折线右边区域的面积大于左边的面积，如图 4-6 所示，即收敛于银行和证券公司合作模式的概率超过收敛于都按不合作模式的概率。因此，金融系统竞争合作模式的自发演化依赖于合作和不合作的相对收益，但这个收益又与金融监管规则有关。

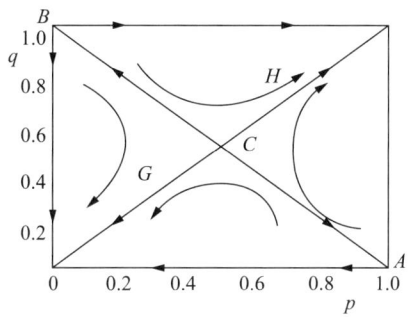

图 4-5 银行和证券分公司交往动态过程

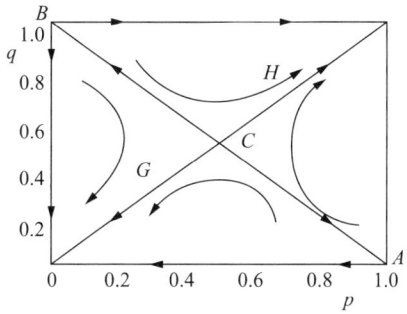

图 4-6 银行和证券公司交往动态过程

由此可见，初始条件不同时，金融机构行为的长期演化结果截然不同，一种是银行与证券公司合作，而另一种是两者的不合作。不过，这两种状态都是演化稳定状态，银行和证券公司的策略都是 ESS。$u_1 < u_2 < u_3 < u_4$，$v_1 < v_2 < v_3 < v_4$。

3. 制度安排和银证合作及制度创新

为维护严格的分业经营制度的权威性，严厉的监管规则可以改变金融系统中的合作竞争博弈的收益结构。不妨假设改变后表 4-5 中的支付为 $u_4 < u_3$，$v_4 < v_3$。使用局部稳定分析方法研究系统在 $u_4 < u_3$，$v_4 < v_3$ 条件下的稳定性，可得表 4-6。此时，系统的均衡点有 4 个：$(0, 0)$、$(0, 1)$、$(1, 0)$、$(1, 1)$。

表 4-6　监管机构严格监管的相应结果

均衡点	J 的行列式（符号）	Φ 的迹（符号）	结果
$p=0$，$q=0$	$(u_2 - u_1)(v_2 - v_1)$（+）	$u_2 - u_1 + v_1 - v_2$（-）	ESS
$p=0$，$q=1$	$(u_4 - u_3)(v_2 - v_1)$（-）	$u_4 - u_3 + v_2 - v_1$（+）	鞍点
$p=1$，$q=0$	$(v_4 - v_3)(u_2 - u_1)$（-）	$v_4 - v_3 + u_2 - u_1$（+）	鞍点
$p=1$，$q=1$	$(u_4 - u_3)(v_4 - v_3)$（+）	$u_3 - u_4 + v_3 - v_4$（+）	不稳定

可见，系统的 4 个均衡点中，只有 $(0, 0)$ 点是稳定点，而 A $(1, 0)$、B $(0, 1)$ 是鞍点，$(1, 1)$ 是不稳定均衡点。因此，只有银行和证券公司不合作是 ESS，此时都采用合作策略是不稳定策略。如果不合作是主导策略，即从任何初始状态出发，系统都将收敛到 $(0, 0)$ 点。

当监管机构对银行和证券公司的合作采取默认的态度，从而银行和证券公司在合作中的收益较大，与以上分析相类似可得到银行和证券公司的合作成为主导战略。即从任何点出发，系统将收敛到 $(1, 1)$ 点。所以金融监管机构的监管对于新的金融制度的创新起着关键作用。从西方国家金融制度创新的历史来看，金融制度的创新实际上是监管主体与创新主体之间的动态博弈过程,制度、规则事实上是在这一持续不断的动态博弈过程中内生形成的。在监管主体与创新主体之间的动态博弈过程中,创新主体通过创新获得了收益,监管主体通过监管活动提高了监管水平、维持了公平竞争和稳定的环境,促进了金融发展。

从以上的分析可知,金融制度创新是金融体系内部各方参与人动态博弈的过程,是经济体系自发演化的过程。这一过程是由经济系统内在力量决定的自组织演化的过程,这种自发演化而生的制度正是哈耶克所阐明的自发秩序,从以上的分析中可以清楚地看到制度绝非可以任凭人的意志进行设计。而这一动态博弈展开的前提是博弈的各方参与人要是独立的完整的参与方,有自己的利益追求和表达自己意见的能力。这样,它们的盈利函数才不会受到太多边界条件的约束,才有动力扮演诱致性变迁中的初级团体角色,进行金融制度创新,从而使社会总体福利最大化。

(四) 金融监管与金融创新的演化博弈分析

1. 金融创新与金融监管

Kane(1981)指出金融监管与金融创新是辩证统一的关系,金融监管可以促进金融创新的发展;反过来,金融创新又进一步推动了金融监管体制的不断完善,两者之间存在一种动态博弈关系。适度的监管会促进金融创新,过度监管或监管不足都会阻碍金融创新的发展。金融创新为金融发展提供强大动力的同时,金融创新也会积聚风险性因素,为了维护金融业持续、稳定、健康的发展,又需要适当地对金融创新产生的风险加强监管以维护金融系统的安全,防止金融系统风险的扩大。"监管——→创新——→再监管——→再创新"这一过程并不是简单的重复。每一个新的循环过程都是一个新的起点,新的起点又推动了另一个新的起点产生,由此共同推动了金融业的改革与变迁。金融监管与金融创新的关系如图4-7所示。

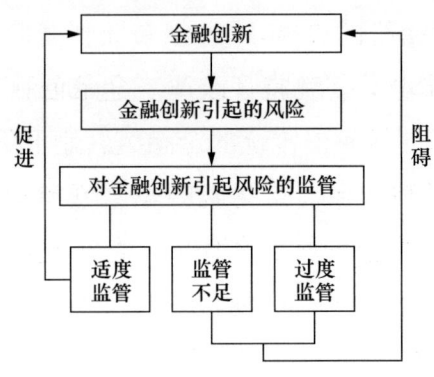

图4-7 金融监管与金融创新关系示意图

金融监管对金融创新的影响既有积极的一面，也有消极的一面。从积极层面分析来看，金融监管可以增强金融市场的信息透明度，弱化由于信息不对称和信息不完全造成金融市场失灵的现象；金融监管可以作为新的金融创新的诱导因素；金融监管可以减少由于过度竞争而导致的金融机构之间的低效率高成本。从消极层面分析来看，金融监管的不利因素主要体现在监管机构的严格监管会阻碍金融机构进行的金融创新活动，过于严格的金融监管使得金融机构进行金融创新必须付出高昂的成本，进一步影响了金融机构创新的积极性，严格的金融监管成为了金融机构进行金融创新最大的阻碍。放松的金融监管虽然在一定程度上促进了金融创新的发展，但是过于放松的金融监管也会扩大金融系统的风险。

金融机构的金融创新打破了原有的金融监管机构与金融机构之间的相对均衡，这使得监管机构为了适应新的金融环境，不得不对金融监管做出更进一步的变革。同时，金融创新虽然在一定程度上促进了金融的发展，但也使得金融风险更具集聚性和隐蔽性。金融监管机构只有不断深化对金融创新的认识，并在此基础上提出具有针对性的监管措施,才能避免出现系统性的金融危机。综合来说,金融创新对金融监管的影响主要体现在两个方面:金融创新推动了金融监管改革;金融创新增加了金融监管的难度。

(1)金融创新推动了金融监管改革。金融创新导致金融监管制度出现重大改革。金融创新使得传统的金融监管制度失去了存在的意义,因此金融监管制度必须改革。金融监管的改革体现在金融监管方式、金融监管标准,对内部监管强度的增强。监管方式的改革使得金融监管从传统的机构监管过渡到功能监管;监管标准的改革使得金融监管从传统的资本监管过渡到全面的风险监管;内部监管强度的改革实现了由注重控制外部监管强度到控制内部监管强度的过渡。

(2)金融创新使金融风险加大,扩大了金融监管难度。金融创新在推动金融业与金融市场发展的同时,也扩大了金融系统的风险,进一步增加了监管机构的监管难度。例如,某些金融产品创新就是通过将各种不同风险的金融产品进行组合,组合后的产品风险高于传统金融产品,使得监管的难度增加。一旦这样的风险发生,那么将会导致整个经济面的危机出现。2008年由美国次贷危机引发的全球性金融危机就是很好的例证。

2. 金融创新与监管博弈——非对称进化博弈理论

第一,模型的建立。

(1)模型假设。第一,博弈方为金融机构和监管机构,双方均为有限理性经济人,即在长期动态博弈中,博弈双方不是一次性就能找到最优策略,而是在不断的协调和学习过程中实现均衡,并且即使暂时达到均衡也可能再次偏离。第二,将金融机构的创新方式分为合规创新和违规创新两种,监管机构的策略选择为监管和不监管。第三,监管机构进行监管需付出成本,包括制定与监管相关的法律制度、对金融机构进行现场调查时人力物力成本等。如果发现金融机构违规创新,将采取处罚措施。

(2) 收益矩阵。当金融机构合规创新，金融机构和监管机构由此获得的收益分别为 a_1、b_1；当金融机构违规创新，金融机构和监管机构由此获得的收益分别为 a_2、b_2。C 为监管机构的监管成本，P 为监管机构发现违规创新时对金融机构的罚款。x 为违规创新的金融机构所占比例，y 为监管机构进行监管的概率，x, y $\in$ [0, 1]，且 $a_1 < a_2$, C < P。

那么，有限理性下的金融机构和监管机构博弈的收益矩阵如表 4 - 7 所示。

表 4 - 7　金融机构与监管机构的博弈矩阵

金融机构		监管机构	
		监管（y）	不监管（1 - y）
金融机构	违规创新（x）	(- P + a_2, P - C + b_2)	(a_2, b_2)
	合规创新（1 - x）	(a_1, - C + b_1)	(a_1, b_1)

第二，模型分析。

金融机构采取违规创新策略和合规创新策略的期望收益 U_{11} 和 U_{12} 分别为：

$U_{11} = (- P + a_2)y + a_2(1 - y)$；$U_{12} = a_1 y + a_1(1 - y)$

金融机构的期望收益为：$U_1 = xU_{11} + (1 - x)U_{12}$

金融机构的复制动态方程为：$dx/dt = x(U_{11} - U) = x(1 - x)(a_2 - a_1 - P_y)$

同理，监管机构采取监管和不监管策略的期望收益 U_{21} 和 U_{22} 分别为：

$U_{21} = (P - C + b_2)x + (- C + b_1)(1 - x)$；$U_{22} = b_2 x + b_1(1 - x)$

监管机构的期望收益为：$U_2 = yU_{21} + (1 - y)U_{22}$

监管机构的复制动态方程为：$dy/dt = y(U_{21} - U_2) = y(1 - y)(P_x - C)$

有 $F_x(x, y) = (1 - 2x)(a_2 - a_1 - P_y)$，$Q_y(x, y) = (1 - 2y)(P_x - C)$。

作为进化稳定策略的点(x^*, y^*),除了本身是均衡点以外,还必须有这样的性质,即偶然的因素是博弈方偏离均衡,复制动态仍会是(x, y)回复到(x^*, y^*)。因此,要求当干扰使(x, y)低于(x^*, y^*)时,$dx/dt = F(x, y)$、$dy/dt = Q(x, y)$必须大于0,当干扰使(x, y)高于(x^*, y^*)时,$dx/dt = F(x, y)$、$dy/dt = Q(x, y)$必须小于0;也就是说,其偏导数$F_x(x, y)$、$Q_y(x, y)$必须小于0。因此,使$F_x(x, y)$、$Q_y(x, y)$同时小于0的点即为进化稳定均衡点;$F_x(x, y)$和$Q_y(x, y)$中不同时小于0,那么该函数沿着某一方向(小于0方向)是稳定的,另一方向是不稳定的,则该点为鞍点。

当$F(x, y) = 0$且$Q(x, y) = 0$时,得到局部均衡点为$K_1(0, 0)$、$K_2(0, 1)$、$K_3(1, 0)$、$K_4(1, 1)$、$K_5[C/P, (a_2 - a_1)/P]$。进化稳定均衡点的求解过程如表4-8所示。

表4-8 进化稳定均衡点的求解过程

均衡点	$a_2 - P < a_1 < a_2$		$a_1 < a_2 - P$	
$K_1(0, 0)$	$F_x(x, y) = a_2 - a_1 > 0$	鞍点	$F_x(x, y) = a_2 - a_1 > 0$	鞍点
	$Q_y(x, y) = -C < 0$		$Q_y(x, y) = -C < 0$	
$K_2(0, 1)$	$F_x(x, y) = a_2 - a_1 - P < 0$	鞍点	$F_x(x, y) = a_2 - a_1 - P > 0$	非均衡点
	$Q_y(x, y) = C > 0$		$Q_y(x, y) = C > 0$	
$K_3(1, 0)$	$F_x(x, y) = a_1 - a_2 < 0$	鞍点	$F_x(x, y) = a_1 - a_2 < 0$	鞍点
	$Q_y(x, y) = P - C > 0$		$Q_y(x, y) = P - C > 0$	
$K_4(1, 1)$	$F_x(x, y) = a_2 - a_1 + P > 0$	鞍点	$F_x(x, y) = a_2 - a_1 + P < 0$	稳定点
	$Q_y(x, y) = C - P < 0$		$Q_y(x, y) C - P < 0$	
$K_5[C/P, (a_2 - a_1)/P]$	$F_x(x, y) = 0$	稳定点	$F_x(x, y) = 0$	稳定点
	$Q_y(x, y) = 0$		$Q_y(x, y) = 0$	

第三,模型进化均衡点ESS的分析。

(1)当$a_1 < a_2 - P$时,$K_4(1, 1)$为模型的进化稳定均衡点。由于我们令违规创新的金融机构的比例为x,因此模型结果表示,经过

金融机构与监管机构的长期博弈,最终金融机构将全部选择进行违规创新,而监管机构则进行完全监管。这种情况一般出现在金融机构之间竞争非常激烈,并同时存在着金融市场机制不完善,金融机构自律程度较低,市场约束力较弱。此时,政府管制完全发挥作用。而面对监管机构的严厉监管与金融业的激烈竞争,为了更好地生存与发展,追求利益最大化的金融机构涉险动机日益加强,寻求机会进行违规创新以创造超额收益。这就使得金融机构和监管机构的博弈进入恶性循环,金融机构的违规创新造成金融市场的不稳定性增加,此时的进化稳定均衡点是低效率的均衡点。但是,如果监管机构能够把握好监管力度,改变金融机构合规创新和违规创新的相对收益。同时,加强官方监管与市场约束的有效配合,将会实现社会福利的改进,并达到高效率的均衡点。

(2) 只要满足 $a_1 < a_2$,都有 $K_5[C/P, (a_2 - a_1)/P]$ 为模型的进化稳定均衡点。也就是说,经过长期反复博弈,有限理性的金融机构和监管机构会找到各自的进化均衡点,选择违规创新的金融机构比例为 C/P,监管机构选择对创新进行监管的概率为 $(a_2 - a_1)/P$,此时的金融市场处于相对健康的状态。由于 $a_1 < a_2$,金融机构有违规创新的动力,但由于政府的适当监管以及和市场约束的相互配合,创新和监管能最终实现稳定均衡。

此种均衡下的金融机构和监管机构的行动策略受 C、P、a_1、a_2 四个因素的影响。其中,金融机构违规创新的比例与监管机构的监管成本 C 成正比,与对违规创新的处罚力度 P 成反比。也就是说,当监管机构对金融创新进行监管的成本越低,相对来说,监管机构就会倾向于选择监管,从而降低金融机构违规创新的概率。当监管机构对违规创新的处罚力度越大,对金融机构产生的震慑力就越大,金融机构就会避免违规创新带来的巨大损失而选择合规创新。同理,监管机构进行监管的概率与金融机构违规创新获得的超额收益 $a_2 - a_1$ 正相关,与对金融机构的罚款 P 负相关。也就是说,当金融机构进行违规创新获得的超额收益 $a_2 - a_1$ 越大,就会降低整体社会福利,扰乱金融市场的运行秩序,为了使金融市场走上正常合理的发展轨道,提高社会整体福利,监管机构会加强监管,减少违规创新的超额收益。监管机构对违规创新的处罚力度越强,即 P 越大,则越容易滋生监管机构的惰性,使其疏于监管,降低监管机构的监管概率。

综上所述,有限理性下的金融机构和监管机构两者相互影响、相互促进。模型结果显示,监管机构的监管成本和对金融机构违规创新的罚款力度会影响金融机构创新的概率。而金融机构进行创新给社会带来的利益以及违规创新给自身带来的超额收益,又反过来影响监管机构选择监管的概率。所以,两者的关系就是"创新──→监管──→再创新──→再监管"的螺旋状不断上升的过程,每一个循环都是一个新的起点,不断推动着金融业发展进步,朝着有利于提高社会整体福利的方向发展。

六、结论与启示

金融深化和金融发展中一个重要的特征就是金融机构的创新和金融体系的发展,本部分在一个非合作博弈的框架下,考察了金融机构创新的演化博弈路径和行为。本部分的研究发现:在一定的信息条件和初始状态下,金融机构和金融体系将收敛于哪一个均衡点受到博弈发生的初始状态影响;均衡状态也受到博弈双方金融机构创新收益的影响。同时,外部环境的变化也会影响金融机构创新的方向。

总体来看,金融机构的创新和金融体系的演化不仅是金融体系内部各方参与者动态博弈的过程,是经济体系自发演化的形成。而且,这一过程还受到外部环境的影响和制约。正如对于金融创新、金融发展和经济增长之间关系的研究所指出的，可能双方存在着非线性的、双向因果的关系，或者是我们所尚未明确的因果关系。另外，我们还应该注意到，在某些特殊的情况下，当创新收益正好满足某个条件的时候，机构创新将会使整个金融体系呈现不同的变化。这种变化的丰富性，正好说明了金融机构创新的收益对于金融体系的影响是最本质的，这种影响也将由于该机构的市场影响力而放大或缩小。

我国经济的发展已经到了一个由粗放型向集约型转变的重要关头，在这样的时候，大力发展金融行业、完善金融体系是大势所趋，参考别国的金融体系发展历史，寻找自己的一条金融体系发展之路是并且将一直是我国的一项重要任务。然而由于社会制度本身具有复杂性，再加上金融体系牵涉社会层面范围极广，所以很难孤立地探讨金融企业机构创新所带来的影响，必须放在整个社会大环境下进行讨论，放到改革开放的新形势中进行讨论。如果选择了正确的演化路径并加以引导，将使得金融机构和金融制度创新不断涌现，金融体系在较短的时间内发生巨大改变，从而推动整个社会的进步和经济的发展。

第五章　金融体系变迁路径的国别比较

一、我国金融体系变迁路径

第一次市场化金融体系的形成是在新中国成立初期。根据对官僚资产阶级和民族资产阶级的不同政策，通过接受、取缔、改造旧中国金融业，基本形成了一种过渡性的市场化的新型社会主义金融制度。但不久，国家实行一种垄断性的国有金融制度安排，限制（排除）了其他非国有金融产权形式的进入。20世纪50年代初，除有国家控制的中国人民银行外，还有私有性质的中国银行与交通银行，公私合营性质的新华信托储蓄银行、中国实业银行、四明商业储蓄银行以及中国通商银行，此外还有保险公司和几家外资银行（如汇丰、渣打等）以及众多的私营银钱业。然而到1954年底，这些非国有金融产权形式无一例外地被整合为国有化。如中国银行1953年被指定为国家外汇专业银行，与中国人民银行国外业务局合并（仅保留了建制）；交通银行1954年10月因原有业务并入中国建设银行而被撤销；中国农业银行变成中国人民银行下属的一个局；保险公司的国内业务停办。到

1956年底，国家实际控制了所有金融业，私有银行已然消失殆尽。从此，中国人民银行作为国家金融产权的唯一代表，成为一个既发行货币又办理具体金融业务的特殊金融机构，高度集中统一的金融体系从而建立起来了。

这种金融体系是一种典型的适应计划经济资源配置模式的金融体系，在产权结构上是以单一国有产权为基本特征，在竞争结构上是以国有银行的完全垄断为基本特征。在传统体制下，国家财政是资源配置的主要手段，中国人民银行既执行着央行职能，又作为商业银行发挥作用，然而其货币发行、货币政策、资金配置等完全根据国家计划来进行，银行部门实际上是国家按照经济发展计划配置资源的工具而难以执行独立的商业银行职能。除了垄断性的国有银行体系之外，在整个经济中不存在其他的非银行金融机构和金融市场，银行存款是唯一的金融资产。1978年以前，中国人民银行控制着国家总金融资产的93%，控制着整个经济中绝大部分的金融交易。① 金融市场的完全缺失和金融机构的极度单一化，使得传统金融体系在动员储蓄、提高资金配置效率、支撑经济增长、促进产业结构转换上的功能难以发挥，金融发展程度受到极大限制。

随着国民经济的恢复和发展，这一金融制度日益表现出不适应经济发展的需要，金融对经济的巨大推动作用被人为扭曲，改革高度集中的计划金融制度成为必然选择。从此开始，中国金融制度进入了现代市场化改革时期。

从1979年至今的30多年是我国金融制度的渐进式转轨时期，按照金融制度改革的过程和深度，大体上可以划分为两个阶段：第一阶段，时间大致是从1979~1993年，是我国金融制度的改革起步阶段。这一时期，实现了从单层银行体制向双层银行体制的转变；实现了金

---

① Gang Yi. Money, Banking and Financial Markets in China, Boulder, CO [J]. Westview, 1994: 19.

融机构的多元化；金融宏观调控由行政调控向经济调控、由直接调控向间接调控转变。第二阶段，从 1994 年至今，是我国金融制度的改革发展阶段。这一时期改革的主要内容可以概括为：更新了金融监管体系；从制度上培育国有商业银行的良好内外经营环境；加快了国有商业银行的市场化改革进程；扩大了金融服务的领域和范畴；进一步完善了金融宏观调控的手段；加大了金融开放的深度和广度。

改革过程发轫于中国人民银行从财政部的脱离（1978 年），此后重建了中国农业银行和中国建设银行（1979 年），设立中国工商银行承担中国人民银行原有的金融业务（1983 年），中国人民银行随即成为了中央银行（1984 年）。同时，各个国有银行的科层式组织机构在全国各地迅速复制。这样，就在一个不太长的时间内迅即形成了一个比较完整的国有垄断金融产权结构体系，从而在政府储蓄和国家财政收入大幅度下降的情况下，通过扩展国有金融产权边界的方式，继续动员和聚集分散的居民个人储蓄以为体制内经济增长提供足够的金融支持。

在此同时，非银行金融机构开始获得初步发展。在中国农业银行的监管下，农村信用合作网络开始为农村居民和乡镇企业提供小规模银行信贷服务。同时，另一种形式的非银行金融机构"信托投资公司"，1979 年建立了第一家信托投资公司"中国国际信托投资公司"，成为中国在 20 世纪 80 年代进行国际债券借款的主要渠道。随着融资渠道的变化，中国储蓄和投资的来源发生了重大变化，居民成为急速上升的银行储蓄的主体，银行贷款也代替政府预算拨款成为投资的主要来源。尽管初期改革确实使银行体系发生了某些结构性变化，但是体制性的改革尚未展开，中国人民银行仍旧行使着中央银行和商业银行的双重职能，继续向国有企业提供直接贷款。专业银行仍旧在国家信贷计划的基础上负责向国有企业提供融资服务，在贷款时不考察企业的盈利能力和偿还能力。银行对企业几乎没有进行真正意义上的监管，银行与企业之间的关系仍旧是传统的计划资金配给关系。

1983年，中国人民银行正式成为国家的中央银行，其商业银行的职能完全剥离出去，由新成立的第四个专业银行——中国工商银行执行对工商企业的融资和投资服务，自此，中国在社会主义国家中第一个实现了由垄断银行体系（Mono Bank System）向双层银行体系（Two-tier Banking System）的变迁，中国人民银行作为中央银行与四大国有商业银行的商业职能彻底区别开来。与此同时，投资渠道也发生了深刻变化，国有企业来自预算拨款的资金大为减少，取而代之的是来自国有银行的贷款，政府对储蓄和投资的控制能力有所降低。在金融机构的建设方面，1200个城市信用社相继成立，从事对城市私人和集体所有企业的融资服务。同时，一些非政府所有的商业银行，如交通银行和中信实业银行也开始建立，初步形成与四大国有商业银行竞争的局面。四大国有商业银行之间的竞争也开始加剧，专业分割和区域限制的局面被打破，各个商业银行之间的业务领域交叉带来更多的市场竞争。不久，银行部门也允许外国机构的进入，一些外国银行被允许在中国的专有经济区设立分支机构。这个时期的重要金融创新之一是非银行金融机构（NBFI）的快速发展，尤其是信托投资公司的大量出现，1986年以来各个专业国有商业银行建立了成百上千个信托投资公司。这些信托投资公司大量参与商业银行业务，吸收居民存款，并为地方企业提供融资服务。信托投资公司的大量出现，进一步加剧了金融领域内的竞争，对提高金融部门效率、强化金融体系的竞争机制起到积极作用。

由于体制内经济增长对渐进改革的顺利推进至关重要，而体制内经济增长主要靠国有大中型企业实现，这就决定了国家的特殊偏好，通过倾斜的产业和金融政策大力扶持国有大中型企业发展。相比之下，国有小企业因规模小且数量众多，遭到国有银行贷款的所有制和规模歧视，这导致了国有小企业获得稀缺金融资源上的举步维艰。既然不能从国家严格控制的国有银行获得足够的体制内金融支持，便只能在体制外另辟蹊径，从而为催生自发性股票市场的诞生奠定了体制性需求的基础。1984年7月，北京天桥百货商场委托中国工商银行北京市分行发行了定期3年的"股票"。由于这种"股票"偿本还息，所以名为"股票"实为债券。同年11月，上海飞乐音响公司部分公开地发行了规范化（不偿还）的股票，成为上海第一家公开发行股票的企业。此后，国内其他省（市）也陆续出现了自发的零星募股集资活动，这标志着中国自发性股票市场已经诞生。

这种自发性股票市场采用柜台交易制度，其诞生得益于中央和地方的分权改革，地方政府为加快本地区经济增长而为这种自发的地方股票市场提供保护，从而降低了市场风险，维持了市场秩序。这种自发的地方股票市场随着规模的扩大，影响到正常金融秩序，遭到了中央政府的严令取缔。同时，外汇改革开始进行，最初确定的是汇率双轨制，即同时存在官方汇率与调剂市场价格。标志性的产物是外汇兑换券、企业现汇留成（企业创汇可以按某个百分比提留）、企业创汇补贴，等等。

由于传统体制性弊端尚未革除，加之金融机构数量的快速增长和融资行为的扭曲，中国金融部门在1988~1991年着重于推行稳定化措施和控制通货膨胀，金融部门市场化改革的步伐暂时放慢，政府重新加大对经济和金融的控制力度，国家主导型信贷又重新有所恢复。政府对通货膨胀主要来源地之一的非银行金融部门加强了监管和重组，使得信托投资公司的数量大为降低。但是在这个时期，金融市场开始得到初步发展，上海股票交易所（1990年）和深圳股票交易所（1991年）相继建立，标志着中国资本市场的初步形成。资本市场的出现是中国金融部门市场化改革中非常重要的里程碑之一，意味着中国在以银行为投资和融资主体的金融体系内又加大了金融市场的作用，中国居民的投资组合由单一化逐步走向多元化。这对中国金融制度的变迁和居民金融投资意识的提高都具有划时代的意义。

1992年之后，中国经济改革和金融市场化改革又进入快速进展阶段，外国直接投资大量涌入，金融部门进一步扩张，市场化金融体系的法律框架初步形成。1994年成立了三家政策性银行：国家发展银行、农业发展银行和中国进出口银行，旨在排除国有专业银行商业化的障碍，将政策性贷款和商业性贷款分开。对银行部门放松管制，降低进入壁垒，建立一批非政府的地区性和全国性的商业银行机构，其中包括建立私人银行和储蓄银行。同时，更多的外国银行和金融机构被允许进入中国市场，有些还被允许从事国内业务。1995年通过《中国人民银行法》，确定了中国人民银行作为国家中央银行的职能和法律地位，央行获得更多的自主权和独立执行货币政策的权利，其基本功能是维持货币稳定性和金融体系稳定性。《商业银行法》也在同年通过，试图将国有商业银行转变为真正的商业银行。同年，《中华人民共和国保险法》和《中华人民共和国票据法》也相继颁布实施，我国金融法律体系的基本框架已经形成，中国的金融运行开始步入法制化轨道。

1993年，国家相继颁布了《股票发行与交易管理暂行条例》等法规，通过分配上市资源国家向输出金融资源的省市提供补偿，消除金融市场进一步发展的阻力，但前提是国家控制股票市场。从此，上海证券交易所和深圳证券交易所就从地方性的证券交易中心成为了全国性的证券交易中心。1996年国务院开始提出股票市场应"稳步发展，适当加快"，在《国民经济和社会发展"九五"计划和2010年远景目标纲要》中，股票市场列入了国家中长期发展规划。国家对股票市场持完全肯定的态度，从而正式结束了股票市场"试验"地位，上海和深圳的股票交易所规模迅速扩大。1994年1月1日，人民币汇率并轨一步到位，取消现汇留成。1996年，全国同业拆借市场统一为全国统一货币市场，政府债券的二级市场也得到进一步发展。中央银行更多地使用利率调整政策和准备金要求来进行金融体系流动性管理，针对特殊产业和部门的优惠贷款利率陆续取消。

1995年在清理、整顿和规范城市信用社的基础上，根据《城市合作银行管理规定》的要求，有计划、分步骤地加快组建城市合作银行。同期，对于保险业的改革也在按步进行，中国人民保险公司分设了财险、寿险、再保险三个子公司。按照银行业和保险业分业经营的原则，中国太平洋保险公司已与交通银行脱钩，改制为独立的股份制商业保险公司。

1995年中国人民银行电子联行系统建设、中国现代化支付系统建设以及同城清算系统建设已取得明显效果。金融电子化的发展，为提高资金清算效率，加快银行间资金周转提供了良好的技术保证。人民银行确定我国金融数据通信网络基本构架，如以金融卫星通信网和地面邮电公用数据网为基础，建设"天地"互为备份、互为补充的中国金融数据通信网骨干网，并在金融数据通信网的基础上，借鉴环球银行通信协会（SWIFT）模式，建立全国银行金融通信系统。

1997年发生的东南亚金融危机，使我国更加注意在发展金融的同时，必须加强对于金融的监管，以保持金融体系稳定和健康的发展。不久，中国正式加入WTO，中国承诺在五年内逐步开放其金融市场，这也使得金融体系的发展翻开新的一页。

按照国务院颁布的《中国人民银行货币政策委员会条例》，1997年4月成立了货币政策委员会，进一步完善货币政策决策体系。2003年，设立银监会，直属于国务院，将原属人民银行的对银行监管的职责分离出来。2004年，建立差别存款准备金制度，放开商业银行贷款利率上限，实行人民币存款利率下浮制度，发展外汇市场，加强反洗钱工作。

中国人民银行从1998年起，取消对国有商业银行贷款限额管理。在推行资产负债比例管理和风险管理的基础上，实行"计划指导，自求平衡，比例管理，间接调控"的管理办法。中央银行货币政策调控目标将从贷款规模转向货币供应量，这是直接调控向间接调控转变的重大举措。2000年，向国有重点金融机构派驻监事会，完善公司治理结构。同年，银行系统实行个人储蓄存款账户实名制。同时，积极在金融机构中推行现代企业制度，2000年中国民生银行股份有限公司在上海证券交易所上网发行。这是继1991年深圳发展银行、1999年上海浦东发展银行上市后又一家发行上市的银行，使我国的上市银行达到三家。2002年，推行贷款五级分类制度，加强资本金管理。2004年，中国银行和中国建设银行改组为股份有限公司。

1997年，人民银行正式开设了总行再贴现窗口。同时，对公开市场操作的一级交易商资格进行了规定和认证，将一级交易商数量由原来的14家扩大到25家，将政策性金融债和中央银行融资券纳入公开市场操作可交易品种，确定了国债为公开市场操作的主要工具，1998年恢复和扩大债券回购公开市场操作。1998年，抓住市场利率水平较低的有利时机，积极推动政策性银行债券市场化发行，国家开发银行、进出口银行均首次通过市场发行了债券。1999年开始吸收证券公司进入银行间同业拆借市场，到2000年已有13家入市，其拆入资金交易量占市场总交易量的44%，证券公司已成为活跃银行间同业拆借市场的主要力量。2003年，发布和实施了证监会发布上市保荐制度。2004年，推动建立客户证券交易结算资金第三方存管模式。

中国人民银行自上而下设立了专门管理农村信用社的职能部门，将对农村信用社的监管列为县支行的工作重点。在此基础上，开展了农村信用社规范化试点，到年底，全国已有近4000家农村信用社完成了规范化工作。2002年，颁布了信托、汽车金融、金融租赁等相关规定和管理方法。2003年，中国人保、中国人寿、中国再保险三家公司重组工作完成，中国人民财产保险股份有限公司和中国人寿还实现了境外上市。

金融对外开放进一步扩大。1997年，开始允许外资金融机构在浦东试办人民币业务。同时，允许中资企业开设外汇现汇账户，保留一定比例的现汇；进一步放宽了个人购买外汇的额度。从2000年9月21日起，我国外币利率管理体制进行了重大改革。改革主要包括三个方面的内容：一是放开外币贷款利率；二是300万元（含300万元）以上美元或等值其他外币的大额外币存款利率由金融机构与客户协商确定；三是小额外币存款利率由银行业协会确定，各金融机构统一执行。

深化利率改革，使利率手段的利用更加频繁，利率的生成机制进一步市场化。2003年，扩大贷款利率浮动区间，加强货币市场制度建设，积极推动货币市场发展。

2000年起，银行信贷登记咨询系统在全国启动并成功运行。同年，上海个人信用联合征信服务系统启动，为我国建立个人信用征信的政策和法规框架、业务发展模式、指标体系和业务管理方法进行了有益的探索。

从2005年开始，根据中国对WTO的承诺，中国的金融市场开始全面开放，金融体系的演进进入了一个新的阶段。中国人民银行发布《稳步推进利率市场化报告》，发挥利率杠杆的调控作用，推进利率市场化过程。①下调超额准备金存款利率，同时放开金融机构同业存款利率；②适度调整商业银行自营性个人住房贷款政策，将原有的住房贷款优惠利率回归同期贷款利率水平；③协调本外币利率关系，根据国际金融市场利率变化情况小幅调整；④修改和完善人民币存、贷款计、结息规则，允许金融机构自行确定除活期和定期整存整取存款外的其他存款种类的计、结息规则。

同年，实施人民币汇率形成机制改革，开始实行以市场供求为基础、参考一篮子货币进行调节、有管理的浮动汇率制度，放松外汇管制，建立银行间人民币远期市场，允许开展人民币掉期业务。中国人民银行积极探索市场化风险补偿机制，拟定了《存款保险条例（征求意见稿）》。

中国工商银行股份制改革启动，并于当年成立股份公司。中国建设银行于香港联交所上市。中国工商银行和中国建设银行成为商业银行设立基金管理公司试点银行，并与国际知名机构联合成立中外合资基金管理公司，分别成功发行了第一只基金。中国农业银行也开始研究股改方案。进一步扩大对外开放，多家境外金融机构入股中资公司。

中国证监会发布《关于上市公司股权分置改革试点有关问题的通知》，逐步解决股权分置问题。同年，中国证券投资者保护基金公司成

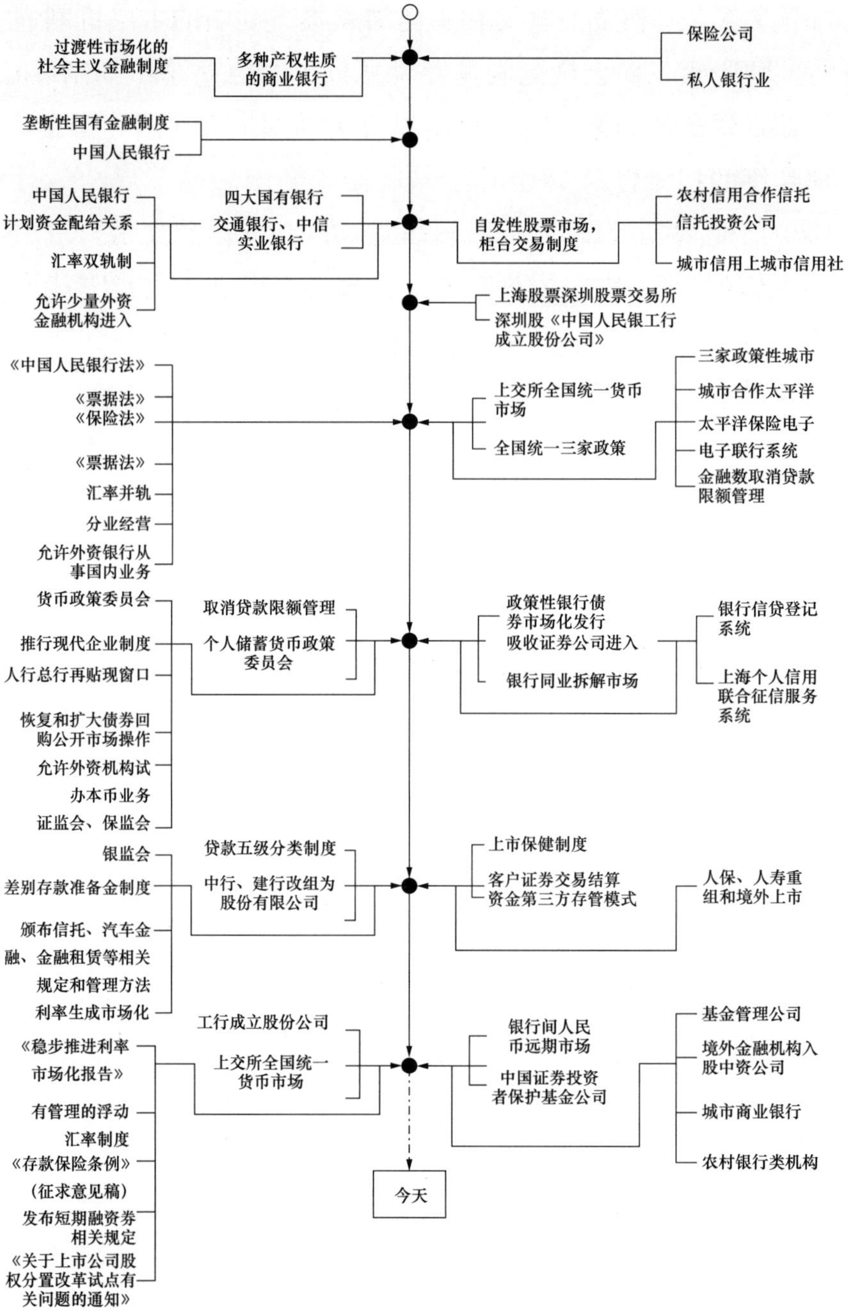

图 5-1 中国金融体系演化路径

立。中国人民银行发布了短期融资券相关规定，允许符合条件的企业在银行间债券市场向合格机构投资者发行短期融资券，同时颁布了次级债、信贷资产证券化、银行间债券市场远期债券、国际开发机构人民币债券等的相关规定。

城市商业银行改革进入一个新的阶段：开始跨区域经营；合并重组；开始信息披露工作；引进境外合格投资者。农村信用社通过机构整合并试点组建农村银行类机构。保险公司也通过境外上市和引进外资参股，健全保险资金管理体制，规范保监会行政许可程序。根据上面的历史发展，本书将我国的金融体系演变路径总结如图5-1所示。

二、印度金融体系的演化

17世纪初期，印度开始出现现代商业银行。1934年，《印度银行储备法》颁布，1935年，印度储备银行（Reserve Bank of India，RBI）建立。1947年，印度宣布独立，1949年，收归印度储备银行为国有，同年《印度银行管制法》颁布。《印度银行管制法》和《印度银行储备法》的规定使RBI成为印度的中央银行，1974年的《印度储备银行（修正）法》还赋予其新的监督和开发促进的职能。早在独立前的20世纪30年代，印度农村就出现了初级信贷合作社。1975年，设立了区域性农村银行（RRBs），用来将印度的农村地区纳入到整个金融体系的覆盖范围内来。

总的来说，1991年前印度经济和金融体系受到严格管制，其中公营银行占主导地位。1992年起，印度开始逐步实施利率自由化政策，1993年RBI颁布私营银行的设立标准。《1994年银行管理（修正）法案》鼓励建立私营银行，规定私营银行可自己任命兼职行长，加大国有银行私有化改革的力度。

1991年以来，印度实施了旨在提高市场流动性和透明度的一系列金融市场改革。1992年废除了《资本发行控制法案（1947）》，1994年金融监管委员会（BFS）成立，它是印度金融监管的最高领导机构。1995年，印度在新股发行定价方面，又实行入标定价法[①]，从而提高了股票发行的效率。1995年，印度颁布《外国机构投资法》开始引进外国机构投资者进入印度的金融市场，并对其资格、投资范围及投资比例做了明确的规定。截至2005年3月底，印度发展了26个证券市场，其中最重要的两家全国性股票交易所是孟买股票交易所和印度国家股票交易所。

1990年，在初级农业信贷合作社的基础上，各县初级农业信贷合作社联合起来，成立了中心合作银行。20世纪90年代前，国有寿险公司垄断了全部寿险和养老保险业务，而一般保险公司则垄断了一般保险业务。政府不仅是保险业务的经营者，也是保险业务的监管者。1997年，《印度联邦储备银行法（修订版）》颁布，印度储备银行对非银行金融机构引入了一套全面的监管体系。2000年，印度政府修改了相关法律，允许私人投资者参股生命保险和一般保险企业，外国投资在这些企业的股份比重最高可达总权益的26%。

根据印度金融体系的历史发展，本书将印度的金融体系演变路径总结如图5-2所示。

---

① 该法是美国式的定价方法，由包销商设定股价的上下限，然后由投资者填表认购，再以最多的投资者选择的价格作为最终定价。

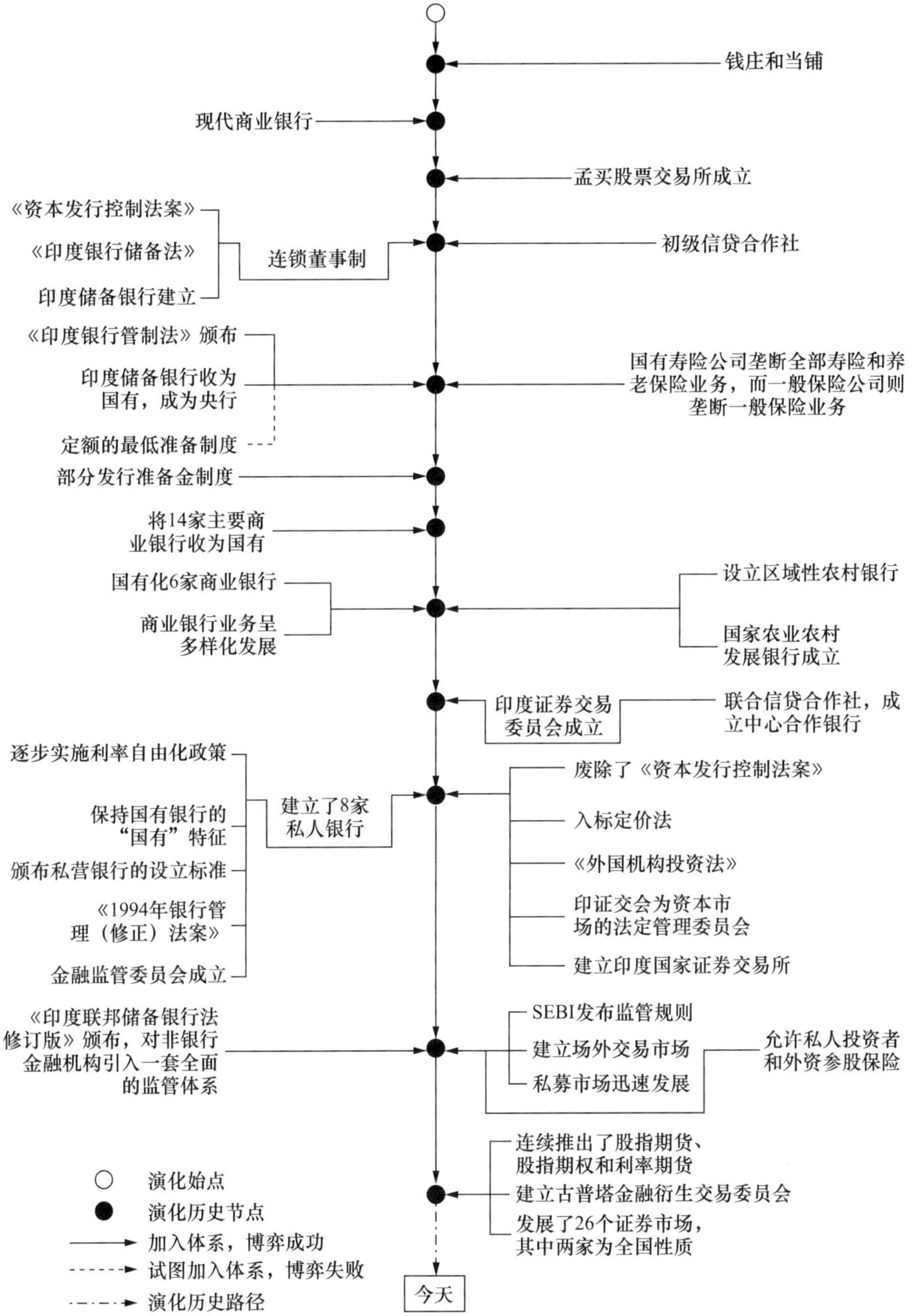

第五章 金融体系变迁路径的国别比较

图 5-2 印度金融体系演化路径

第六章 金融发展、居民收入与经济增长：基于 PVAR 模型的升级层面数据的经验研究

早在 100 年前，Schumpeter（1912）就已经针对金融发展和经济增长之间的关系进行了分析，他断言一个功能运行良好的金融体系将有效地配置资本并进而促进经济的增长。尽管在近百年的时间里，经济学家对于经济增长问题进行了大量富有成效的研究，但是直到 20 世纪 80 年代，新古典经济学家们才打开了技术进步的黑箱，从而逐渐使得分析影响技术进步，进而影响经济增长的不同因素作用成为可能。与此同时，在 20 世纪 60 年代，经济学家和金融学家对于金融中介和金融契约的研究也取得了突破性的进展（Diamond and Dybvig, 1983；Gale and Hellwig, 1985；Townsend, 1979）。也正是由于这些突破性的进展，自 20 世纪 80 年代开始，金融与经济增长的关系成为一个重要的研究热点（潘士远，2009）。

尤其是最近 20 年，随着金融全球化浪潮，理论界更加关注金融发展和经济增长之间关系的研究。从已有文献来看，大部分学者认为，无论是银行中介规模的扩大还是股票市场价值的总体提升，金融发展

第六章 金融发展、居民收入与经济增长：基于 PVAR 模型的升级层面数据的经验研究

都和经济增长之间存在着正向的关系。① 但是，对于金融发展和经济增长之间的因果关系和双向互动，则存在着不尽相同的观点。因为二者之间究竟表现出何种互动关系对宏观经济政策的制定有着迥然不同的含义，因此明确它们之间互动关系的研究也就更有迫切的现实意义。根据 Patrick（1966）提出的"供给导引假说"（Supply - Leading Hypothesis）、"需求跟随假说"（Demand - Following Hypothesis）和"阶段发展假说"（Stage of Development Hypothesis），后续的一些实证研究结果都支持"供给引导假说"，即认为金融发展促进经济增长。但近来的研究表明，二者之间的关系可能更符合"阶段发展假说"。如 Rioja 和 Nalev（2004）发现，金融发展与经济增长之间的关系会因为金融发展的程度不同而有所变化。对于收入较低的地区而言，金融发展对经济增长的作用具有不确定性。在中等收入地区，前者对后者有显著的促进作用；而在高收入地区这种作用虽然是正面的，但并不显著。

总体而言，这一主题的研究仍然存在诸多疑问。虽然一系列内生增长模型都表明金融发展与经济增长之间可能存在互动关系，但实证分析中却缺乏有力的分析工具。传统文献中普遍使用的截面分析方法往往存在严重的共线性和内生性问题，利用时间序列分析方法则因为小样偏误而颇受质疑。Rioja 和 Nalev（2004）也指出，居民收入在衡量金融发展与经济增长互动关系时是一个非常重要的中间变量。

本部分主要利用我国 1994~2009 年省级面板数据考察我国金融发展与经济增长的互动关系。本书主要从以下几个方面改进了以往的研究结果，丰富了理论界关于金融发展与经济增长相关性的认识。第一，本部分采用了最近发展起来的基于面板数据的向量自回归计量方法（简称 PVAR），使得在宏观互动关系研究中的向量自回归方法能够采

---

① Goldsmith（1969）和 McKinnion（1973）的实证研究首先发现了金融发展与经济增长之间正相关的关系。Levine（2005）则在综述相关文献的基础上指出，从目前来看，大部分研究结论都支持金融发展可以促进经济增长。但是也有部分研究表明，金融发展只是被动地对经济发展做出反应，正是由于经济增长所带来的收入增加促使人们需要更多的金融服务，并进而带动了金融的发展（Singh, 1997）。

用更多的样本观测值，使实证结果更具可信性。第二，本书引入了居民收入变量作为基础性变量①，提升了模型有效性，并使得估计结果更科学。第三，本部分通过引入居民收入变量得到了金融发展与经济增长关系新解释。

本章内容安排如下：第一小节是对金融发展与经济增长关系的文献进行简单的回顾；第二小节是介绍实证研究的模型、变量和数据，并进行了变量描述性统计分析；第三小节报告了引入基础性变量居民收入的金融发展与经济增长的 PVAR 模型的实证结果；第四小节给出全书结论和简单的政策建议。

一、文献回顾

自 20 世纪 70 年代开始，有关金融发展和经济增长方面的文献就大量涌现，尤其到了 20 世纪 90 年代之后，更多的经验研究层出不穷，本部分将从计量方法演进的角度对主要的文献进行评述，但本部分未涉及的大量文献也对此领域做出了重要贡献。由于文章篇幅和主要关注角度的原因，这里我们没能完全涉及，有兴趣的读者可以参见 Levine（2005）的相关研究评述。

早在 20 世纪 70 年代，Goldsmith（1969）、Mckinnon（1973）和 Shaw（1973）等就从实证角度对金融发展和经济增长的关系进行了研究。进入 90 年代之后，随着内生经济增长理论取得了重大突破，金融发展和经济增长的关系又重新引起了经济学家和金融学家们的关注。

---

① Love（2006）指出，引入与互动双方相关的变量，能够使模型估计效果大幅提高，这样的变量可称为基础性变量。在本部分中，通过 Rioja 和 Nalev（2004）的研究，可以看出居民收入可以被认为是与金融发展和经济增长均相关的基础型变量。

金融体系通过改善资源配置效率、增加 R&D 投资和加速人力资本积累等方式，促进技术进步，从而不仅对经济增长产生水平效应，而且具有增长效应（王永中，2008）。尤其是随着计量经济学的发展，众多学者纷纷利用新的经验研究方法对金融发展和经济增长关系进行实证分析。King 和 Levine（1993）利用跨国数据考察了银行中介发展对于经济增长的影响，但是其研究方法没有考虑内生性和因果关系问题。进一步地，除了考察金融中介的影响之外，Levine 和 Zervos（1998）引入了股票市场规模等指标，分别检验了金融中介和金融市场对经济增长的影响。但是，他们的研究方法仍然是跨国数据的分析，没有解决其中的因果关系问题。

进入 21 世纪之后，Beck 和 Levine（2002）又运用面板数据方法和 GMM 方法对金融发展和经济增长的关系进行了检验，通过利用广义矩估计的方法，在一定程度上减少了横截面估计中的误差项和解释变量序列相关的问题，并且通过工具变量的运用，适度地解决了内生性的困扰。虽然以上的文献对于金融发展和经济增长之间的关系进行了深入的探索，但是从研究方法上看，仍然存在着一定的内生性问题，因此并不能准确衡量二者之间的关系。此外，横截面数据的分析缺乏对时间动态性的刻画，不能明确金融发展和经济增长之间的动态关系。以上研究的结论基本上支持了金融发展和经济增长的正相关关系，但是二者之间的互动和因果性分析则仍未涉及，而且这也和世界不同国家发展实际存在着偏差，不能完全解释不同国家金融发展的现实情况。

近年来，国内外学者对金融发展和经济增长的研究逐渐偏重于更为复杂的计量分析。Luintel（2008）选择 14 个国家的动态异质性面板数据，利用时间序列方法对金融结构与经济增长进行实证研究，发现金融结构与经济增长具有显著的正向关系，但也具有明显的异构性。Guariglia 和 Poncet（2008）选择中国 30 个地区 1989~2003 年的面板数据检验了金融与 GDP、社会固定资本投资、全要素生产率的关系，研究表明金融结构与金融深化指标与 GDP 及相关指标具有弱相关关系，但当引入外商直接投资因素时，这种影响力度加强。Hasan、Wachtel 和 Zhou（2009）利用中国省级面板数据检验了法律制度、金融深化与经济增长的关系，实证结果表明金融市场发展、法律环境和私有产权的强化与经济增长显著正相关。Rahaman（2011）考察了金融结构与企业发展的关系，研究表明具有外部融资约束的金融结构对企业发展具有重要作用。

国内学者的研究虽然起步较晚，但是对于中国金融发展和经济增长之间的关系也进行了深入的分析并取得了很大的成绩。张军和金煜（2005）利用省级面板数据研究了中国各地区生产率变化如何受到金融深化过程的影响。通过构建对金融深化程度的适当测度，研究发现金融深化与生产率增长之间呈现显著为正的关系，考虑到沿海和内地金融深化模式的差异，同时也能够对中国地区差距的扩大给出一定的解释。杨胜刚和朱红（2007）运用中部六省的升级数据采取面板数据单位根检验、协整检验与误差修正模型，对中部地区金融发展与经济增长总量、产业结构优化以及城镇化水平之间的长期和短期关系进行了研究，结果表明，中部金融发展与经济增长具有长期的均衡关系，金融发展能够为中部崛起提供有力的支持，但短期则无明显关系。王晋斌（2007）采用 SYS – GMM 方法对中国省级不同金融控制程度的面板数据进行计量研究。研究表明，不同金融控制程度下金融发展与经济增长存在不同的关系。在金融控制强的区域，金融发展对经济增长没有显著的促进作用，金融发展不是经济增长的解释因素，而是一种负面的作用。在金融控制弱的区域，金融发展与经济增长之间可能表现出一种"中性"的作用，表明降低金融控制程度能够降低金融发展对经济增长的负面影响。赵勇和雷达（2010）分析了经济增长方式的决定因素以及金融发展对经济增长方式转变的影响。研究表明，经济增长方式在由投资推动向生产率的转变过程中存在着门槛效应，而金融发展水平的提高可以通过降低增长方式转变的门槛值来推动经济增长的集约式转变,其效应大小与经济发展的阶段有关。

二、模型、变量和数据

(一) 模型的设定

自 Sims (1980) 首次提出向量自回归 (VAR) 模型以来,在经济学研究中,向量自回归模型已经得到了广泛应用。但是,随着模型中变量数的增加,向量自回归模型的待估参数成倍增加。因此,只有当研究者能观测到较大的样本观测值时,才能利用 VAR 模型有效地估计模型参数。而面板数据的优势之一就是可以获得更多样本观测值,这样,人们自然而然地想到建立面板数据的向量自回归模型。

面板数据向量自回归模型的研究始于 Chamberlain (1983) 基于混合数据 (Pooled Data) 情形的讨论,Holtz – Eakin (1988) 研究了面板数据向量自回归实变系数的分布滞后回归模型标志着面板向量自回归研究的开端,Binder、Hsiao 和 Pesaran (2003) 给出了个体固定效应面板数据向量自回归模型的 QML 估计、GMM 估计和最小距离估计 (Minimum Distance Estimation),并发现 PVAR 模型的 QML 估计、GMM 估计和最小距离估计都是具有渐近正态分布的一致估计。至此,PVAR 不仅继承了 VAR 模型的优点,将系统中所有变量都内生化,并可通过正交化脉冲响应函数分离出一个内生向量的冲击给其他变量带来的影响程度,同时还有其独特之处,通过引入个体效应和时点效应变量分别捕捉到个体差异性和不同截面受到的共同冲击。具体来说,PVAR 模型中,假设 Y_i 是个体 i 在时点 t 的 m 个可观测随机变量的

m×1 向量，X_{it} 是个体 i 在时点 t 的 m 个可观测的确定性严格外生变量的 m×1 向量，γ_i 是个体 i 的 m 个不可观测的个体固定效应的 m×1 向量，Φ_{tl} 和 Ψ_{tl} 分别是 1 期滞后变量 $Y_{i,t-1}$ 和 $X_{i,t-1}$ 的 m×m 系数矩阵，则称以下模型：

$$Y_{it} = \gamma_0 + \Phi_{t1}Y_{i,t-1} + \Phi_{t2}Y_{i,t-2} + \cdots + \Phi_{tp}Y_{i,t-p} + \Psi_{t1}X_{i,t-1} + \Psi_{t2}X_{i,t-2} + \Psi_{tp}X_{i,t-p} + \gamma_i + u_{it} \qquad (模型 6-1)$$

为面板数据向量自回归模型，简记为 PVAR 模型。如果上述模型中滞后内生变量和外生变量的系数矩阵是非时变的称模型 6-2：

$$Y_{it} = \gamma_0 + \Phi_1 Y_{i,t-1} + \Phi_2 Y_{i,t-2} + \cdots + \Phi_p Y_{i,t-p} + \Psi_1 X_{i,t-1} + \Psi_2 X_{i,t-2} + \Psi_p X_{i,t-p} + \gamma_i + u_{it} \qquad (模型 6-2)$$

模型 6-2 是个体固定效应向量自回归模型。本部分使用的 PVAR 模型具体形式为：

$$z_{it} = \Gamma_0 + \Gamma_1 z_{i,t-1} + f_i + d_{c,t} + e_t \qquad (模型 6-3)$$

其中，z_{it} 是一个四变量向量 {GDP, INCOME, BANK, STOCK}；GDP 表示经济增长水平，BANK 表示金融中介发展水平，STOCK 表示金融市场发展水平，INCOME 表示收入水平。

在模型中，经济增长水平和收入水平代表基本因素，即重点考察金融中介发展水平和股票市场发展水平的变动可能为两者带来什么样的变化，需要指出的是，本书将收入水平看作是可以对其他所有变量产生同质性影响的。金融中介发展水平代表一国金融发展中的间接融资能力，金融市场发展水平代表一国金融发展中的直接融资能力。这里需要说明的是，之所以没有选择相对比例衡量金融发展情况，主要是因为我们更想反映出金融发展的功能表现，而不是考察结构比例的影响。在后面的进一步分析中，本书还按照中国省份区域的划分方法，将样本数据分为东、中、西三个组，用以比较不同地区金融发展程度对经济增长的冲击效应。

在应用 PVAR 模型时，必须规定一个严格的限制，即每一个截面的基本结构是相同的,虽然这个限制与现实情况有所差距,但是本书利用以下的变量来克服对参数的限制,即引入固定效应,并使用具有个体异质性的变量 f_i。由于因变量的滞后项导致固定效应与变量相关,常常应用均值差分来削减固定效应产生的偏相关系数。为了避免以上的问题,这里采用前均值差分,即"Helmert 转换"的方法(Arellano and Bover,1995),这个转换保留了转换变量与滞后变量的正交性。所以,我们可以将滞后变量作为工具变量使用系统 GMM 进行计量估计。此外,在我们的模型中,还引入了特定地区时点效应参数 $d_{c,t}$,用以体现同一时点的不同地区可能受到的共同冲击。

为了分析冲击响应函数我们还需要估计变量的置信区间,由于冲击响应函数矩阵是由 VAR 系数构成的,它们的标准差也需要考虑到。因此,我们通过 Monte Carlo 模拟计算冲击响应函数的标准差和置信区间。实际上,我们估计系数和它们的方差—协方差矩阵以及重新计算冲击响应函数用以随机产生(模型6-3)的估计系数 Γ。通过计算机重复这个程序 500 次(我们试验了更大数量的次数,获得的结果基本一致),产生冲击响应函数的置信区间基本上分布在 5%~95%。最后,为了更好地解释变量间的冲击影响,我们还进行了方差分解,得到不同 PVAR 方程的冲击反应对变量波动的贡献度,我们将给出 10~30 个预测期的方差分析报告。

(二) 数据和变量

我们选择的变量如表 6-1 所示,主要包括了经济增长水平(GDP)、居民收入水平(INCOME)、金融中介发展程度(BANK)、金融市场发展程度(STOCK)和地区变量(Area)。

表6-1 变量的定义

变量	符号	解释	数据来源
经济增长水平	GDP	地区国内生产总值	各地区《1995~2010年统计年鉴》
居民收入水平	INCOME	地区居民可支配收入	各地区《1995~2010年统计年鉴》
金融中介发展程度	BANK	地区金融机构贷款总额	各地区《1995~2010年统计年鉴》
金融市场发展程度	STOCK	地区上市公司总市值	国泰安数据库[②]
地区变量	Area	东、中、西部[①]	

注：东部地区包括北京、天津、河北、辽宁、上海、江苏、浙江、福建、山东、广东、海南11个省市；中部地区包括山西、吉林、黑龙江、安徽、江西、河南、湖北、湖南8个省市；西部地区包括内蒙古、广西、重庆、四川、贵州、云南、陕西、甘肃、青海、宁夏10个省市区，共计29个地区。原属西部地区的新疆、西藏由于数据欠缺，暂不计入。

资料来源：国泰安数据服务中心，http://www.gtarsc.com/。

本部分所使用数据主要来源于1995~2010年《中国统计年鉴》和各省的统计年鉴，通过手工收集整理获得，金融市场发展程度变量的原始数据则来自于CSMAR（国泰安数据库），经过我们加总核算后得到。表6-2给出了变量的描述性统计，本部分共包括了1994~2009年中国大陆地区的29个省、直辖市和自治区的464个观测值。

表6-2 主要变量的描述性统计

变量	观测值	均值	标准差	百分位数		
				25	50	75
全国						
GDP	464	52120276	5.811E7	16194075	34361450	66426745
INCOME	464	8215.48	4699.472	4770.25	6913.56	10728.25
BANK	464	50094508	5.765E7	15649931	31069733	60412321
STOCK	464	23518307	9.355E7	2619371	6477598	16500095
东部地区						
GDP	176	81569640	7.725E7	29959050	58235750	1.06E8
INCOME	176	10416.45	5566.47	5993.25	8806.50	13720.25
BANK	176	81837978	7.856E7	25193852	54602200	1.18E8

续表

变量	观测值	均值	标准差	百分位数		
				25	50	75
东部地区						
STOCK	176	48819692	1.481E8	5297708	13042077	36905807
中部地区						
GDP	128	45727265	3.409E7	21430175	35583813	60327225
INCOME	128	7083.13	3336.68	4483.50	6160.00	9438.50
BANK	128	38293322	2.383E7	21198456	32581633	48732695
STOCK	128	10269778	1.218E7	3601160	6812175	11206950
西部地区						
GDP	160	24840096	2.440E7	8657100	16931850	33510375
INCOME	160	6700.33	3550.98	4001.50	5919.00	8980.25
BANK	160	24617638	2.349E7	8798188	17166146	33312246
STOCK	160	6285606	9471860	1276070	3362998	6054888

三、实证检验和分析

由于变量的非平稳性会导致回归出现谬误，变量平稳性对于 PVAR 模型估计结果具有重要影响，特别是非平稳的序列会严重影响脉冲响应函数，因此我们首先对变量进行了平稳性检验。初步的结果显示，所有序列都是不平稳的，经过各变量的一阶差分之后，我们再次进行平稳性检验，各变量都实现了平稳性。因此，这里采用各变量的一阶单整序列，建立 PVAR 模型。我们使用 FPE、AIC、HQIC 和 SBIC 四种准则考察四变量 PVAR 模型的最佳滞后期数，由表 6-3 可以看出，FPE 和 AIC 认为滞后三阶效果最佳，HQIC 和 SBIC 认为滞后二阶效果最佳。通过对东、中、西部地区的检验，我们认为滞后二阶是最佳滞后期数。

表6-3 PVAR模型运行期数

lag	FPE	AIC	HQIC	SBIC	Lag	FPE	AIC	HQIC	SBIC
全国（Panel A）					东部地区（Panel B）				
1	20.90	1.909	1.311	0.616	1	-27.23	-0.207	3.973*	1.374*
2	28.47	4.735	1.183*	3.314*	2	-25.05	2.014	6.733	3.789
3	31.31*	4.751*	0.826	3.187	3	-26.04	3.210	8.531	5.200
4	26.82	1.459	2.892	0.268	4	-41.44*	1.533	7.534	3.761
中部地区（Panel C）					西部地区（Panel D）				
1	-44.31	-2.700*	2.034*	-0.958*	1	-40.97	-4.158*	0.173*	-2.532*
2	-52.37	-2.015	3.363	-0.149	2	-47.25	-3.631	1.268	-1.803
3	-54.58	0.400	6.497	2.612	3	-52.50	-2.262	3.272	-0.211
4	-25.32*	5.716	12.621	8.200	4	-57.31*	-0.372	5.876	1.927

我们通过个体固定效应模型来进行估计，在表6-4中给出了四变量｛GDP，INCOME，BANK，STOCK｝的估计结果，在表6-4中，我们给出了四个主要模型估计系数，包括全国样本、东部样本、中部样本、西部样本。根据表6-4的估计结果可见，GDP、INCOME、BANK、STOCK的滞后二期对GDP、INCOME、BANK、STOCK的影响达到了1%的显著性水平，这说明模型的有效性很强。

在全国样本模型中，GDP和INCOME互为负的双向关系；GDP与BANK互为负的双向关系；GDP与STOCK互为正的双向关系，但STOCK滞后二期对GDP的影响非常微弱；INCOME和BANK之间存在不显著且不确定的关系，属于非对称关系，INCOME和STOCK之间也是存在一种非对称关系，但都是金融结构滞后二期对INCOME有微弱正向作用，INCOME滞后二期对金融结构变量是负向的；STOCK和BANK互为正的双向关系，但STOCK滞后二期对BANK的影响较弱。

在东部样本模型中，基本与全国样本模型中一致，不同之处在于

BANK 滞后二期对 GDP 的影响是微弱正向的；GDP 滞后二期对 STOCK 的影响更大。在中部样本模型中，BANK 滞后二期同样对 GDP 的影响是微弱正向的；GDP 滞后二期对 STOCK 的影响更大。在西部样本模型中，与全国样本模型保持方向的一致，但 GDP 滞后二期对 STOCK 产生的正向作用较小。

表6-4 四变量 PVAR 模型主要实证结果

依赖变量	响应变量			
	GDP (t-2)	INCOME (t-2)	BANK (t-2)	STOCK (t-2)
Panel A：全国样本				
GDP (t)	-0.660 (-12.88)***	-0.198 (-3.36)***	-0.041 (-1.285)***	0.004 (1.28)***
INCOME (t)	-0.333 (-6.82)***	-0.326 (-5.28)***	0.011 (0.49)	0.017 (6.17)***
BANK (t)	-0.430 (-4.70)***	-0.138 (-1.24)	-0.041 (-0.51)*	0.045 (7.25)***
STOCK (t)	3.800 (6.42)***	-1.370 (-2.21)*	0.395 (1.15)***	0.067 (2.04)***
Panel B：东部样本				
GDP (t)	-0.587 (-4.84)***	-0.345 (-2.06)**	0.074 (0.51)***	0.003 (0.44)
INCOME (t)	-0.394 (-3.43)***	-0.313 (-1.92)*	0.093 (0.79)***	0.007 (1.24)*
BANK (t)	-0.505 (-2.48)**	-0.158 (-0.56)	0.060 (0.28)*	0.042 (4.70)***
STOCK (t)	5.137 (5.15)***	-2.118 (-1.57)	0.574 (0.52)***	0.096 (1.63)***
Panel C：中部样本				
GDP (t)	-0.549 (-5.25)***	-0.252 (-1.56)	0.012 (0.26)	-0.003 (-0.37)
INCOME (t)	-0.359 (-3.67)***	-0.218 (-1.57)	0.051 (1.10)***	0.011 (1.87)***
BANK (t)	-0.087 (-0.58)***	-0.207 (-1.02)	-0.036 (-0.19)***	0.048 (3.35)***
STOCK (t)	5.030 (4.03)***	-1.319 (-0.86)	0.182 (0.21)***	0.073 (0.91)***
Panel D：西部样本				
GDP (t)	-0.722 (-6.65)***	-0.046 (-0.34)	-0.073 (-0.95)***	0.009 (1.36)***
INCOME (t)	-0.205 (-2.47)***	-0.495 (-3.51)**	0.010 (0.18)*	0.034 (4.94)***
BANK (t)	-0.480 (-3.05)***	-0.199 (-0.97)	-0.111 (-1.25)***	0.050 (4.69)***
STOCK (t)	1.866 (2.14)***	-0.588 (-0.58)	0.169 (0.32)***	0.045 (1.04)***

注：***、**、*分别表示在1%、5%、10%的水平上显著。

在图6-1至图6-4中给出了95%置信区间内使用 Monte Carlo 模

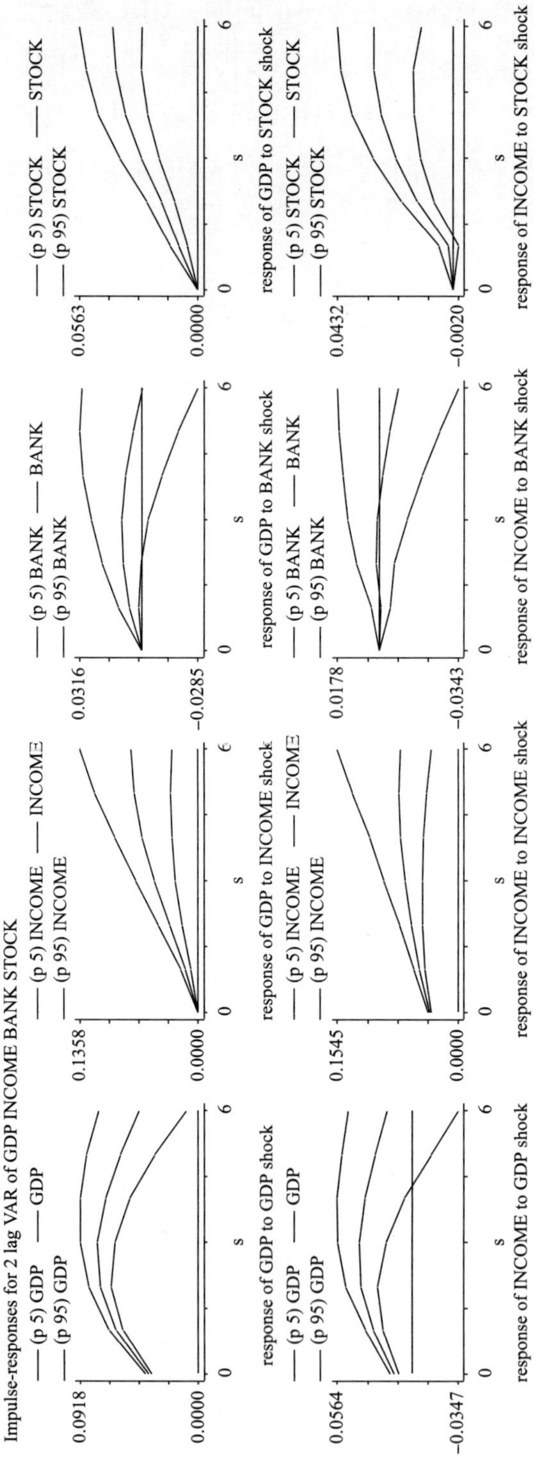

图6-1 全国样本四变量的冲击效应函数

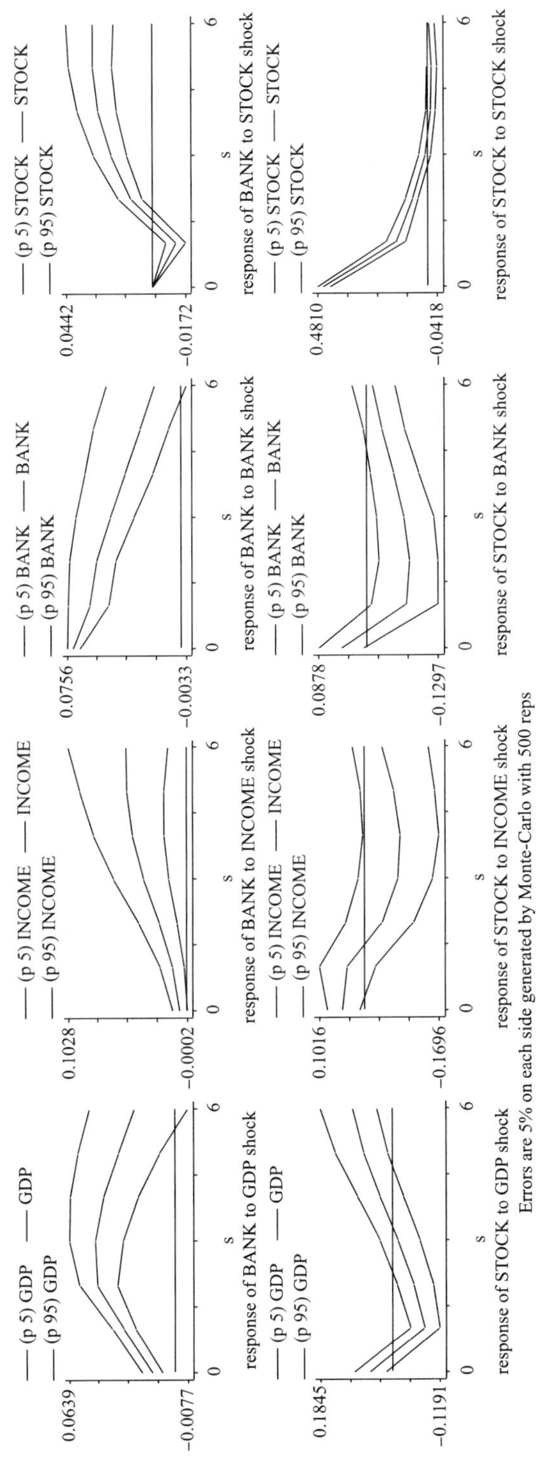

第六章 金融发展、居民收入与经济增长：基于PVAR模型的升级层面数据的经验研究

图6-1 全国样本四变量的冲击效应函数（续）

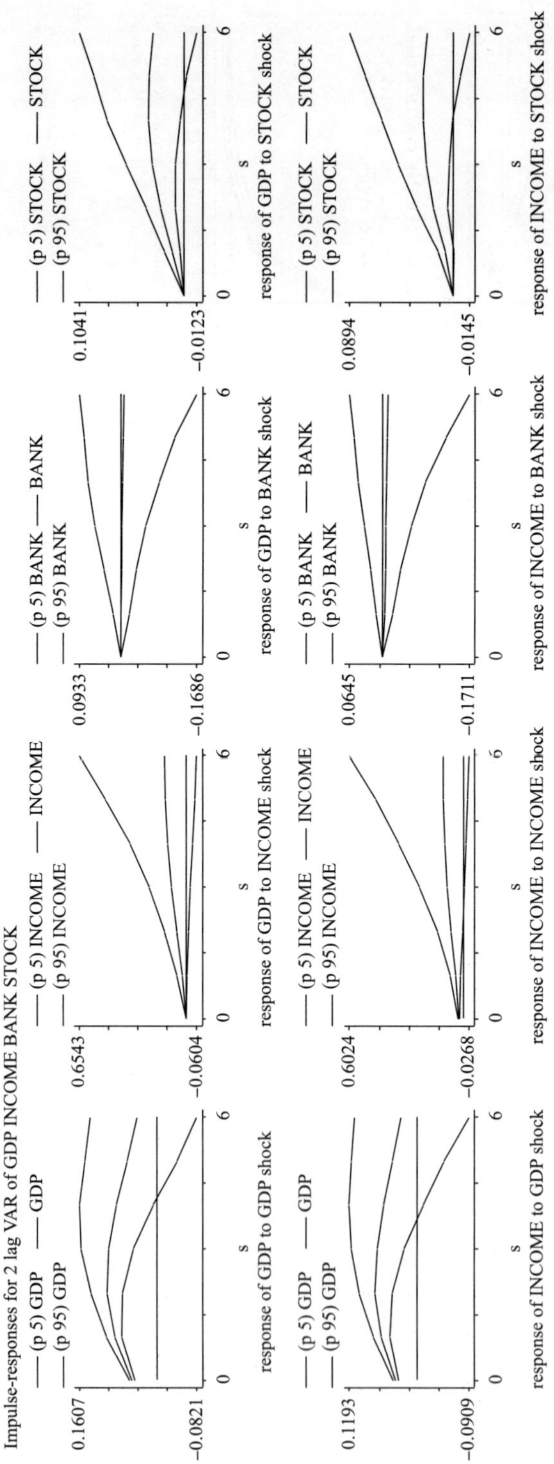

图 6-2 东部样本四变量的冲击效应函数

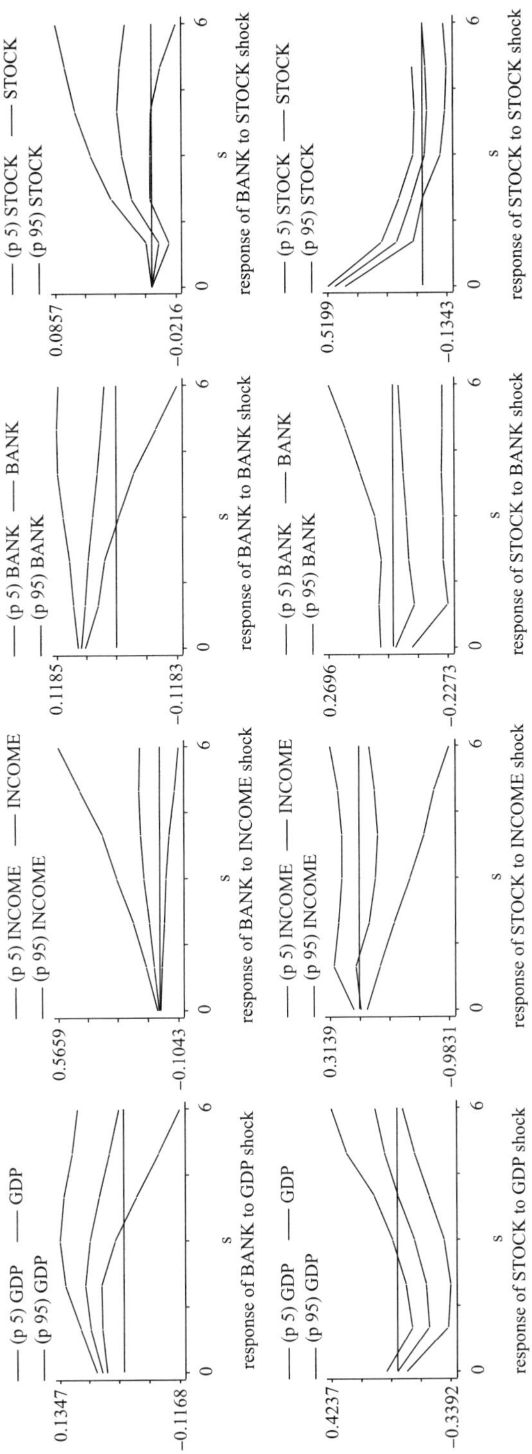

第六章 金融发展、居民收入与经济增长：基于 PVAR 模型的升级层面数据的经验研究

图 6-2 东部样本四变量的冲击效应函数（续）

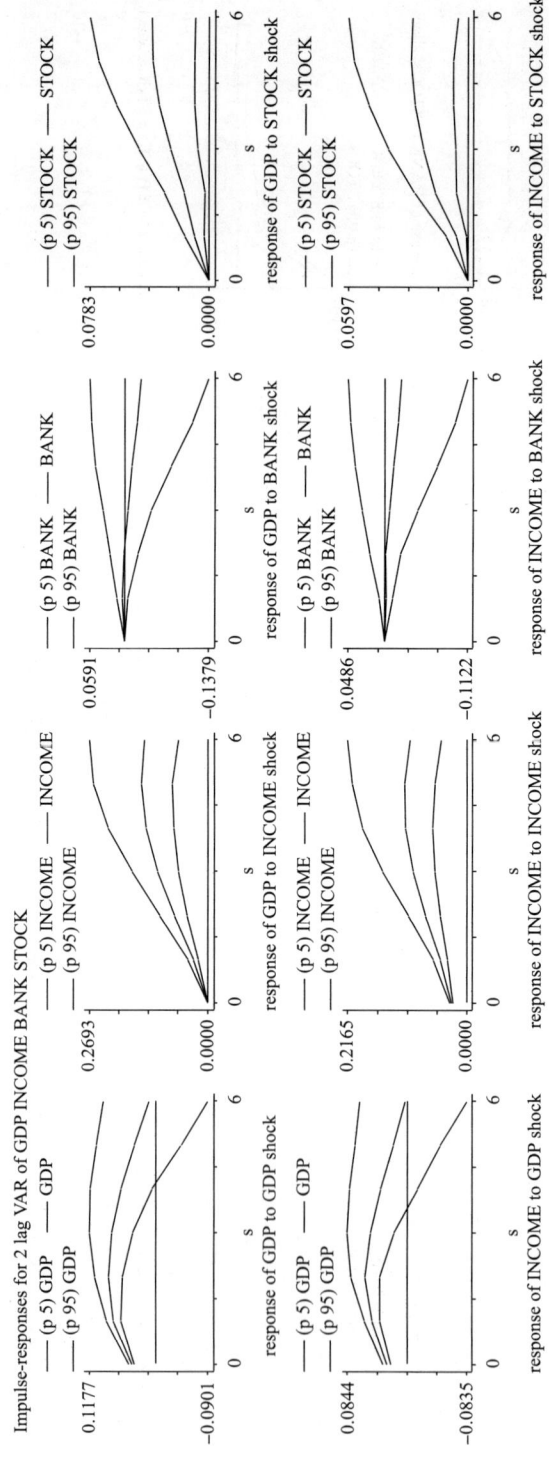

图6-3 中部样本四变量的冲击效应函数

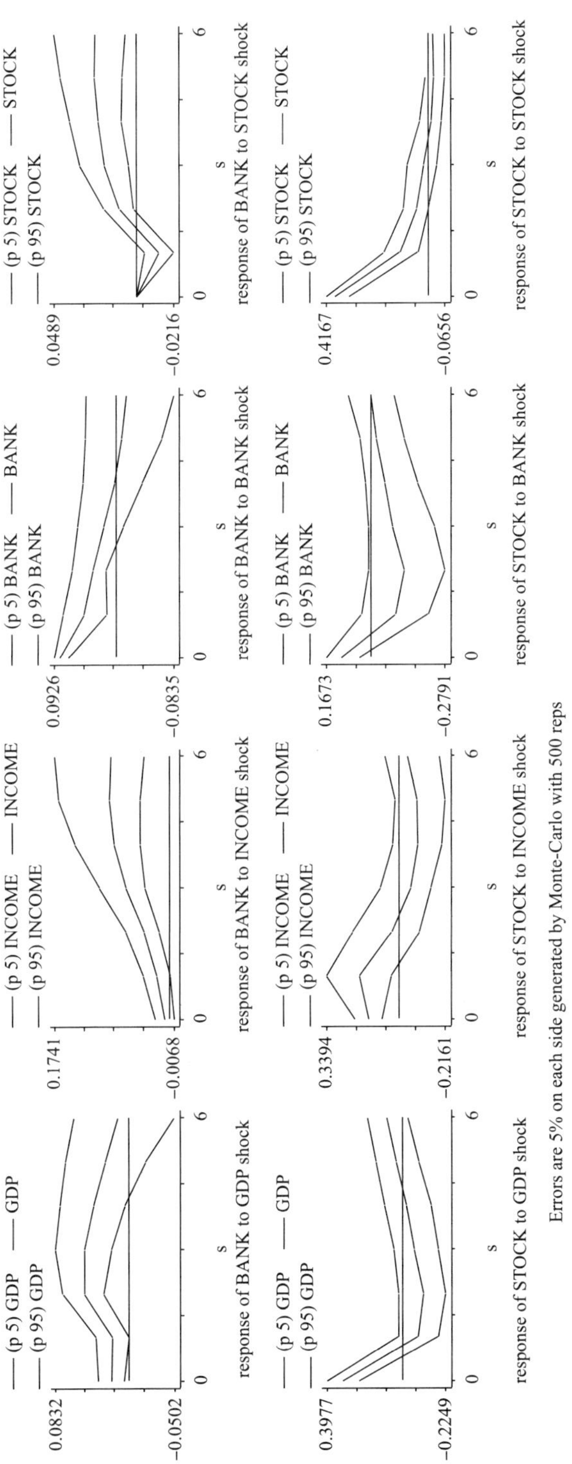

第六章 金融发展、居民收入与经济增长：基于 PVAR 模型的升级层面数据的经验研究

图 6-3 中部样本四变量的冲击效应函数（续）

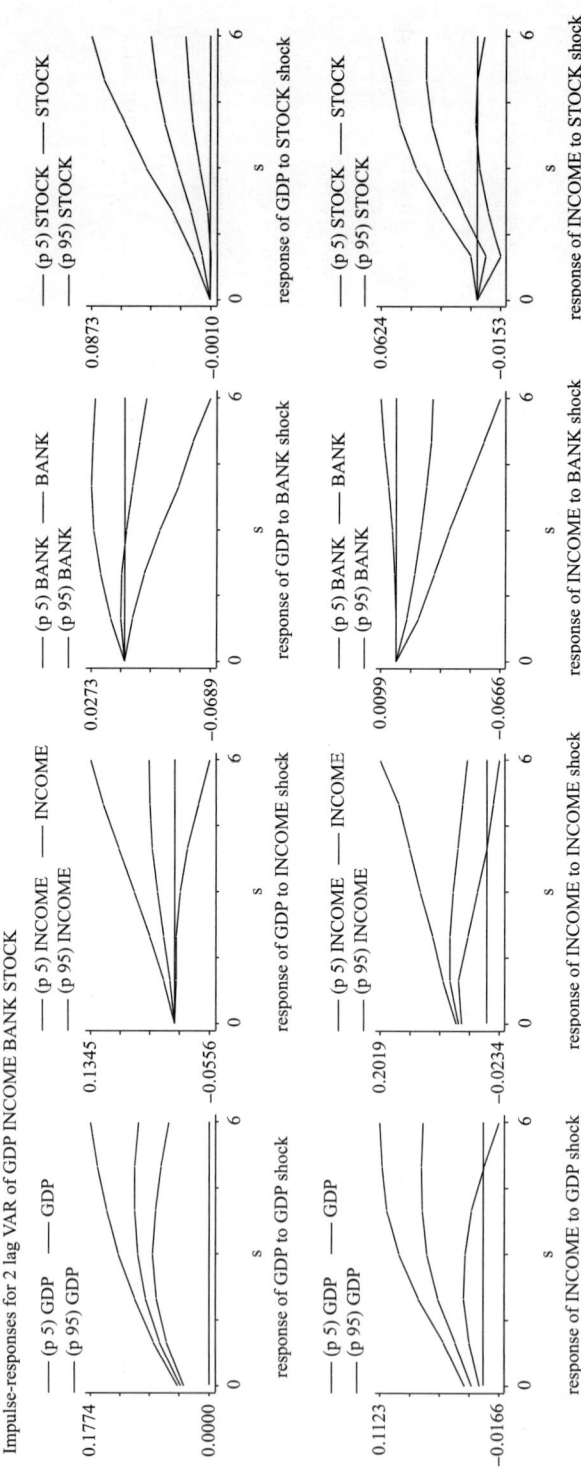

图 6-4 西部样本四变量的冲击效应函数

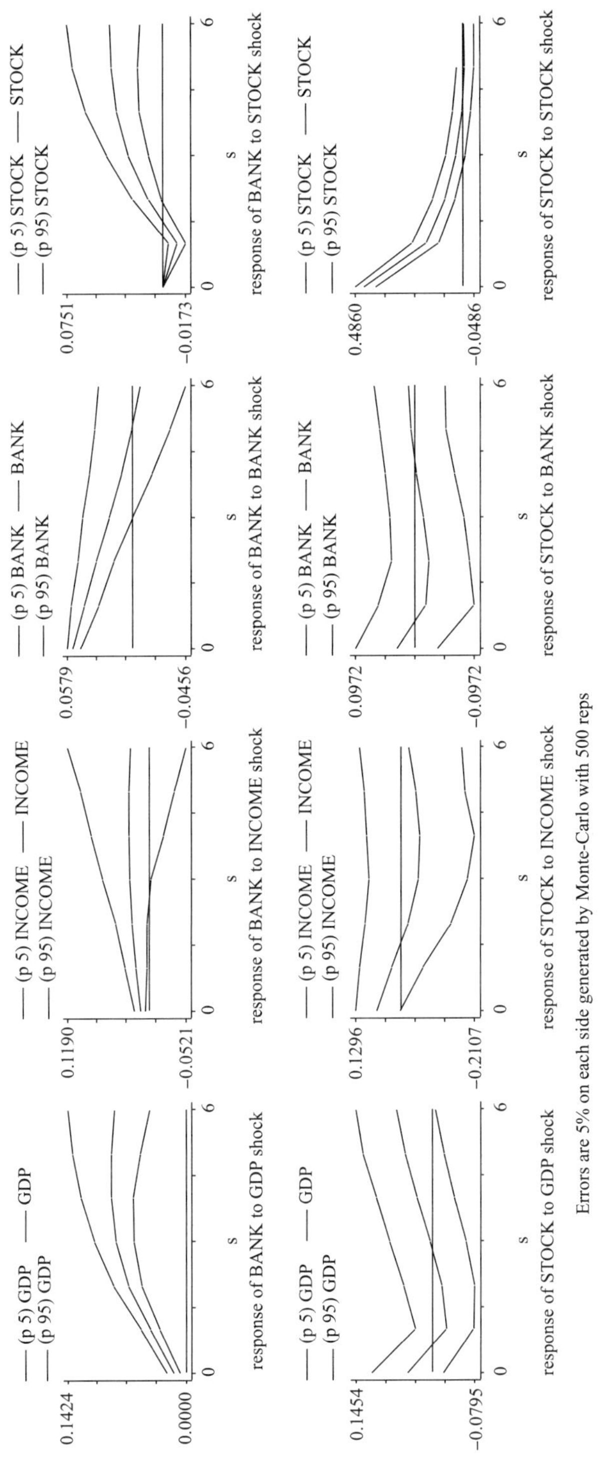

第六章 金融发展、居民收入与经济增长：基于PVAR模型的升级层面数据的经验研究

图 6-4 西部样本四变量的冲击效应函数（续）

拟500次的各四变量模型的脉冲响应函数，横轴代表冲击反应的响应期数，最大期数为6期。具体结果说明如下：

在全国样本的模型中，GDP给出一个标准差的冲击，GDP、INCOME、BANK均在当期取得了一个正值并进入上升期，在第3期左右达到最高，而后进入一个缓慢下降期，STOCK则在初期出现一个急速下降，而在2期之后却出现一个急速上升；INCOME给出一个标准差的冲击，GDP、INCOME、BANK均进入一个平缓的正向发展，STOCK却进入一个先缓后急的下降期，在5期达到低点，6期有上升的趋势；BANK给出一个标准差的冲击，对GDP、INCOME、BANK均有负向影响，不同的是GDP、INCOME是在负值左右徘徊，而BANK则从一个较高的正值急速下降到负值，STOCK则在一个急速下降后取得一个正向促进作用；STOCK给出一个标准差的冲击，对GDP和INCOME均有一个非常显著的正向作用，BANK则在短暂下降后取得显著的正向作用，STOCK自身则从一个较高的正值急速下降到负值。

在东部样本模型中，与全国样本模型基本一致，不同的是INCOME给出的一个标准差的冲击对GDP、INCOME、BANK、STOCK均不显著；在中部和西部样本模型中，与全国样本模型方向完全一致，不同的是影响幅度较小。总体上说，经济增长在短期内对未来经济增长、居民收入和金融中介均有促进作用，但由于经济增长模式的制约，长期来看却有制约作用。由于中国居民储蓄的习惯，居民收入对四者的影响虽然为正但均不显著。与传统理论不同的是，金融中介却不利于经济增长和居民收入，金融市场却有一个显著的正向作用。

为了更精确地考察经济增长、居民收入、金融中介、金融市场之间的相互影响程度，通过方差分解得到不同的VAR的冲击反应对内生变量波动的贡献度，本书共进行了第10个预测期、第20个预测期和第30个预测期的方差分析，发现第20个预测期和第30个预测期的方差分析结果基本一致，表6-5给出了第30个预测期的方差分析结果。

第六章　金融发展、居民收入与经济增长：基于PVAR模型的升级层面数据的经验研究

在全国样本模型中，除各变量受自身影响外，INCOME对GDP的解释力度是52.3%，BANK和STOCK对GDP的解释力度均不强，分别为3.7%和11.4%；其他因素对INCOME的解释力度均很弱；INCOME对BANK的影响超过了BANK自身，为39.2%，GDP对BANK的影响为17.7%；STOCK受GDP和INCOME的影响分别为19.8%和14%。在东部样本模型中，INCOME对GDP的解释力度达到了74%，对BANK的解释力度达到了67.9%，对STOCK的解释力度达到了30.6%，可以看出居民可支配收入在东部起到重要作用，其他因素与全国样本基本一致。在中部样本模型中，与东部样本模型非常近似，INCOME的地位也非常重要。在西部样本模型中，INCOME则对其他因素基本没有贡献，GDP则成为各因素的主要影响因素。

居民可支配收入确实是一个基础性要素，对经济增长、金融中介和金融市场都有重要的影响作用，但是通过分区域模型可以看出，在经济发展水平较低的地区，居民可支配收入的作用就不明显了。而金融结构对经济增长并未能提供太大的支持；相反，经济增长对促进金融发展却发挥了重要作用。

表6-5　四变量方差分解

	GDP	INCOME	BANK	STOCK
Panel E：全国样本				
GDP	0.327	0.523	0.037	0.114
INCOME	0.104	0.767	0.045	0.084
BANK	0.177	0.392	0.322	0.108
STOCK	0.198	0.140	0.060	0.602
Panel F：东部样本				
GDP	0.201	0.740	0.028	0.030
INCOME	0.153	0.787	0.036	0.024
BANK	0.162	0.679	0.130	0.028

续表

	GDP	INCOME	BANK	STOCK
Panel F：东部样本				
STOCK	0.278	0.306	0.028	0.387
Panel G：中部样本				
GDP	0.194	0.734	0.035	0.047
INCOME	0.151	0.764	0.037	0.048
BANK	0.134	0.624	0.190	0.052
STOCK	0.291	0.340	0.088	0.281
Panel H：西部样本				
GDP	0.753	0.092	0.050	0.105
INCOME	0.484	0.343	0.076	0.097
BANK	0.689	0.079	0.100	0.132
STOCK	0.190	0.059	0.164	0.734

四、研究结论和政策含义

本章利用1994～2009年中国省级层面的面板数据，分别构建了引入基础性变量的四变量PVAR模型，针对金融发展和经济增长之间的关系进行了实证的研究，基本的研究结论表明：

从全国样本的整体情况上来看，无论是金融中介还是金融市场的发展都和经济增长之间存在着明显的正向互动关系，金融发展和经济增长之间存在着双向的影响。但是，通过PVAR和脉冲响应函数的结果表明，经济增长对金融中介和金融市场的影响作用更大，而金融中介和金融市场对经济增长的作用较为微弱。这也基本上符合了我国目前经济发展阶段所体现出的金融发展和经济增长的互动关系，即初步形成了"需求跟随"的情况,经济增长引发了更多的金融需求。进一步地,通过将不同省份所在区域划分为东、中、西部三个区域之后的分析表明,在经济发展较快的东部地区金融中介对经济增长的促进作用更为显著,即金融中介的发展较为有效地分配了信贷资源,促进了地区经济的增长。但是,在经济发展阶段较为落后的西部地区,金融中介对于经济增长的促进作用并不明显。这也和王晋斌(2007)的研究结论一致,就是由于金融控制程度降低了金融中介发展对于经济增长的正面影响。同时,不同发展阶段体现了金融发展和经济增长之间的不同关系。

通过引入居民收入的四变量计量模型结果发现,居民可支配收入对经济增长和金融发展都具有非常显著的促进作用。但是,需要指出的是经济发展越快的地区,居民可支配收入发挥的作用就越大,而在经济欠发达的西部地区居民可支配收入对经济增长、金融中介和金融市场的作用基本可以忽略。本书认为这一结果的可能解释,就是由于经济欠发达地区居民可支配收入水平整体偏低,因此其对于金融服务和消费的需求就会很弱,这导致了居民可支配收入变量对于其他变量的影响很小。

本部分结论的政策含义也是十分明显的,通过对经济发展阶段不同地区的比较分析可知,作为实体经济发展血脉的金融体系,其在不同地区的作用也是不一样的,中国金融发展和经济增长之间的关系充分体现了区域性特征。这就要求中央和地方政府在政策制定的过程中,充分考虑地区的实际情况,加速提高欠发达地区的经济增长和居民收入水平来缩小差距,并实现经济增长对于金融发展的引致需求。此外,要进一步支持欠发达地区企业的公开上市,发挥金融市场的资源配置功能。在经济发展较为发达的地区,应引导金融中介和金融市场资金向高附加值、高技术含量产业流动,更好发挥金融体系的资金配置效率。同时,在较为发达的地区应该鼓励金融创新,丰富金融中介的多元化，鼓励金融机构间的竞争，进一步做大金融中介存量和流量，降低金融业进入门槛。近期中央在浙江温州地区进行的金融试点改革应该是一个突破口，这可以使民间资本正式进入到金融体系中来，从而更好地发挥其对于经济增长的促进作用。

第七章 股票市场发展、银行信贷规模与产业结构升级：来自中国省级层面面板数据的证据

近20年来，金融发展、金融体系深化与经济增长之间的关系受到经济学家和金融学家越来越多的关注，部分理论和实证研究指出了金融发展对于经济增长的积极贡献（Levine，2004）。而从具体的研究内容和研究对象上来看，大多数学者的研究都集中于银行系统发展对经济增长的影响，大量的跨国截面数据实证分析表明，银行体系的深化和发展对经济增长具有显著的促进作用（Levine，1998；Christopoulos，2004；Fan，2005）。实际上，银行体系发挥着重要的金融中介功能，为社会经济运行和企业提供金融信贷服务，并通过物质资本积累促进经济增长。同时，银行的信贷资金又为企业的技术创新和升级转型提供支持，并进而促进经济增长。

改革开放30多年来，中国经济创造了年均GDP增长9.8%的奇迹，2010年中国GDP总值已达58786亿美元，成为世界第二大经济体。然而在经济总量持续高速增长的同时，亦存在着日益严重的经济发展方式落后、增长质量不高和结构性矛盾突出等问题，因而面临经济转型和产业升级的紧迫任务（汪炜和李甫伟，2010）。由于资源、环境和内需不足等现实压力的存在，中国迫切需要转变经济增长方式和实现产业升级。因此，我们有必要将关注目光从单纯的GDP增长转

向产业的转型升级研究,而能否实现产业结构升级也将直接影响中国经济的长期稳健增长。那么作为现代社会经济联系血脉的金融体系的发展能否对我国的产业升级产生积极影响?与此同时,除了银行体系外,中国近20年高速发展的股票市场对产业升级又有怎样的影响?进一步地,本书有理由设问,股票市场的发展和银行体系的发展哪一个对推动中国产业结构升级更为有效?

由于银行信贷和证券市场各自的特点不同,因此两者对于产业结构升级和经济增长的促进作用也必然存在差别。具体来说,部分国外研究发现银行体系并不支持企业的技术创新,而更多地倾向于保护和维持现有产业格局以保证获得相对稳定的利息收入(Rajan,1992;Weinstein,1998;Mork,1999)。因此,国外学者普遍观点认为,银行信贷更偏向于低风险的保守投资项目。同时,由于信息不对称等因素,银行体系并不鼓励企业的创新投资和转型升级。而与此相对,已有的国外研究表明,股票市场的发展能够促进企业的技术创新和产业的转型升级。一国或地区金融市场的深化和规模增加都对经济产出、行业成长、从业人员变动和产业升级具有显著的正向影响(King and Levine,1993;Rajan,1998;Beck,2002)。Brown(2009)等进一步指出,发达的证券市场对于企业的创新、转型和升级都具有更强的促进作用,相对于银行信贷体系而言,证券市场对于企业创新和升级的影响优势更为明显。国外学者在理论基础、实证检验和研究方法上都对本领域研究做出了很大的贡献,但其研究对象多以发达市场经济国家为样本,或是采用了跨国截面数据,因此缺乏对发展中国家和新兴市场经济国家的具体研究,其结论可能并不适合这些国家的现实。

近年来,国内学者也对金融发展和产业升级之间的关系开展了一些研究。曾国平和王燕飞(2007)运用中国1952~2005年的时间序列数据,以第一、第二、第三产业产值分别占 GDP 总额的比重为被解释变量,以广义货币量 M2 占 GDP 的比例、银行存款余额占 GDP 的比例等为解释变量,其实证研究表明,金融发展对第三产业就业结构变动影响较为显著。而从产值结构上来看,第一产业受金融发展影响显著。总体来说,第二、第三产业与金融发展长期关系不显著,金融资源和金融系统资源配置效率的变动尚没有发挥应有作用。张杰和刘志彪(2007)综述了国外有关金融结构对产业结构影响的研究,指出了建设多元化资本市场并促进银行体系和证券市场协调发展将是建构有效金融体系的长期发展战略。

马智利和周翔宇(2008)则利用中国 1978~2006 年时间序列数据,也以第二、第三产业产值之和占 GDP 的比重为被解释变量,实证检验了金融相关率、金融市场化率对产业结构调整的影响。其实证研究结果表明,金融发展与产业结构调整之间存在着长期协整关系。此外,他们还发现中国金融市场化率与产业结构调整之间存在双向的格兰杰因果关系,而金融相关率与产业结构变动之间只存在单向的格兰杰因果关系。以上学者的研究多从时间序列方法入手,从整体上分析了中国银行体系规模与产业结构变动之间的因果关系。钱水土和周永涛(2011)以中国 2000~2008 年 28 个省市数据为样本,首先运用估算了 TFP 和各个地区的金融发展水平,再以非国有企业的贷款占总产出的比例衡量金融发展水平,然后运用两步 GMM 系统估计方法检验了金融发展对技术进步和产业升级的影响,在控制了相关变量后。其研究表明,金融发展对技术进步和产业升级都具有正向的促进作用。

上述研究对于揭示我国金融发展与产业结构关系提供了证据和启发,但也存在着不尽完善之处:

(1)国内研究多以整体经济为研究对象,利用时间序列方法和 Granger 检验考察金融发展与产业结构变动之间是否存在长期协整关系,而得到的结论也不尽相同。由于中国各个地区的发展情况不同,金融发展和深化程度都存在着差异,因此更为详尽地考察一国不同区域内的金融发展与产业结构升级关系将提供给我们新的解释和思路。

(2) 目前国内学者在考察产业结构升级时，大多仅选取产业结构优化率这一单一的规模性指标。实际上，产业结构升级不仅表现在三次产业结构的总量层面，它更应体现在产业转型升级的高度和科技进步程度上。因此，仅以产业结构总量的变动来描述产业转型升级是远远不够的，我们认为，对产业结构转型升级的描述应把握升级方向的质量特征。也就是说，产业转型升级可被视为产业部门资本密集程度、技术创新程度等的大幅度提升过程。唐清泉和李海威（2011）的实证研究就指出了研发创新是影响产业结构和促进产业转型升级的重要因素，而且提出大中型工业企业继续增大 R&D 投入，奠定产业转型升级的核心技术来源和基础，并以此促进产业结构升级。除了利用产业结构优化率指标外，我们还采用研发经费等反映经济结构质量方面变化的指标来衡量产业结构升级。

(3) 已有研究更多地关注银行系统的发展和信贷资金规模对产业结构变动的影响，目前尚缺乏对证券市场在我国产业结构升级中发挥作用的考察，尤其是我国股票市场发展与产业结构升级之间关系的研究尚存在空白。

经过十多年的发展，中国 A 股市场的规模和交易量都得到较大提升，目前已发展成为全球第三大市场，上市公司近 2000 家。无论从行业结构还是从地区层面来看，股票市场正逐渐发挥其对于产业结构升级的影响。汪炜和李甫伟（2010）对中国股票市场影响产业转型升级研究进行了尝试，他们利用 2001～2007 年中国 A 股上市公司为样本，考察了股市规模、股市周转率、交易价值等变量对于不同行业增长率的影响，研究结果显示，中国 A 股市场发展对上市公司产业转型升级存在显著的促进作用。何国华和常鑫鑫（2011）利用专利数量作为衡量自主创新的变量，选取中国 31 个省市 1997～2009 年的面板数据，实证检验了间接融资对各地区自主创新能力的影响，其结果表明，间接融资对东部地区自主创新的影响最强。

第七章 股票市场发展、银行信贷规模与产业结构升级：来自中国省级层面面板数据的证据

我们收集整理了1994~2008年中国大陆28个省、自治区和直辖市有关银行信贷规模、产业结构变动和股票市场发展的面板数据。与现有文献相比，本部分的创新之处主要在于：第一，我们使用了1994~2008年全国省级层面的面板数据，自股票市场创立至今，各省份上市公司数量都不断增加，较长时间段的选取可以更好地分析股票市场对于产业结构变动的动态长期影响。第二，在方法上，鉴于金融发展与产业结构升级之间可能存在的内生关系，同时由于采用了面板数据样本，我们使用GMM方法对面板数据进行分析，而不是使用简单的OLS模型，尤其是具体研究了股票市场发展对于产业结构升级质量方面的影响，这也补充了已有文献的缺失，为更好地理解金融发展对产业结构的影响提供了经验证据。本章的内容安排如下：第一部分介绍模型设定；第二部分对数据来源和变量设计进行说明，并进行变量的描述性统计；第三部分给出计量检验的主要结果和主要结论并进行分析；第四部分是研究结论和政策含义。

一、计量模型与估计方法

由于利用传统的OLS方法估计动态面板数据是有偏的，并且当引入因变量的滞后项作为解释变量时，会使得解释变量具有内生性，即使应用面板数据的随机效应或者固定效应对模型进行估计，得到的参数估计值也将是一个有偏的、非一致的估计量，这就会导致其对经济含义的解释失效。考虑到金融发展的内生性以及产业结构升级变量可能存在的测量误差，我们采用Arellano – Bond GMM的动态面板广义矩估计方法（Arellano and Bond，1991）。这一方法首先是对估计方程进行一阶差分以去掉固定效应的影响，然后用一组滞后的解释变量作为

差分方程中相应变量的工具变量,从而获得一致性估计。Arellano 和 Bond(1998)指出与差分广义矩估计相比,系统广义矩估计方法具有一定的优势。由于系统 GMM 利用了比差分 GMM 更多的信息,可以有效控制某些解释变量的内生性问题,通过将弱外生变量的滞后项作为工具变量纳入估计方程,从而获得一致性估计。此时,检验工具变量合理性和 Sargan 检验的统计效果都会得到部分改善,因此在经验应用中通常使用系统 GMM 估计方法(Bond,1999)。

本部分的基本模型采用两步系统 GMM 估计方法,本书在控制变量中加入因变量的滞后项,以控制产业结构升级的惯性。全面考察金融发展影响产业结构升级的一个基本思路是,将金融体系划分为银行市场和股票市场两个解释变量。沿袭 Rajan 和 Zingales(1998)、Beck 和 Levine(2002)的研究思路,本书将主要检验银行体系和股票市场发展对于产业结构升级的影响。除了金融发展变量(包括了银行体系规模和股票市场发展程度)外,其余解释变量都被认为是外生变量,本书采用滞后二期的金融发展程度作为工具变量。另外,为了控制不可观测的影响因素,本书将 28 个省市分为六个区域,引入了地区的虚拟变量。基本的计量模型设定如下:

$$IS_{i,t}(GST_{i,t}, GRD_{i,t}) = \alpha + \beta_0 IS_{i,t-1} + \beta_1 FS_{i,t}(Bank_{i,t}, Stock_{i,t}) + \beta_2 HC_{i,t} + \beta_3 FDI_{i,t} + \beta_4 others_{i,t} + Area_i + Year_t + \varepsilon_{i,t} \quad (7-1)$$

其中,$IS_{i,t}$ 为产业结构升级变量,包括了第二、第三产业增加值占 GDP 比例($GST_{i,t}$)和研发经费支出占 GDP 比例($GRD_{i,t}$)两个指标,$IS_{i,t-1}$ 为滞后一期的产业结构升级变量;$FS_{i,t}$ 为反映金融发展的变量,包括了银行体系发展变量($Bank_{i,t}$)、股票市场发展变量($Stock_{i,t}$);$HC_{i,t}$ 为人力资本变量,$FDI_{i,t}$ 为外商直接投资变量,$others_{i,t}$ 为其他控制变量,$Area_i$ 表示地区虚拟变量,$Year_t$ 表示年度虚拟变量,$\varepsilon_{i,t}$ 为随机干扰项。

二、数据和变量

(一) 数据来源

本书的数据主要来源于中国大陆地区各个省份历年的统计年鉴，股票市场发展程度的原始数据则来源于各年度《中国金融年鉴》和《中国证券期货统计年鉴》。由于西藏的相关数据在2001年以前是缺失的，因此我们的数据没有包括西藏自治区。另外，我们将重庆和四川的数据进行了合并，共得到了28个省份的原始数据①。在进行了必要的整理之后，本书构建了1994~2008年的平衡面板数据集②，包括了第二、第三产业增加值、研发经费投入、银行体系发展、股票市场发展、外商直接投资、人力资本和地理位置等基本信息。

(二) 变量定义

1. 被解释变量

产业结构升级通常是指从劳动密集、技术含量低、附加值低的传统产业部门向资本密集型、技术密集型和附加值高的产业演进过程。这一过程可以用经济总量结构中的第二、第三产业增加值之和占总产值比重来表示，这是因为随着产业结构的升级，第一产业的比重会逐步下降，第二产业和第三产业的比重会逐步提高。因此，本部分对产

---

① 文中将四川和重庆的数据合并在了一起；此外，青海和西藏的相关数据缺失较多，所以也被剔除。

② 中国股票市场自1992年10月才成立了证监会，并且在1994年之前各地区上市公司数量较小，甚至有些省份只有几家公司上市，其对于经济和产业升级的影响相对并不明显，自1994年开始，各个省份上市公司数量开始明显增加，因此本部分选择1994年作为选择样本的研究时间起点。

业结构升级的度量首先采用产业结构优化率指标,也就是第二、第三产业增加值之和与当年国民生产总值之比。我们把产业结构优化率记为 $GST_{i,t}$,即 $GST_{i,t}$ =(第二产业增加值+第三产业增加值)/GDP。

由于传统的产业结构优化率指标仅仅从总量上体现了三次产业间的规模变化,但它不能反映产业间或产业内部技术结构的提升和综合生产率的提高。由于产业结构升级不仅体现在三次产业间总量的变化,更主要的是体现在技术创新所带来的质的变化。股票市场的发展提高了长期资本投入的流动性;降低了长期资本投入的经营性风险,增加了对高附加值但投资周期较长行业的支持。另外,股票市场的发展将直接增加地区产业对于技术创新的投资,而一般来说科技研发(R&D)活动往往被用来作为技术创新和产业升级的替代衡量变量,获得资本的企业将持续地进行创新型投资(King and Levine,1993),这将有助于促进产业的转型与升级(汪炜和李甫伟,2010)。Tilman(2008)的研究结果也表明,正是中国企业的技术模仿和原始创新,才使得中国产业结构趋向于更加的合理,从而成为了世界上主要的制造业产品供应者,技术创新投入对于产业结构的合理化有重要意义,R&D 活动促进了技术创新和产品创新,从而提高了产业的劳动生产率。因此,本书还选取了各省份或地区每年度的科技研发经费支出占 GDP 比例这一指标来衡量产业结构升级的质量,即 $GRD_{i,t}$ = 科技研发经费支出额/GDP。

2. 主要解释变量

由于本部分的主要目标是明确股票市场发展和银行信贷市场发展对于各地区产业结构升级的不同影响,因此根据已有文献,我们分别选取了股票市场发展程度和银行市场发展程度变量。首先,选取各地区每个年度的上市公司股市总值与实际 GDP 的比率来反映不同地区的股票市场发展程度,即

$Stock_{i,t}$ = 该地区每年度的境内上市公司总市值/该地区该年度的实

际 GDP。

我们选取各个省份或地区的年末贷款额占 GDP 的比重作为衡量银行市场发展的变量，即

Bank$_{i,t}$ = 该地区每年度的金融机构年末贷款额/该地区该年度的实际 GDP。

3. 控制变量

除了金融发展对于产业结构升级具有重要影响之外，我们还选取了其他对产业结构升级可能产生影响的变量，具体包括：按当年汇率折算为人民币价值的外商直接投资指标（FDI）、人力资本指标（HC）、物质资本形成率（INV）和股票市场周转率指标（TR），表 7-1 给出了有关变量的详细说明。

表 7-1 变量的定义

	变量	符号	解释
被解释变量	产业结构优化率	GST	（第二产业增加值 + 第三产业增加值）/GDP
	产业结构升级质量	GRD	科技研发经费支出额/GDP
解释变量	股票市场发展程度	Stock	地区境内上市公司总市值/各地区 GDP
	银行体系发展程度	Bank	金融机构年末贷款额/各地区 GDP
	股市周转率指标	TR	总成交金额/总市值
控制变量	外商直接投资指标	FDI	各地区 FDI 实际利用额/各地区 GDP
	人力资本	HC	各地区高等学校毕业生数/总人口数
	物质资本形成率	INV	用固定资本形成额/GDP
	年度虚拟变量	Year	以 0 和 1 取值，以控制年度时间影响
	地区虚拟变量	Area	东北、环渤海、东南、中部、西南和西北

（三）统计描述

表 7-2 报告了 1994~2008 年主要变量的描述性统计，表 7-3 是主要变量 Pearson 相关性检验。各变量中，股市发展程度（Stock）和

外商直接投资（FDI）的最小值和最大值差距较大。这说明各个省份之间的股市发展程度存在着较大的差距，而且外商直接投资变量在地区之间的差距也非常明显。

表7-2 主要变量的描述性统计（1994~2008年）

变量	观测值	均值	标准差	最小值	最大值
GST	448	0.6975	0.2991	0.0006	1.0142
GRD	448	35.2935	64.04	0.0652	499.6797
Stock	448	2.7880	9.3233	0.000001	161.4536
Bank	448	1.0162	1.2193	0.0005	7.9585
FDI	448	0.0280	0.0373	0.0000004	0.2409
HC	448	0.0019	0.0017	0.00005	0.0088
INV	448	0.3810	0.2071	0.00003	1.2532

注：货币单位以亿元为单位，各变量均为实际比值。

三、实证分析

表7-3报告了各个主要变量之间的Pearson相关性检验，从中可以看出各变量之间的简单相关性。其中，银行信贷和研发经费之间的关系为负，股市规模和研发经费之间的关系为正。而人力资本变量（HR）与股票市场规模（Stock）、物质资本形成额（INV）、外商直接投资（FDI）均存在显著的相关性。因此，在后面的回归模型中我们剔除了人力资本变量。

第七章 股票市场发展、银行信贷规模与产业结构升级：来自中国省级层面面板数据的证据

表7-3 主要变量 Pearson 相关性检验

变量	GRD	GST	Stock	Bank	INV	FDI	HR
GRD	1						
GST	0.169**	1					
Stock	0.090	0.192*	1				
Bank	-0.060	0.363**	0.143**	1			
INV	0.106*	0.752**	0.122**	0.388**	1		
FDI	-0.014	0.321**	0.057	0.101*	0.246**	1	
HR	0.471**	0.193*	0.385**	0.017	0.180*	0.139**	1

注：** 表示在1%的水平上显著，* 表示在5%的水平上显著。

由于本书的计量模型中加入了一阶自相关变量，模型中的一阶滞后项与误差项中的非观测个体固定效应必然存在着相关，因此会导致混合 OLS 估计和固定效应的组内估计结果都是有偏的。为了获得各解释变量系数的一致性估计，本部分采用系统 GMM 方法对动态一阶自回归模型进行估计。系统广义矩估计方法包括了一步 GMM 和两步 GMM，由于两步估计在协方差矩阵计算中利用了一步估计得到的残差，通过对两步协方差矩阵进行有限样本修正，可以显著降低小样本估计偏差，使得两步系统 GMM 稳健估计更有效（Windmeijer，2005），本书将采用两步系统 GMM 来估计上述动态面板数据模型。

系统 GMM 由于利用了更多的样本信息，在一般情况下比仅使用差分方程进行估计更有效，但这种有效性是建立在新增工具变量有效的前提之下的。为了检验模型设定的合理性和工具变量的有效性，本书还进行了 Sargan 检验，以判定工具变量是否有效。此外，系统 GMM 的一致性是建立在回归系中差分的残差项不存在二阶序列自相关的基础之上的，因此我们也对计量模型进行了设定检验（即 AR（1）和 AR（2）检验）。从表7-4和表7-5的二阶序列相关（AR（2））检验可以看出，检验结果不能拒绝动态一阶自回归模型随机误差项不存在序列相关的零假设，这表明本书所设立的模型是合理的。而 Sargan

过度识别检验的结果也表明，回归模型中所使用的工具变量通过了检验（各列的 P 值均表明工具变量的采用是合适的）。另外，考虑到人力资本（HC）变量和股市发展（Stock）、外商直接投资（FDI）之间存在较强的相关性，为了增强回归结果的稳健性，本书剔除了人力资本变量，其具体的计量结果见表 7-4 和表 7-5。

表 7-4　银行信贷、股市发展对于产业结构升级的影响（产业结构优化率）

IS_GST	(1)	(2)	(3)
$GST_{i,t-1}$	0.9717 ***	0.9877 ***	0.9773 ***
	(0.0054)	(0.0140)	(0.0097)
$Bank_{i,t-1}$	0.0149 ***		0.0142 ***
	(0.0008)		(0.0010)
$Stock_{i,t-1}$		-0.0001 *	-5.66e-06
		(0.00001)	(0.00001)
$FDI_{i,t-1}$	0.0622 ***	0.0648 *	0.0715 *
	(0.0184)	(0.0260)	(0.0372)
INV	0.0286 ***	0.0307 ***	0.0260 ***
	(0.0033)	(0.0031)	(0.0039)
Year	Yes	Yes	Yes
Area	Yes	Yes	Yes
AR (1)	0.0028	0.0035	0.0029
AR (2)	0.8916	0.9990	0.8908
Sargan Test	P = 1.00	P = 1.00	P = 1.00

注：系数下方括号内的值是标准差，*** 表示在 1% 的水平上显著，** 表示在 5% 的水平上显著，* 表示在 10% 的水平上显著。

这说明：①零假设为差分后的残差项不存在一阶序列相关，如果差分后的残差项存在一阶序列相关，系统 GMM 依然是有效的，详细

第七章 股票市场发展、银行信贷规模与产业结构升级：来自中国省级层面面板数据的证据

的讨论参见 Roodman（2006）[①] 的工作论文；②零假设为差分后的残差项不存在二阶序列相关（如果差分后的残差项存在二阶序列相关，则系统 GMM 是无效的）；③Sargan 检验的零假设为过度识别约束是有效的。

表7-4 报告了被解释变量为产业结构优化率（GST）时的回归结果，当期银行体系和银行信贷对于产业结构总量的变化具有显著的正向影响。这说明，我国以银行为主的金融中介体系发展和银行信贷支持的增加都有助于提高该地区第二、第三产业的产出增加，从总量结构上使得该地区的产业结构升级，提高了第二和第三产业的增加值。而股票市场发展变量与产业结构优化率之间的关系并不显著，这表明该地区的股票市场发展和上市公司数目增加并没有从总量结构上与产业结构升级形呈正相关的关系。这一结果的出现可能是由于我国股票市场的价格波动较为剧烈，而且股票市场的发展仍然处于起步阶段有关。正如谈儒勇（1999）所指出的，我国股市处于起步阶段，还很不完善，存在着很多非市场因素影响着股市的运行，尤其是行政因素和政治因素干预影响着股市，使得股市没有起到应有的促进作用。其他控制变量中，外商直接投资（FDI）、物质资本形成率（INV）均与产业结构优化率呈显著的正相关关系，这与钱水土（2011）的研究结论相一致。

表7-5 银行信贷、股市发展对于产业结构升级的影响（产业结构升级质量）

IS_GRD	(1)	(2)	(3)
$GRD_{i,t-1}$	1.2175***	1.2222***	1.2160***
	(0.0012)	(0.0018)	(0.0015)
Bank	-2.1862**		-1.3282*
	(0.6745)		(0.7649)

[①] Roodman（2006）的工作论文详细探讨了有关系统广义矩估计方法的识别问题，感兴趣的读者可以参见其文献的详细说明。

续表

IS_GRD	(1)	(2)	(3)
Stock		0.0139 **	0.2494 ***
		(0.0065)	(0.0081)
FDI	1.9503 ***	2.0499 ***	1.9520 ***
	(0.1151)	(0.1273)	(0.1379)
INV	13.8082 ***	7.7626 *	16.9084 ***
	(2.2668)	(4.5034)	(2.6053)
Year	Yes	Yes	Yes
Area	Yes	Yes	Yes
AR (1) a	0.0257	0.0266	0.0247
AR (2) b	0.5656	0.5625	0.5394
Sargan Testc	P = 1.00	P = 1.00	P = 1.00

注：系数下方括号内的值是标准差，*** 表示在1%的水平上显著，** 表示在5%的水平上显著，* 表示在10%的水平上显著。

表7-5报告了被解释变量为产业结构升级质量（研发经费支出比例GRD）时的回归结果。从中可以发现，当期的银行发展和信贷增加对于研发经费支出的影响是负相关的，而股票市场发展则对于该地区研发经费支出比例的提高有显著的正向影响。这一结果与我们的假设相一致，也与有关研究结论相符合，即股票市场的发展和上市公司的增加有助于该地区产业结构升级的质量变化。相对于银行信贷体系而言，证券市场对于企业创新和产业结构升级的高度化影响优势更为明显。因此，一个地区股票市场上市公司规模的增加会显著地增加该地区研发经费的投入，并进而影响地区经济结构的转型和产业结构的升级。其他控制变量的方向和显著性水平均未发生变化，外商直接投资和物质资本形成额与产业结构升级质量的关系都是正相关的。为了进一步检验基准回归结果的稳健性，本书以股票市场周转率（TR）替代股票市场规模（Stock），再次利用面板GMM模型考察了股票市场发展

对于产业结构升级的影响,各个变量相关系数和显著性水平均未发生较大变化。

四、研究结论及政策含义

金融发展直接影响着一国的产业结构升级进而作用于经济增长,尤其对于中国这样一个转轨加新兴经济体来说,产业结构升级将对经济的可持续增长起到十分重要的作用。目前中国经济增长速度虽然较快,但同时也存在着全要素生产率递减、第三产业发展减缓、第二产业大而不强以及高技术、高附加值的技术创新能力较弱等现实问题。本部分利用1994~2008年中国省级层面的面板数据,使用系统广义矩估计(System GMM)方法,分别检验了股票市场、银行体系对于产业结构升级质和量两个方面的影响。

本部分的主要结论和发现是:第一,我国省级层面股票市场发展对于衡量产业结构总量变化的产业结构优化率指标的影响并不显著,但股票市场发展确实对于衡量产业结构质量变化的研发经费支出具有显著的正向促进作用。第二,银行信贷规模对于产业结构优化率有显著的正向影响,但其对于研发经费支出的影响则并不显著,甚至相关系数为负,这表明银行的信贷资金很多时候并没有进入到地区或企业的科研开发中去,可能更多地流向了生产扩大化等领域,或者是过度投资形成了重复建设。第三,控制变量中的外商直接投资和物质资本形成额与产业结构升级的关系都是显著正相关的,而且物质资本形成额的影响更大。

上述研究结论表明,金融发展对于产业结构升级的影响是重要而显著的;尤其是股票市场的发展更能够促进我国产业结构的质量升级,证券市场的发展有利于技术创新和科研开发。实证结果也从经验上支持了银行体系对于产业结构升级总量变化的正相关关系，虽然股票市场发展对于产业结构总量变化的影响不显著，但本书认为这可能是由于我国股票市场的发展仍存在诸多问题所导致的。例如，我国股票市场设立之初的政策性考虑使得上市公司的选择具有行政导向性。上市公司和证券市场的法律监管、IPO 审核等制度尚存在缺陷，这就导致很多公司在上市之初财务造假，从而影响了股票市场对于经济结构调整的促进作用和对产业结构总量变化的贡献。

本部分的政策含义在于：一方面继续鼓励银行体系的发展，丰富银行业的市场结构，形成大中小银行共存的局面，有利于银行业整体规模增加的同时，进一步解决企业外部融资需求，以促进产业结构总量升级。另一方面坚定不移地发展股票等证券市场，在放松公司上市数量审核和鼓励资本市场发展的同时，加强对公司财务造假的惩罚力度并完善上市公司的监管机制，发挥股票市场对于产业结构质量升级的促进作用。在现阶段，暂且不必过多考虑金融体系以银行或资本市场哪一个为主的问题，而应促进整个金融体系的发展，深化金融市场改革、发挥不同市场的功能，从质和量两个方面加快促进产业结构的升级。当然，由于数据可获得性等原因，本部分在计量模型中所使用的控制变量较少，因此对于可能存在的遗漏变量问题仍然需要进一步的分析，本部分现有的不足之处也是我们进一步研究的方向。在本部分基础上，本书将通过进一步引入更多的控制变量，并且选择可替代变量，进行更为深入的研究。同时，本书也考虑开展金融中介机构和金融市场发展对于产业结构升级的微观作用机制方面的研究，并通过选择合适的变量以及工具变量等方法来做更为细致的研究。

第八章 外部融资、企业规模与技术创新：经济转型过程中微观公司层面的实证分析

经济增长和发展中的一个中心议题就是为什么不同国家或同一国家不同地区之间的收入和增长存在如此巨大的差异，而且这种差距为何不能有效缩小。大量的理论和实证研究都针对以上问题进行了细致的工作，试图找出那些阻碍欠发达国家或地区缩小经济差距的因素。然而，经过数十年的研究，这一问题至少在目前仍然存在并困扰着经济学家们。不仅国与国之间的经济增长差距难以短期消除，即使在一国内部不同地区之间也呈现出经济差距扩大的情况。从新兴市场经济的中国来看，尽管各地区在改革期间都有不同程度的经济增长加速，但就总体而言，东部沿海地区的经济增长率在过去20年中显著高于中西部地区，因此出现了区域间收入差距扩大的趋势，特别是在20世纪90年代，差距扩大非常明显（王小鲁、樊纲，2004）。

在影响经济增长和地区经济增长收敛的诸多因素中，生产率和技术创新无疑是最重要的变量。沈坤荣等（2002）的研究指出，工业发展水平和技术创新效率的低下正是中西部地区生产率无法提高，从而整个地区的经济发展水平不能提升的重要原因。技术创新越来越成为影响经济增长的重要因素，技术进步对经济增长的影响在许多发达国

家表现尤为明显。OECD的研究表明：20世纪60~80年代，日本经济高速增长的主要动力就是技术进步，尤其是微观层面的企业技术创新引起了日本的产业升级并进一步使日本经济实现了集约式的增长。进入90年代中期，由于技术进步的减缓，导致日本GDP增长每年下降2%左右。而技术进步对中国经济增长的促进作用则非常明显，尤其是2001~2005年技术进步对GDP增长的贡献达到了5.3%。

既然技术创新和技术进步对于经济增长的影响如此之大，那我们自然会问，有什么因素会促进或阻碍企业的技术创新活动呢？本部分将在已有文献的基础上，分析企业的外部融资对于其技术创新的影响，以期得到微观层面上二者之间的经验联系。根据金融发展和经济增长方面文献的结论，不同国家或地区的金融发展，尤其是银行信贷市场的发展对于经济增长和生产率提高具有重要影响（Banerjee and Duflo，2005；Levine，2005）。世界银行2001年的研究报告也表明，金融对经济长期增长的贡献主要是通过基本意义上的技术进步实现的。有关金融发展和经济增长之间关系的研究产生了很多的成果，尤其是金融发展对技术进步影响的宏观层面分析已经取得了基本一致的结论，即金融市场尤其是信贷市场的发展能够为技术创新分散风险提供资金，从而促进国家或地区的技术创新能力并进而实现产业升级和经济发展。根据OECD国家的经验，融资约束会在微观层面上影响企业的R&D投入（Hall and Lerner，2009）。但是，有关金融市场和技术进步的微观层面的分析却少有涉及，尤其是针对新兴市场经济国家融资约束和技术创新关系的研究就更是缺乏。

在本部分中，我们将从微观角度入手，试图将更多的注意力集中在找出影响企业技术创新的原因，以及这些因素会如何作用于企业的技术创新活动，以更好地理解到底是什么原因阻碍了企业的技术创新等能够提升企业生产率的活动。本部分利用手工收集整理的中国A股上市公司技术创新和融资约束的数据，检验融资约束和企业技术创新的关系,从微观层面解析企业的外部融资状况对于其技术创新的影响,并利用 OLS 估计和有序 Probit 方法进行计量研究,以期得到更为准确的结论。我们的经验研究结论表明,企业技术创新活动显著地受到融资约束的影响,进而融资约束程度的加剧会对宏观层面的生产率提高和经济增长方式转型产生负面的影响。本部分研究结果具有很明显的政策含义,为了推进微观和宏观层面的技术创新和生产率就需要政策制定者从发展金融市场角度入手,以确保企业能够得到更多的融资支持,而金融市场的深化发展和融资约束的减轻也会带来更多的微观层面企业技术创新。

　　本书的研究与以往文献的区别和创新之处在于利用了微观企业层面的数据对融资约束、企业特征和技术创新关系进行了分析和检验,并进而提出了微观层面技术创新活动的影响因素,这对于宏观层面生产率的提高和经济增长方式的转型具有重要启示。同时,以往文献多采用 R&D 研发投入等间接体现技术创新的变量,而本部分则根据广义的技术创新含义对企业技术创新活动进行直接度量。本部分针对中国这一新兴市场经济国家的企业微观层面作为研究对象,不同于以往多采用跨国数据和发达市场经济国家为样本的研究,本书的研究结论对于中国企业技术创新的推进和产业结构升级具有更为现实的意义。

　　本部分接下来将会对已有文献进行简要评述并在此基础上给出本书的研究假设,进一步地,通过对企业广义技术创新活动的界定,本书主要解答以下两个问题:一是什么样的企业会更倾向于采取技术创新活动?二是融资约束是否会对企业的技术创新产生重要影响?

一、文献综述与理论假设

(一) 简要的文献回顾

King 和 Levine（1993）对经济增长理论进行了发展，构建了一个包括金融系统的熊彼特式增长模型，通过引入金融中介变量，强调了金融机构分散风险、动员和运用储蓄以及获取有关投资项目信息的功能，其与股票市场揭示创新活动预期利润现值的功能一道提高了技术创新率。后续的很多研究都从金融约束对于技术创新影响的角度进行了有意义的探索，不过在已有的文献基本上采用了间接衡量创新的变量，如 R&D 投入、研发密度和专利数量等①。而最新的一些文献开始将目光投注在直接衡量企业技术创新活动的衡量上，如 Ayyagari（2007）重新从广义角度定义了技术创新的含义（即创新不仅包括产品和工艺创新，而且包括了专利、资本投资、特许权受让等），利用 47 个发展中国家数据进行经验分析，其结果表明外部融资和创新之间存在正相关关系。

Luigi Benfratello（2008）则以银行分支机构的密度作为金融约束或融资支持的代理变量，研究了意大利各个省份银行发展水平和企业技术创新之间的关系。国内有关金融发展对技术创新作用问题的研究多集中在宏观层面和行业角度，如钱水土和周永涛（2011）以中国 2000~2008 年 28 个省市的面板数据为样本，检验了金融发展、技术进

---

① 国内外许多相关研究都以专利数量、专利申请次数、R&D 研发投入密度等作为衡量企业技术创新的变量，但是从某种意义上说，这些衡量方法都只是间接衡量技术创新的变量，而且存在着不少问题。例如，专利作为技术创新的代理变量具有天然的局限性，较为详细的分析请参见 Griliches（1990）的研究。

步与产业升级三者之间的关系,结果表明,金融发展对于技术进步和产业升级都具有正向的促进作用。汪炜和李甫伟(2010)从产业的基本财务特征入手,利用中国 A 股市场数据,验证了股市发展对上市公司产业转型升级的显著促进作用,尤其是资本市场对于高技术、创新型行业的促进作用更为明显。贝政新(2008)研究了高科技产业化中的融资问题,其观点认为商业银行和资本市场都需要发挥金融支持的作用才能推进高科技企业的发展。

通过对已有的国内外文献进行梳理我们可以看出,国内外学者从理论和实证方面已经对金融企业技术创新的重要性进行了大量研究,理论上的分析比较一致,都认为金融支持或金融发展对于企业技术创新具有重要影响,但实证分析方面多从宏观层面入手进行检验且结论上也存在差异。金融发展对于经济增长的影响是至关重要的,但是中间的作用渠道,即企业的创新则探讨较少。正如谈儒勇(2004)所说,与从宏观层面研究金融相比,从微观层面研究金融的不可控因素更多,但微观层面的分析却至关重要。实际上,实现产业结构升级和经济增长方式转变的关键就是企业的技术进步①。

(二) 研究假设

如上文所述,国内外众多学者已经认识到融资约束对于企业创新行为具有重要的影响。Fazzari 等(1988)和 Hennessy 等(2007)分别对企业面临的融资约束和融资成本进行了定量的分析。无论是有形实物投资还是研发项目的投资所面临的融资约束都是类似的,但是公司进行技术创新或对新技术、新产品投资时的融资约束影响就更重要(Hall,2002)。Beck、Demirguc‐Kunt 和 Maksimovic(2005)的实证研究指出,企业和产业所面临的融资约束对于其技术创新和生产效率

---

① 科学技术经济之间关系的计量研究课题组在 1998 年的研究中就明确地指出了实现经济增长方式转变最根本和最关键的推动因素就是企业的技术创新和技术进步。

的改进存在负面影响，而这种影响在中小企业中表现得更为显著。因为技术创新成功的不确定性，在信贷资金获得的过程中信息不对称问题更为突出，创新的预期收益难以确定衡量，银行贷款等间接融资方式就更为困难，企业或者要求很高的利率或者仅能得到部分资金；而外源融资的供给又是非常重要的，缺少了外部融资的支持，仅靠企业内部资金很难实现技术创新和产业的升级。因此，企业的外部融资是否受到约束对于其技术创新和生产率的提高具有重要影响，企业的外部融资程度越高就越有可能促使其进行技术创新活动以追求更高的绩效和利润并保持技术优势。因此，我们提出研究假设1。

假设1：企业的外部融资对于其技术创新活动具有重要的影响，外部融资更多则会促进企业技术创新的开展。

Jaffe（1988）利用1976年美国537个企业的截面数据进行实证研究表明，企业技术研发创新投入对企业规模的弹性小于1，这说明企业规模不是越大越好，规模因素对于创新的影响可能并不是线性的。Gayle（2003）利用1976~1995年美国4800多家企业的数据，研究发现企业规模和市场集中度均对创新具有显著的正效应。Acs和Audretsch（1987）的研究则发现，美国制造行业中大企业和小企业在不同的产业和市场集中度下各自具有创新优势，结果表明创新和企业规模之间是一种U形关系。周黎安和罗凯（2005）利用省级层面的面板数据发现，企业规模对于创新具有显著影响。聂辉华等（2008）利用2001~2005年中国规模以上工业企业的面板数据，研究了企业创新和规模、市场竞争之间均呈现倒U形关系。根据已有理论和实证研究的结论，企业规模对于创新的影响应该是重要的，大型企业更容易采取技术创新战略以保持领先的优势，同时企业规模大的话也会有利于技术创新，无论从资金、人才还是技术上大型企业都具有创新优势。但同时我们也应该看到，如果企业规模过大的话，它就可能利用规模优势占据一定的垄断地位，从而并不愿意投入资金和精力来进行技术创新。因此，我们提出研究假设2。

假设2：企业的规模对创新有显著的正效应，但是这种效应是递减的，即企业规模和其技术创新之间存在倒U形关系。

Rajan 和 Zingales（1998）曾指出，发达的金融中介和金融市场能够缓解企业外部融资和内部融资的成本差异，Demirguc 和 Maksimovic（2002）也认为，金融发展水平和金融环境的改善能够为企业提供充足的外部资金，因此对于企业的经营活动和创新都具有促进作用。金融中介机构是金融活动的重要参与者和中介，能够通过提供各种金融产品和服务来满足经济发展中各部门的融资需求，最终促进储蓄向生产性投资的转化。考虑到在我国的资金配置方面，金融机构在金融中介中占据着举足轻重的地位，其中存款货币银行又是我国金融机构的主体，因此其对于企业技术创新活动的影响是显而易见并且至关重要的。金融市场发展和金融中介发展程度较高的地区，其企业受到的融资约束会相对较小，所以企业技术创新活动所需要的资金支持就可能会更多，而且这种创新会随着金融中介的发展而增加。因此，我们提出以下的假设3。

假设3：外部金融中介的发展对于企业技术创新活动的影响是正向而显著的，金融中介指标较高和金融环境较好的地区，其企业技术创新也会增强。

二、研究设计

（一）样本与变量

本部分所使用的大部分数据来源于 CCER 中国上市公司数据库

2007~2009年的A股上市公司数据，其中融资约束程度变量、公司规模变量、公司绩效变量均取自上市公司财务数据库，地区金融发展程度变量取自《中国统计年鉴》和《中国金融年鉴》等统计资料。初始样本总数为4808个，根据本部分的研究需要，我们根据以下程序对初始4808个样本进行了筛选，首先删除了金融类上市公司样本；其次删除了数据缺失的样本，并且删除当年上市的公司样本，最终共得到了3900个有效的样本。此外，上市公司的技术创新变量系统通过查询各年度公司的年报手工收集整理得到的。

本部分主要采用企业技术创新决策（Innovation）指标来衡量企业的技术创新程度。这里的技术创新是指广义的创新，即根据Ayyagari（2007）的观点，创新不仅是具体的产品和工艺创新，而且包括了新设备采用、新的投资以及获得新的生产许可等其他活动。具体而言，本书根据年报资料和Wind咨询的信息进行手工收集整理，如果企业2007年进行了新的投资或设立新的企业等，则令其创新决策变量Innovation=1；企业若生产了新产品、采用了新技术以及获得了新的专利或生产许可则令Innovation=2；若当年没有任何创新活动的话，则Innovation=0。

解释变量包括以下几个指标：首先，以债务融资率（DFA）来衡量融资约束程度，也可以看作是企业的外部融资规模，即公司当年的债务融资净额与年末公司总资产的比率（汪辉，2003）。由于债务融资包括公司发行债券的直接融资和向银行、其他企业借款的间接融资，所以本书用公司年末短期借款、长期借款、应付债券之和减去年初这三项之和表示公司当年的债务融资净额。需要注意的是，这个变量是一个反向指标，即债务融资率越高则企业受到的金融约束程度越低。其次，本书以公司前一年度的总资产净利润率（ROA）作为衡量企业内源融资的变量，由于企业的绩效和收益越多则其越有可能进行技术创新，因此总资产净利润率可以作为衡量企业内部资金约束程度的指标。此外，根据已有研究，本书还选取了公司规模变量（Size）（聂辉华，2008；李春涛、宋敏，2010）作为解释变量。

另外，我们还选取了以下的控制变量，具体包括：公司每股经营活动的净现金流（NECS）作为衡量内部资金约束的变量、企业所处行业特征的虚拟变量（朱恒鹏，2006；聂辉华，2008）、金融中介的规模（Bank）（Arestis，2001）。对于金融中介规模这一指标国内外有广泛应用，Goldsmith 曾用 FIR（金融资产数/GDP）来度量金融发展程度，主要反映一国金融上层结构与经济基础在规模上的变化关系。本部分主要采用银行机构的贷款总额与当地 GDP 比重来衡量金融中介发展规模，用以反映金融中介在该地区资金配给方面的活跃程度。同时，由于金融中介规模变量是上市公司所在省份的规模，这就已经包含了不同省份地区的性质，因此也能反映地区特征对于企业技术创新活动的影响。

表 8 – 1　主要变量定义

变量		变量定义
被解释变量	Innovation	根据公司当年创新活动的程度分别令 Innovation = 0、1 或 2
解释变量	DFA	公司当年的债务融资净额与年末公司总资产的比率
	ROA	公司前一年度的总资产净利润率
	Size	公司年末总资产的对数值（规模指标）
控制变量	NECS	每股经营活动净现金流指标
	Bank	银行机构的贷款总额与当地 GDP 比重（金融中介发展）
	Industry	以 0 或 1 取值的行业虚拟变量

（二）样本的统计描述

表 8 – 2 报告了主要变量的描述性统计。从中可以发现，目前我国上市公司的整体技术创新活动仍然不高，其均值仅为 0.27，与此同时，外源融资的幅度也并不是很高，均值为 0.21。但是大多数公司都

有借款,外部融资对于公司的发展来说仍然是比较重要的资金来源渠道。而公司的每股经营活动净现金流(NECS)则存在着很大的差别,NECS 的标准差较大说明不同公司的每股经营活动的净现金流量存在很大的差距。而金融中介发展变量(Bank)的均值也仅为 0.2,最小值为 -0.01,最大值也只达到 0.68。这说明各地区的金融中介发展还存在着很大的差距,并且都存在着提高的空间。

表 8-2 主要变量的描述性统计(2007~2009 年)

变量	观测值	均值	标准差	最小值	最大值
Innovation	3900	0.2659	0.6412	0	2
DFA	3900	0.2106	0.1527	$3.20E-15$	1.82
ROA	3900	0.0226	0.8390	-51.95	0.7134
NECS	3900	0.4576	1.1328	-7.65	39.17
Size	3900	21.625	1.2163	11.348	28.003
Bank	3900	0.2014	0.1227	-0.0114	0.6778

(三)计量方法和计量模型

本部分首先利用 OLS 计量方法对企业技术创新活动的影响因素进行实证分析。此外,由于上市公司对于研发投入数据披露的不完整,很多公司没有这方面的信息,因此难以获得衡量创新活动的连续性数据。本部分通过手工整理的技术创新数据是以分类数据为主的离散数据,在分析离散选择问题时采用概率模型(Logit,Probit,Tobit)是较为理想的估计方法(林毅夫,2000)。由于本部分的公司技术创新变量(Innovation)的取值为 0、1 或 2,在这种情况下,因变量离散数值数大于两类的,研究时若使用线性回归模型可能会导致因变量的拟合值为负,必须采用 Ordered Probit 模型,有序 Probit 模型处理多类别离散数据是近年来应用较广的一种方法。①

根据前文的分析,本书建立以下的计量模型来估计影响公司技术创新概率的相关主要因素:

$$\text{Innovation}_{i,t} = \Phi\{\beta_0 \text{DFA}_{i,t} + \beta_1 \text{ROE}_{i,t} + \beta_2 \text{Size}_{i,t} + \beta_3 \text{Bank}_{i,t} \\ + \beta_4 (\text{Size}_{i,t})^2 + \beta_5 (\text{ROE}_{i,t})^2 + \lambda_s + \text{error}\} \quad (8-1)$$

其中,β 为待估计的参数,Φ 为标准正态累积分布函数(c.d.f.),λ_s 为控制了公司的个体固定效应,error 为随机误差项。接下来,我们将对 OLS 和 Ordered – Probit 两种估计方法的结果进行报告分析。

三、实证结果及分析

为了检验企业外部融资对于其技术创新活动的影响,我们首先利用 OLS 方法进行线性回归,然后再主要采用有序 Probit 方法进行估计。首先,表 8 – 3 报告了利用 OLS 方法的回归结果,从中我们发现,尽管各个变量在显著性水平为 0.1 上均通过了检验,但问题是整个模型的拟合优度比较低,而且残差不服从正态分布。由于我们的数据中,被解释变量的取值为 0、1、2,因此如果直接利用 OLS 方法进行估计的话就会带来有偏的估计。

进一步地,我们利用残差正态性检验来说明 OLS 模型的无效性,图 8 – 1 的残差正态性检验原假设认为残差服从正态分布 Probability 小于 0.05,拒绝原假设残差不服从正态分布,因此 OLS 估计失去意义。

---

① 有关有序 Probit 模型的具体数学表达式可以参见 William (1997) 的详细解释。

表8-3 企业技术创新的影响因素（OLS回归）

变量	Innovation	
模型	（1）	（2）
DFA	0.2435***	0.2505***
	（0.0680）	（0.0683）
NECS		0.0031*
		（0.0001）
Size	0.0571***	0.0563***
	（0.0085）	（0.0086）
Bank		0.1176
		（0.08381）
观测值	3900	3900
Adjusted R^2	0.017	0.018

注：括号内为标准误，***、**、*分别表示1%、5%、10%的显著性水平。

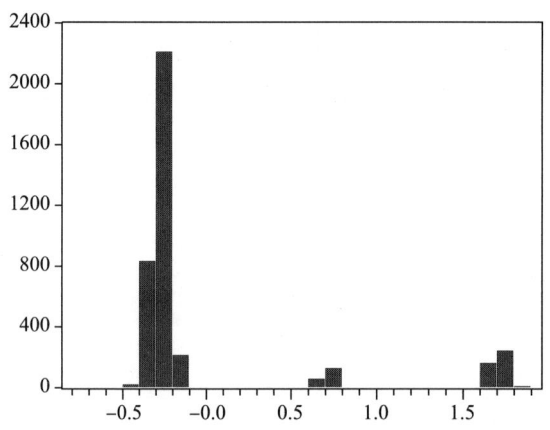
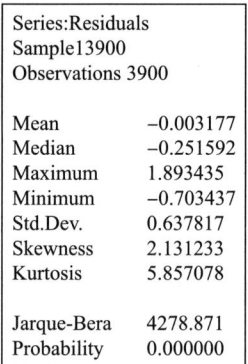

图8-1 残差正态性检验

表8-4报告了有序Probit模型的具体估计结果，从显著性检验来看，被解释变量取0的概率为F（$\lambda_1 - x \times \beta$），F代表标准正态分布，被解释变量取1的概率为F（$\lambda_2 - x \times \beta$）-F（$\lambda_1 - x \times \beta$），被解释变量取2的概率为1-F（$\lambda_2 - x \times \beta$），即随着外部融资程度（DFA）、内

部资金约束（NECS）和公司规模（Size）的增大，企业进行技术创新活动（Innovation）取 0 的概率变小，创新活动取 2 的概率变大，取 1 的概率则难以明确。

具体来看，模型（1）和模型（2）为我们的基本回归结果，从表 8-4 中我们可以发现：

（1）外部融资规模对于企业的技术创新有显著的正效应。从模型的估计结果上看，DFA 在统计意义上达到了 1% 的显著性水平，这也与研究假设 1 相符合，说明外部融资越多、融资约束越小则企业越有可能开展技术创新活动。

（2）公司规模对企业的技术创新也具有显著的正效应，并且也在 1% 水平上显著。这说明，规模大的上市公司确实在一定程度上具有创新优势，规模大的企业更容易进行技术创新，这也和多数国内外的经验研究结论相一致（Gayle，2003；周黎安和罗凯，2005）。

（3）公司前期的总资产净利润率（ROA）对于后期的技术创新活动具有显著的正效应。这说明，技术创新发生的概率具有一定的累积效应，公司的财务绩效较好则更容易促使其进一步的技术创新活动发生。

（4）公司的每股经营活动净现金流（NECS）对企业开展技术创新活动具有正向影响，说明公司的内部资金充裕也会促使其开展技术创新。

（5）制造业具有更多的技术创新可能，尤其是新兴技术产业的技术创新活动更多。模型（2）控制了行业虚拟变量，我们发现制造业对于技术创新活动发生的影响更显著，并且根据大智慧股票软件对企业所属领域的划分来看，属于新技术领域的行业技术创新更显著。

模型（3）中引入了金融中介发展变量（Bank），结果表明地区的金融中介发展对于企业的技术创新活动在 10% 水平上显著为正。这说明金融中介发展更好的地区、外部融资的约束会越小，银行贷款更多则更容易满足企业对资金的需求，因此能够使得企业更多地进行技术创新活动，这也初步验证了我们的研究假设。

模型（4）加入了公司规模的平方项（$Size^2$）。结果表明企业的规模对创新投入有显著的正效应，但是这种效应是递减的，即企业规模和创新之间存在倒 U 形关系。这与我们的研究假设 2 相符合。同时，这一结论也与多数国外和国内的经验研究都是一致的，说明大企业确实在一定程度上具有创新优势，例如 Gayle（2003）、Jefferson（2006）的国外经验研究，朱恒鹏（2006）和聂辉华等（2008）的国内经验研究。

模型（5）对所有变量进行了回归，估计结果表明，外部融资程度、公司规模、公司所在省份或地区的金融中介发展程度和公司绩效都对其技术创新具有显著的正向影响，这与我们的基本假设相一致。

表 8-4 外部融资、企业规模和技术创新（Ordered-Probit）

Innovation	(1)	(2)	(3)	(4)	(5)
DFA	0.5588***	0.9209***	0.9532***	0.7908***	0.8151***
	(0.1577)	(0.1748)	(0.1753)	(0.1774)	(0.1779)
ROA		2.0732***	2.0832***	1.8912***	1.9112***
		(0.4144)	(0.4155)	(0.4241)	(0.4247)
NECS	0.003**	0.003**			0.003*
	(0.001)	(0.001)			(0.001)
Size	0.1351***	0.1184***	0.1136***	2.7558***	2.8475***
	(0.0199)	(0.0203)	(0.0204)	(0.5426)	(0.5458)
Bank			0.3647*		0.4334*
			(0.1931)		(0.1951)
$Size^2$				-0.0591***	-0.0612***
				(0.0122)	(0.0122)
Industry	No	Yes	Yes	Yes	Yes
观测值数	3900	3900	3900	3900	3900
对数似然比	-2048.95	-2035.11	-2035.68	-2023.79	-2019.14
伪判决系数	0.020	0.024	0.024	0.03	0.03

注：表中括号内为标准误，***、**、*分别表示1%、5%和10%的显著性水平。

第八章 外部融资、企业规模与技术创新：经济转型过程中微观公司层面的实证分析

进一步地，本书根据上市公司的外部融资程度和不同规模进行分组，并重复以上的估计过程，以期得到更为稳健的结论，表8-5给出了具体的估计结果。表8-5中的模型（6）和模型（7）是根据公司规模不同进行的估计，本书以公司规模变量（Size）的均值作为划分不同规模的标准；模型（8）和模型（9）则根据公司所处地区的金融中介发展程度（Bank）变量的均值进行划分，以区别不同金融中介发展程度下各解释变量的影响。

从分组回归的结果中我们可以发现，各个解释变量对于企业技术创新活动的显著影响都仍然存在，只是估计系数略有变化；但值得关注的是，在模型（8）和模型（9）中，不同金融中介发展程度的分组回归显示，在金融中介发展好的地区，其公司技术创新活动受到金融中介的影响更为显著，达到了5%的显著水平。而金融中介发展程度较低的地区则对于公司的技术创新活动没有显著影响。另外，我们也发现在模型（6）中，规模较小样本的上市公司技术创新受到金融中介发展的影响更为显著，达到了1%的显著水平。而且，其前一年度公司绩效对于技术创新的影响不显著，外部融资变量的显著性水平也降低。这一结论说明了我国上市公司的规模对于技术创新的影响是重要的，而且规模越小的公司其外部融资受到的约束可能越大，因此其技术创新所需的资金就更加依赖于金融中介。

表8-5 不同规模和不同金融中介发展程度的分组回归结果

样本范围	小规模	大规模	低发展	高发展
模型	(6)	(7)	(8)	(9)
DFA	0.6173*	0.9074***	1.4153**	1.0744***
	(0.3844)	(0.2034)	(0.5621)	(0.3433)
ROA	0.7826	2.5483***	1.8357***	2.1082***
	(0.6696)	(0.5448)	(0.5713)	(0.6479)

续表

样本范围	小规模	大规模	低发展	高发展
Size	20.81	3.4834***	2.7515***	2.9711***
	(12.76)	(0.9459)	(0.7054)	(0.8464)
Bank	1.2293***	0.1845	0.3706	0.5037**
	(0.3841)	(0.2266)	(0.2748)	(0.2789)
$Size^2$	-0.4998*	-0.0746***	-0.0587***	-0.0643***
	(0.3129)	(0.2068)	(0.0159)	(0.0189)
Industry	Yes	Yes	Yes	Yes
观测值数	1284	2616	1948	1952
对数似然比	-499.10	-1512.34	-919.99	-1096.86
伪判决系数	0.03	0.02	0.03	0.028

注：表中括号内为标准误，***、**、*分别表示1%、5%和10%的显著性水平。

四、政策含义与启示

企业的技术创新活动关乎企业的生存能力和整个经济增长方式的转型以及国家经济的可持续增长。同时，企业的创新还进一步影响着各个地区乃至国家间的贫富变化。但是自著名"熊彼特假说"提出以来，不管是在理论研究还是经验研究上，经济学家对于企业创新的决定因素仍然存在争议（聂辉华，2008）。尤其是金融部分对于微观层面的企业技术创新是否有显著影响等问题，仍缺乏一致性的结论。在国内，本部分首次采用上市公司技术创新活动的直接数据分析了融资程度、企业规模和公司绩效可能对企业技术创新产生的影响进行了比较全面的检验。本部分利用2007~2009年中国上市公司的财务数据和手工收集整理的企业技术创新数据，采用有序 Probit 模型检验了影响中国上市公司开展技术创新活动的因素。我们发现，企业的技术创新与外部融资程度、前期的公司绩效存在显著的正相关关系；而与公司规模是倒 U 形关系，一定程度的规模有利于促进上市公司的技术创新。同时，我们的实证结果也发现，上市公司所处地区的金融中介发展程度对于企业技术创新也有显著影响。但是，这种影响对于不同规模的公司存在着差别，公司规模较小的企业更加依赖于金融中介的支持，这至少从一个侧面说明了目前上市企业仍然需要银行等金融中介的间接融资支持。

本书的研究结果还表明，在金融中介发展程度较低的地区，其对于企业的技术创新促进作用也不显著，而且各个解释变量的估计系数也都小于金融中介发展程度较高的样本估计系数，这也从另一个侧面说明了金融中介发展对于企业技术创新的影响是重要的，不同企业所处地区的金融中介发展程度还存在着很大的提升空间。针对微观层面的企业技术创新问题，采用更为广泛的企业样本，对不同地区经济发展水平、行业特性以及法律等因素对企业不同类型创新活动影响的详细分析，是我们下一步值得期待的工作。

目前，中国政府已经将提高自主创新能力和转变经济增长方式作为国家的基本战略和中心目标。因此，分析影响企业创新活动的因素并解释不同地区企业创新对经济增长的影响则具有重要的政策含义。本部分的初步研究已经表明，外部融资程度和企业的技术创新之间存在显著的正相关关系，因此加大对企业的融资支持和加快各地区金融中介的发展能够促进企业技术创新活动的开展。而企业规模与创新之间没有单调正相关关系，因此企业规模过大，对于自主创新来说恐怕并不会有更好的效果，而为企业创新提供更为宽松的金融环境和更加公平的法治保障则可能更加有作用。

第九章 结论

通过理论和实证研究的分析，我国金融体系的演化发展历史与现实都表明，改革开放以来，金融体系对社会经济的作用越来越大，而制度、经济和法律等因素也对金融体系的发展和运行效率有重要的影响。

本书首先对相关文献进行了较为系统的梳理与评析，这为研究的开展和今后的深入提供了基础，其次对有限理性理论假设进行了细致的讨论，在此基础上采用演化博弈的研究方法，对金融机构和金融体系的演化发展进行了研究。具体来说，短期内，金融机构的竞争与金融体系的演化不存在纯策略的纳什均衡，主要的创新策略选择将取决于金融机构对于自身创新策略收益和成本的衡量。在长期金融机构博弈的分析中，我们发现，对于博弈最终的随机稳定状态影响作用最大的主要在两个方面：一方面是博弈的支付矩阵的变化情况，另一方面是变更策略中其他经济社会因素的取值。这其中，人口增长比率，法律制度、社会文化、经济发展水平等诸多因素都会对金融机构收益产生影响；而金融企业的知识资本积累、员工教育程度和素质提高等也会影响金融体系的稳定均衡状态。随着多个金融机构创新在整个金融体系的实现，金融体系中所有金融主体对于金融创新策略的发生就会进行相应的自我复制，这就使得金融制度和金融体系都发生相应演化发展，金融体系发展到一个新的阶段和水平。

在实证研究中，本书针对金融体系发展和经济增长、产业升级、技术创新之间的关系进行了分别研究，得到如下的基本结论：

（1）从全国样本的整体情况上来看，无论是金融中介还是金融市场的发展都和经济增长之间存在着明显的正向互动关系，金融发展和经济增长之间存在着双向的影响。但是通过 PVAR 和脉冲响应函数的结果表明，经济增长、居民收入水平对金融中介和金融市场的影响作用更大，而金融中介和金融市场对经济增长的作用较为微弱。这也基本上符合了我国目前经济发展阶段所体现出的金融发展和经济增长的互动关系，即初步形成了"需求跟随"的情况，经济增长引发了更多的金融需求。进一步地，通过将不同省份所在区域划分为东、中、西部三个区域之后的分析表明，在经济发展较快的东部地区金融中介对经济增长的促进作用更为显著，即金融中介的发展较为有效地分配了信贷资源，促进了地区经济的增长。但是，在经济发展阶段较为落后的西部地区，金融中介对于经济增长的促进作用并不明显。

（2）我国省级层面股票市场发展对于衡量产业结构总量变化的产业结构优化率指标的影响并不显著，但股票市场发展确实对于衡量产业结构质量变化的研发经费支出具有显著的正向促进作用。银行信贷规模对于产业结构优化率有显著的正向影响，但其对于研发经费支出的影响则并不显著，甚至相关系数为负。这表明银行的信贷资金很多时候并没有进入到地区或企业的科研开发中去，可能更多地流向了生产扩大化等领域，或者是过度投资形成了重复建设。

（3）上市公司所处地区的金融中介发展程度对于企业技术创新也有显著影响，但是这种影响对于不同规模的公司存在着差别，公司规模较小的企业更加依赖于金融中介的支持，这至少从一个侧面说明了目前上市企业仍然需要银行等金融中介的间接融资支持。此外，我们的研究结果还表明，在金融中介发展程度较低的地区，其对于企业的技术创新促进作用也不显著，而且各个解释变量的估计系数也都小于金融中介发展程度较高的样本估计系数。这也从另一个侧面说明了金融中介发展对于企业技术创新的影响是重要的，不同企业所处地区的金融中介发展程度还存在着很大的提升空间。

从研究结论出发，本书的政策含义也是十分明显的，简要归纳如下：

首先，通过对经济发展阶段不同地区的比较分析可知，作为实体经济发展血脉的金融体系，其在不同地区的作用也是不一样的，中国金融发展和经济增长之间的关系充分体现了区域性特征。这就要求中央和地方政府在政策制定的过程中，充分考虑地区的实际情况，加速欠发达地区的经济增长和居民收入水平提高来缩小差距，并实现经济增长对于金融发展的引致需求。此外，要进一步支持欠发达地区企业的公开上市，发挥金融市场的资源配置功能。在经济发展较为发达的地区，应引导金融中介和金融市场资金向高附加值、高技术含量产业流动，更好地发挥金融体系的资金配置效率。同时，在较为发达的地区应该鼓励金融创新，丰富金融中介的多元化，鼓励金融机构间的竞争，进一步做大金融中介存量和流量，降低金融业进入门槛。近期，中央在浙江温州地区进行的金融试点改革应该是一个突破口，这可以使得民间资本正式进入到金融体系中来，从而更好地促进金融体系的生态丰富化与健康稳定发展，并发挥其对于经济增长的促进作用。

其次，金融发展对于产业结构升级的影响是重要而显著的，尤其是股票市场的发展更能够促进我国产业结构的质量升级，证券市场的发展有利于技术创新和科研开发。实证结果也从经验上支持了银行体系对于产业结构升级总量变化的正相关关系，虽然股票市场发展对于产业结构总量变化的影响不显著，但我们认为这可能是由于我国股票市场的发展仍存在诸多问题所导致的。例如，我国股票市场设立之初的政策性考虑使得上市公司的选择具有行政导向性；上市公司和证券

第九章 结论

市场的法律监管、IPO审核等制度尚存在缺陷,这就导致很多公司在上市之初财务造假,从而影响了股票市场对于经济结构调整的促进作用和对产业结构总量变化的贡献。

本部分的政策含义在于:一方面继续鼓励银行体系的发展,丰富银行业的市场结构,形成大中小银行共存的局面,有利于银行业整体规模增加的同时,进一步解决企业外部融资需求,以促进产业结构总量升级;另一方面坚定不移地发展股票等证券市场,在放松公司上市数量审核和鼓励资本市场发展的同时,加强对公司财务造假的惩罚力度并完善上市公司的监管机制,发挥股票市场对于产业结构质量升级的促进作用。在现阶段,暂且不必过多考虑金融体系以银行或资本市场哪一个为主的问题,而应促进整个金融体系的发展,深化金融市场改革、发挥不同市场的功能,从质和量两个方面加快促进产业结构的升级。

同时我们也要看到,金融体系的演化、金融发展的深化都会受到政治因素、社会制度、人力资本、经济水平,甚至文化习俗等各方面因素的影响。因此要想充分发挥金融体系的运行效率,实现金融发展和金融体系的资源优化配置功能,就需要进一步推进相关配套措施的改革。本书所关注的问题,仍然有很多未尽之处,比如对于社会文化和法律制度对于金融机构创新、金融体系演进和金融发展的影响尚缺乏相应的实证检验。另外,由于时间和精力的原因,仅仅对两个国家的金融体系发展演化历史进行了归纳,这就忽略了其他典型国家的发展路径与经验,以上的不足也是我们后续研究中要解决的问题。

参考文献

[1] Acs Z. J., Audretsch D. B. Innovation, Market Structure, and Firm Size [J]. Review of Economics and Statistics, 1987, 69 (4).

[2] Allen Franklin, Bartiloro Laura, Kowalewski Oskar. Does Economic Structure Determine Financial Structure? [R]. Working Paper, 2006.

[3] Arellano M., S. Bond. Dynamic Panel Data Estimation using DPD98 for GAUSS [J]. Mimeo, Institute for Fiscal Studies, 1998.

[4] Arellano M., S. Bond. Some Tests of Specification for Panel Data: Monte Carlo Evidence and an Application to Employment Equations [J]. Review of Economic Studies, 1991, 58 (2).

[5] Arestis P. Demetriades, K. Luintel. Financial Development and Economic Growth: The Role of Stock Markets [J]. Money Credit Banking, 2001 (33).

[6] Banerjee A. V., Duo E. Do Frms Want to Borrow More? Testing Credit Constraints Using a Directed Lending Program [M]. MINEO, 2008.

[7] Banfield E. The Moral Basis of a Backward Society [M]. New York Free Press, 1958.

[8] Beck T., R. Levine. Industry Growth and Capital Allocation: Does Having a Market or Bank – based System Matter? [J]. Journal of Fi-

nancial Economics, 2002 (64).

[9] Beck Thorsten, Demirguc – Kunt, Asli, Maksimovic Vojislav. Financial and Legal Constraints to Firm Growth: Does Firm Size Matter? [J]. Journal of Finance, 2005 (60).

[10] Bond S. Dynamic Panel Data Models: A Guide to Micro Data Methods and Practice [R]. CEMMAP Working Paper Department of EconomicsInstitute for Fiscal Studies, 1999 (9).

[11] Brown J. S., Fazzari B., Petersen Brown J. S. Financing Innovation and Growth: Cash Flows, External Equity, and the 1990s R&D Boom [J]. Journal of Finance, 2009 (64).

[12] Christopoulos D. K., T. Sionas E. G. Financial Development and Economic Growth: Evidence from Panel Unit Root and Co – integration Tests [J]. Journal of Development Economics, 2004, 73 (1).

[13] Fan P., Watanabe C. Promoting Industrial Development Through Technology Policy: Lessons from Japan and China [J]. Technology in Society, 2006, 28 (3).

[14] Fan X., Jacobs J., Robert. Chicken or Egg: Financial Development and Economic Growth in China 1992 – 2004 [R]. CCSO Working Papers, 2005 (9).

[15] Fazzari S. R., Hubbard, Petersen B. Financing Constraints and Corporate Investment [J]. Brookings Papers on Economic Activity, 1988 (1).

[16] [17] Fudenberg D., Levine D. K. The Theory of Learning in Games [M]. The MIT Press, 1998.

[18] Fukuyama, Francis. Trust: The Social Virtues and the Creation of Prosperity [M]. New York Free Press, 1995.

[19] Gayle P. G. Market Concentration and Innovation: New Empiri-

cal Evidence on the Schumpeterian Hypothesis [R]. Working Paper Kansas State University Department of Economics, 2003.

[20] Guiso Luigi, Sapienza Paola, Zingales Luigi. Cultural Biases in Economic Exchange [R]. NBER Working Paper, 2004 (11005).

[21] Guiso Luigi, Sapienza, Paola and Zingales Luigi. Does Culture Affect Economic Outcomes? [J]. Journal of Economic Perspectives, 2006, 20 (2).

[22] HallB H. The Financing of Research and Development [J]. Oxford Review of Economic Policy, 2002, 18 (1).

[23] Helbert Gintis. A Framework for the Unification of the Behavioral Sciences [J]. Behavioral and Brain Sciences, 2007 (30).

[24] Helbert Gintis. Solving the Puzzle of Prosociality [J]. Rationality and Society, 2003 (5).

[25] Helbert Gintis. Strong Reciprocity and Human Sociality [J]. Journal of the Oretical Biology, 2000, 1 (206).

[26] Hennessy C. A., Whited T. M. How Costly is External Financing? Evidence from a Structural Estimation [J]. Journal of Finance, 2007, 62 (4).

[27] Jaffe A. B. Demand and Supply Influences in R&D Intensity and Productivity Growth [J]. Review of Economics and Statistics, 1988, 70 (3).

[28] Kahneman D., Tversky A. Choices, Values and Frames [J]. American Psychologist, 1984 (39).

[29] Kahneman D., Tversky A. Judgement under Uncertainty [J]. Heuristics and Biaese Science, 1974 (185).

[30] Kahneman Daniel Tversky, Amos. Prospect Theory: An Analysis of Decision under Risk [J]. Econometrica, 1979 (47).

[31] King R., Ross Levine. Finance and Growth, Schumpeter Might Be Right [J]. Quarterly Journal of Economics, 1993 (108).

[32] King R. G., Levine R. Finance Entrepreneurship and Growth: Theory and Evidence [J]. Journal of Monetary Economics, 1993 (32).

[33] Levine R., Zervos. Stock Markets, Bank, and Economic Growth [J]. American Economic Review, 1998, 88 (3).

[34] Levine R. Finance and Growth: Theory and Evidence, Chapter12, in P. Aghion and S. Durlauf, eds [J]. Handbook of Economic Growth, 2005 (1).

[35] Levine R. Finance and Growth: Theory and Evidence [R]. NBER Working Paper, 2004 (10766).

[36] Luigi Bengratello, Fabio Schiantarelli, Alessandro Sembenelli. Banks and innovation: Microeconometric Evidence on Italian Firms [J]. Journal of Financial Economics, 2008 (9).

[37] Mork R., Makamur M. R., M. Nakamura. Banks and Corporate Control in Japan [J]. Journal of Finance, 1999 (54).

[38] Patsy Haccou, Olivier Glaizot. The ESS in an Asymmertric Generalized War of Attrition with Mistakes in Role Perception [J]. Journal of Theoretical Biology, 2002 (2).

[39] Rajan R. G., Zingales. Financial Dependence and Growth [J]. American Economic Review, 1998 (88).

[40] Rajan R. G. Insiders and Outsiders, the Choice between Informed and Arms Length Debt [J]. Journal of Finance, 47 (1).

[41] Roodman David. How to Do xtabond2: An Introduction to Difference and System GMM in Stata [R]. Working Papers Center for Global Development, 2006 (103).

[42] Simon H. Models of Man [M]. New York Wiley, 1957.

[43] Simon, Herbert A. Rationality in Psychology and Economics [J]. Journal of Business, 1986, 59 (4).

[44] Smith, Vernon L. Constructivist and Ecological Rationality in Economics [J]. American Economic Review, 2003, 93 (3).

[45] Tabellini Guido. Culture and Institutions: Economic Development in the Regions of Europe [R]. IGIER Working Paper, 2005 (292).

[46] Tilman Altenburg, Hubert Schmitz, Andreas Stamm. Breakthrough? China's and India's Transition from Productionto Innovation [J]. World Development, 2008, 36 (2).

[47] Tufano P. Financial Innovation: Handbook of the Economics of Finance [J]. Elsevier North Holland, 2002, 1 (6).

[48] Tversky Amos, Kahneman Daniel. Rational Choice and the Framing of Decisions [J]. Journal of Business, 1986, 59 (4).

[49] Vernon L., Smith. Constructivist and Ecological Rationality in Economics [J]. The American Economic Review, 2003, 93 (3).

[50] Weinstein D. E., Y. Yafeh. On the Costs of a Bank – centered Financial System: Evidence from the Changing Main Bank Relations in Japan [J]. Journal of Finance, 1998 (53).

[51] Windmeijer F. A Finite Sample Correction for the Variance of Linear Efficient Two – step GMM Estimators [J]. Journal of Econometrics, 2005 (126).

[52] 阿里尔·鲁宾斯坦. 有限理性建模 [M]. 中国人民大学出版社, 2005.

[53] 贝克尔. 人类行为经济分析 [M]. 上海三联书店, 1996.

[54] 贝政新. 高科技产业化融资问题研究 [M]. 复旦大学出版社, 2008.

[55] 曾国平, 王燕飞. 中国金融发展与产业结构变迁 [J]. 财贸

经济，2007（8）．

[56] 邓肯·米切尔．新社会学词典［M］．上海译文出版社，1987．

[57] 董志强．制度及其演化的一般理论［J］．管理世界，2008（5）．

[58] 何大安．行为经济人有限理性的实现程度［J］．中国社会科学，2004（4）．

[59] 何大安．选择行为的理性与非理性融合［J］．上海人民出版社，2006．

[60] 何国华，常鑫鑫．中国各地区自主创新能力的间接融资支持研究［J］．投资研究，2011（11）．

[61］[62] 黄凯南．演化博弈与演化经济学［J］．经济研究，2009（2）．

[63] 科学技术经济之间关系的计量研究课题组．R&D能力企业内化与经济增长方式转变［J］．中国工业经济，1998（4）．

[64] 林毅夫．禀赋、技术和要素市场：中国农村改革中关于诱致性制度创新假说的一个自然实验——再论制度、技术与中国农业发展［M］．北京大学出版社，2000．

[65] 马智利，周翔宇．中国金融发展与产业结构升级的实证研究［J］．上海金融，2008（2）．

[66] 聂辉华，谭松涛，王宇锋．创新、企业规模和市场竞争——基于中国企业层面的面板数据分析［J］．世界经济，2008（7）．

[67] 潘士远．金融发展、收入分配与经济增长：文献综述［J］．浙江社会科学，2009（12）．

[68］[69] 钱水土，周永涛．金融发展、技术进步与产业升级［J］．统计研究，2011（1）．

[70] 任寿根．模仿行为经济学分析［J］．经济研究，2002（1）．

[71] 沈坤荣, 马俊. 中国经济增长的"俱乐部收敛"特征及其成因研究 [J]. 经济研究, 2002 (1).

[72] 孙正聿. 哲学通论 (修订版) [M]. 复旦大学出版社, 2005.

[73] 谈儒勇. 中国金融发展和经济增长关系的实证研究 [J]. 经济研究, 1999 (10).

[74] 唐清泉, 李海威. 我国产业结构转型升级的内在机制研究——基于广东 R&D 投入与产出结构的实证研究 [J]. 中山大学学报 (社会科学版), 2011 (5).

[75] 汪丁丁. 制度分析基础讲义 I: 自然与制度 [M]. 上海人民出版社, 2005.

[76] 汪辉. 上市公司债务融资、公司治理与市场价值 [J]. 经济研究, 2003 (8).

[77] [78] 汪炜, 李甫伟. 股市发展能够推动产业转型升级吗——来自中国 A 股上市公司的证据 [J]. 财贸经济, 2010 (9).

[79] 王晋斌. 金融控制政策下的金融发展与经济增长 [J]. 经济研究, 2007 (10).

[80] 王小鲁, 樊纲. 中国地区差距的变动趋势和影响因素 [J]. 经济研究, 2004 (1).

[81] 王永中. 金融发展与内生经济增长: 一个文献综述 [J]. 新政治经济学评论, 2008, 4 (8).

[82] 谢明. 遗传变异都是随机发生的吗——对进化理论中关于遗传变异的突变说的挑战 [J]. 生物学杂志, 1995 (2).

[83] 谢识予. 有限理性条件下的进化博弈理论 [J]. 上海财经大学学报, 2001, 3 (5).

[84] 徐明祺. 市场深化中的金融重构 [M]. 上海财经大学出版社, 1996.

[85] 杨春学. 经济人与社会秩序分析 [M]. 上海人民出版社, 1998.

[86] 杨胜刚, 朱红. 中部塌陷、金融弱化与中部崛起的金融支持 [J]. 经济研究, 2007 (5).

[87] 张杰, 刘志彪. 金融结构对技术创新与产业结构影响研究评述 [J]. 经济学动态, 2007 (4).

[88] 张军, 金煜. 中国的金融深化和生产率关系的再检测: 1987~2007 [J]. 经济研究, 2005 (11).

[89] 赵勇, 雷达. 金融发展与经济增长: 生产率促进抑或资本形成 [J]. 世界经济, 2010 (2).

[90] 周黎安, 罗凯. 企业规模与创新——来自中国省级水平的经验证据 [J]. 经济学 (季刊), 2005 (2).

[91] 朱恒鹏. 企业规模、市场力量与民营企业创新行为 [J]. 世界经济, 2006 (12).

[92] 庄亚明, 秦霞. 企业竞争中的消耗战及其模型研究 [J]. 中国管理科学, 2005 (8).